COLEÇÃO
ABERTURA
CULTURAL

CB067503

Copyright © Éditions du Cerf
Copyright da edição brasileira © 2019 É Realizações
Título original: *Le Multiculturalisme Comme Religion Politique*

Este livro, publicado no âmbito do Programa de Apoio à Publicação 2018 Carlos Drummond de Andrade do Instituto Francês do Brasil, contou com o apoio do Ministério francês da Europa e das Relações Exteriores.

Editor | Edson Manoel de Oliveira Filho
Produção editorial e projeto gráfico | É Realizações Editora
Capa | Pedro Lima
Diagramação | Nine Design / Mauricio Nisi Gonçalves
Preparação de texto | Lúcia Leal Ferreira
Revisão | Geisa Mathias

Reservados todos os direitos desta obra. Proibida toda e qualquer reprodução desta edição por qualquer meio ou forma, seja ela eletrônica ou mecânica, fotocópia, gravação ou qualquer outro meio de reprodução, sem permissão expressa do editor.

CIP-BRASIL. CATALOGAÇÃO NA PUBLICAÇÃO
SINDICATO NACIONAL DOS EDITORES DE LIVROS, RJ

B648m
   Bock-Côté, Mathieu, 1980-
     O multiculturalismo como religião política / Mathieu Bock-Côté ; tradução Lara Christina de Malimpensa. - 1. ed. - São Paulo : É Realizações, 2019.
     280 p. ; 23 cm. (Abertura cultural)

   Tradução de: Le multiculturalisme comme religion politique
   ISBN 978-85-8033-374-9

   1. Multiculturalismo. 2. França - Política e governo. 3. França - Antirracismo. I. Malimpensa, Lara Christina de. II. Título. III. Série.

19-57402
                                                      CDD: 3230944
                                                      CDU: 323(44)

Leandra Felix da Cruz - Bibliotecária - CRB-7/6135
29/05/2019 30/05/2019

É Realizações Editora, Livraria e Distribuidora Ltda.
Rua França Pinto, 498 · São Paulo SP · 04016-002
Telefone: (5511) 5572 5363
atendimento@erealizacoes.com.br · www.erealizacoes.com.br

Este livro foi impresso pela Gráfica Paym em julho de 2019. Os tipos são da família Sabon Light Std e Frutiger Light. O papel do miolo é o off Lux Cream 70g, e o da capa, cartão Ningbo C2 250g.

O MULTICULTURALISMO COMO RELIGIÃO POLÍTICA

Mathieu Bock-Côté

TRADUÇÃO DE LARA CHRISTINA DE MALIMPENSA

A meus pais, a quem devo tudo.
A Karima, que me reconcilia com o mundo.

SUMÁRIO

O Ocidente diversitário 11
   Uma nova esquerda: da crise do marxismo à renovação multiculturalista 14
   O projeto da esquerda pós-marxista e a democracia diversitária 18
   O que resta do conservadorismo? 21
   Uma nova legitimidade política 22

Capítulo 1 | O mal-estar conservador ocidental 25
   O Maio de 1968 dos conservadores (1968-1980) 31
   A democracia contra si mesma ou a história natural da igualdade: o retorno
      a Tocqueville 40
   Fim da história, fim das ideologias, fim do universo político: rumo à
      guerra cultural 47
   A nova questão do regime político 50

Capítulo 2 | A mutação da esquerda ou o momento 1968 59
   A falência da sociologia proletarista 67
   A utopia redescoberta ou o fermento da nova esquerda 74
   A contracultura: da crítica ao capitalismo à crítica à civilização ocidental 86
   O momento Foucault 92
   As novas lutas e a recomposição do sujeito revolucionário 95
   A democracia radical e a sacralização da diversidade (1980-1990) 100
   A terceira via (*third way*), a normalização gerencial do radicalismo e a
      estratégia dos valores 104

Capítulo 3 | A grande escuridão ocidental ou a história como expiação 111
   Da inexistência à existência: o advento dos "dominados" no palco
      da história 116

A história social ou a desestatização do âmbito político 119
O aprendizado da culpa ou a culpabilização retrospectiva do passado nacional:
a memória à luz da Shoah 121
A era dos pedidos de desculpas ou a comemoração penitencial (ou o ensino
da penitência) 132
A memória do multiculturalismo 139

Capítulo 4 | A sociologia diversitária e a sociologia inclusiva 143
Sociologia da diversidade, sociologia das identidades: identidade vitimária 145
A sociologia antidiscriminatória como crítica à democracia liberal 149
Um novo igualitarismo radical: a querela da discriminação positiva e a
lógica da paridade 153
Uma fantasia de controle social 157

Capítulo 5 | Fabricar um novo povo: a questão da identidade nacional 163
Qual identidade nacional? 167
Da herança à utopia: a radicalização do contratualismo 170
A falência da democracia representativa ou a democracia diversitária 175
O império dos direitos e a judiciarização da dimensão política 180
O reconhecimento como gestão terapêutica da diversidade: fabricar
um novo povo 184

Capítulo 6 | A ideologia da globalização 189
Considerações gerais sobre o Estado universal 190
A governança mundial como política interior mundial 196
Uma sociedade civil mundial 201
A nova questão nacional europeia 207
A soberania nacional comprimida 218

Capítulo 7 | O conservadorismo é uma patologia? 225
O conservadorismo é um pré-fascismo? 229
A sociedade aberta contra a sociedade fechada? 232

Do nacional-conservadorismo ao liberalismo modernista: a dessubstancialização da direita ocidental 237
Os temas do populismo 242
Censurar o conservadorismo 247
Os limites do consensualismo democrático e o retorno da política demagógica 252

A nova tentação totalitária 257
Retorno à questão antropológica 264
O homem como herdeiro 269
Os fundamentos conservadores da democracia 273

O Ocidente Diversitário

Nossa época, quando tenta definir seu horizonte histórico, refere-se ao *ethos* da diversidade identitária. Seria necessário abrir-se para essa diversidade e igualmente converter as instituições e representações coletivas, em nome da *abertura ao outro*. Na aventura humana, teríamos alcançado essa etapa sublime. Para expressá-lo com uma antiga formulação, esse seria *o horizonte insuperável do nosso tempo*. A civilização ocidental, ao menos, teria chegado lá. Os anos 1960-1970 são periodicamente celebrados e faz-se espontânea referência a eles para marcar o nascimento de uma civilização diferente da que a precedeu. São associados ao ideal de uma sociedade progressista, transnacional e multicultural, com uma sensibilidade contestatória impelida pelo movimento contracultural. O ideal democrático teria sido assim regenerado. A distinção é mais ou menos a seguinte: antes, o sexismo, o patriarcado, a homofobia, o racismo, a intolerância; hoje, a emancipação de mulheres, homossexuais, imigrantes e grupos identitários marginalizados, o reconhecimento das diferenças e a tolerância. Teríamos passado de uma civilização a outra.

Eis a grande narrativa da modernidade: a emancipação do homem passaria pela extensão da lógica igualitária a todas as relações sociais e pelo reconhecimento das identidades que, um dia ou outro, foram marginalizadas. Estas surgiriam atualmente das margens, emancipadas de uma ordem política e simbólica que as recalcava. Seria preciso acolhê-las: cada uma delas enriqueceria a humanidade.

Aliás, isso é o que se repete: a diversidade seria uma riqueza. O mito envelhecido de uma comunidade política unificada se apagaria diante da pluralidade dos pertencimentos, nenhum dos quais é passível de ser encerrado numa categoria. A nação deveria se converter ao direito à diferença ou perecer. As velhas hierarquias estariam desabando. Por meio do desmantelamento das instituições e dos sistemas normativos tradicionais, a modernidade seria impelida por um surto emancipatório a serviço das identidades tradicionalmente marginalizadas, que teriam acesso ao reconhecimento social e político. Essas seriam as novas feições da democracia que todos deveriam reconhecer, sob pena de serem julgados defasados e de serem marcados publicamente à maneira de personalidades pouco recomendáveis. Esse é o discurso que costuma ser veiculado pela esquerda multiculturalista, pelos louvadores daquilo que se denomina a religião da humanidade. É igualmente veiculado por uma parcela da direita modernista, que celebra a redenção do gênero humano por sua conversão ao mercado mundial, terreno de jogo ideal de um indivíduo desligado do território, liberado das restrições decorrentes do pertencimento a um corpo político.

Ainda assim, alguns confessam suas imensas reservas diante dessa revolução e dessa mudança. Na esteira de Tocqueville, que receava o potencial liberticida da democracia, inquietam-se com os efeitos dissolventes de um igualitarismo radicalizado. Será que a paixão mal contida da igualdade é a penúltima etapa antes da entusiasta servidão? Não seria preciso reconhecer, por trás da sacralização da diversidade, o esfacelamento da cidadania e a incapacidade de agir coletivamente? Será que as liberdades podem sobreviver ao enfraquecimento das instituições? E será que essa decomposição não estaria na raiz do sentimento de impotência que pesa sobre a democracia? Uma coisa é certa, como veremos no próximo capítulo: o medo da desagregação do vínculo social persegue nossos contemporâneos – há até os que confessam o medo da diluição da comunidade política e da identidade nacional. Se esta última expressão não tivesse sido proscrita, eles provavelmente se ergueriam contra a decadência. Tal preocupação se expressa, porém, de modo resignado, como se a única liberdade que nos resta fosse a de nos desolarmos com isso. Não se trata de um receio novo: a modernidade sempre se acompanhou de espíritos desgostosos. Aprendeu a consolá-los explicando-lhes que talvez tenham razão em sentir falta do mundo de outrora, mas que não há remédio. A melancolia, assim como a nostalgia, não goza de boa reputação.

A maneira como contamos a história condiciona nossa percepção da última metade de século. Contribui para a narrativa de legitimação das instituições e demarca os limites do pensável e do impensável. Distingue o progresso, o retrocesso ou o declínio. Distingue entre as forças sociais historicamente promissoras e as que são desclassificadas. Será que somos contemporâneos de uma mutação irreversível da democracia ou herdeiros de uma revolução que mudou o curso da história? Por mais que se disserte sobre o sentido da história e que se louvem os homens que sabem abraçar o espírito de seu tempo, a narrativa dos vencedores se apresenta como a única possibilidade; a inserção da sociedade diversitária na história da democracia – história essa da qual a sociedade diversitária seria apenas o momento contemporâneo – desarma os adversários de um só golpe, relegando-os ao campo dos inimigos da democracia. No entanto, é possível substituir o *sentido da história* – como Guglielmo Ferrero[1] há muito tempo nos convidava a fazer – por uma narrativa que relata um conflito entre diferentes projetos políticos, entre vários princípios de legitimidade que buscam apoderar-se das instituições e pretendem exercer uma hegemonia.

Essa é a pista mais fecunda, provavelmente, para a compreensão da natureza do projeto multiculturalista e, sobretudo, de sua

---

[1] Guglielmo Ferrero, *Pouvoir. Les Génies Invisibles de la Cité*. Paris, Plon, 1943.

pretensão de transformar a sociedade ocidental. Não será necessário ver de que maneira esse projeto foi imaginado, construído e institucionalizado? Não será preciso analisar também o programa político que acompanha essa visão de mundo? Nesta obra, pretendo retraçar suas origens ideológicas. Em outras palavras, pretendo retraçar, não a história natural da modernidade, descobrindo na diversidade suas novas feições, mas antes a história de uma revolução ideológica que transformou o princípio de legitimidade a que nossas sociedades afirmam aderir. Pretendo relatar o advento do novo regime diversitário que garante ao multiculturalismo – transformado em religião política do nosso tempo – sua expressão institucional.

UMA NOVA ESQUERDA: DA CRISE DO MARXISMO À RENOVAÇÃO MULTICULTURALISTA

Queiramos ou não, toda filosofia política se acompanha de uma meditação histórica. Para estabelecer a gênese do multiculturalismo, precisaremos voltar à mutação do progressismo e, mais particularmente, da esquerda radical ocidental. Para encontrar o ponto de partida dessa pesquisa, é preciso voltar aos anos 1950, ao momento da hegemonia marxista. A partir de meados da década de 1950, porém, o marxismo entra em crise, e a fé revolucionária na União Soviética começa a fraquejar. Moscou não será a nova Jerusalém. Isso não deixará de provocar um movimento de aflição nos intelectuais ligados ao comunismo, privados da certeza de servir à emancipação da humanidade. As deserções se multiplicam e acabarão sendo contadas em ondas sucessivas.

Naquele momento, no entanto, renunciar à URSS não significava renunciar à revolução. Muito pelo contrário. Raramente alguém abandona o marxismo para engrossar as fileiras da democracia liberal; o mais frequente é que alguém renuncie à URSS para ser mais autenticamente revolucionário. A URSS teria traído a revolução: vai-se então buscá-la em outras paragens. Alguns partirão à sua procura nos países envolvidos na experiência do socialismo descolonizador. A questão é como fazê-la renascer no Ocidente. Surge, então, uma pergunta fundamental: como liquidar o marxismo-leninismo sem sacrificar a esperança revolucionária? O marxismo se apresentava como uma ciência da história, que descrevia rigorosamente a luta de classes até o momento da inelutável derrocada do capitalismo, mas ele pouco resgatava a utopia, que começa então a reaparecer na vida intelectual, política e social. Gradualmente se indagará se o marxismo dogmático, que balizava o caminho para a sociedade perfeita, não teria sufocado outras pulsões revolucionárias autênticas, negligenciadas pelo economismo. Essa é a grande busca intelectual que se inicia no começo dos anos 1960, na qual numerosos intelectuais de esquerda virão a engajar-se.

O marxismo funcionava nos moldes de uma autêntica verdade revelada: o homem neste mundo é alienado. Mas a alienação humana seria um problema histórico que exigiria uma solução política. Em outras palavras, a revelação marxista impele à revolução, e a única questão política que se apresenta consiste em saber de que maneira conduzi-la. Estamos longe da sabedoria desencantada de Cioran, que fazia da política a arte de discernir entre os matizes do pior. Essa é uma tentação sempre presente na modernidade: a do utopismo. Trata-se da visão progressista da modernidade. Ela se apresentará ao longo do tempo sob diferentes feições, e a singularidade do marxismo foi pretender acoplar-se à racionalidade científica. O utopismo se caracteriza pela convicção de que uma utopia não deve apenas servir de ideal regulador da democracia, mas pode encarnar-se de maneira plena e inteira na vida social. O utopismo pressupõe que uma sociedade livre do mal é possível, se nós a desejarmos verdadeiramente. A partir daí, como trabalhar para algo que não seja sua realização? Ele prepara os homens para absolutizar seus desacordos, na medida em que os não convertidos a essa profecia são acusados de conservar as estruturas que alienam o ser humano, que comprimem suas aspirações. A conflituosidade irredutível existente no cerne da política entre concepções relativas do bem se apaga diante de um enfrentamento definitivo entre os partidários da liberdade e os da sujeição.

O reaparecimento do utopismo na política ocidental representa um elemento determinante da década de 1950 e, sobretudo, de 1960. A esquerda será profundamente transformada. É nesse contexto que uma "nova esquerda" começa a se expressar, renovando a esperança revolucionária e traduzindo-a numa nova sociologia. O que fazer, então, com o marxismo que dominava as mentes? O marxismo clássico entra em pane teórica e se torna cada vez menos apto a explicar as mutações do âmbito social. Também se constata pouco a pouco que o destino do capitalismo é outro, diferente do que fora profetizado a seu respeito, e a própria classe trabalhadora desiste de desempenhar o papel revolucionário que lhe fora reservado. Pior ainda: ela acaba por defender uma sociedade à qual quer integrar-se plenamente e não mais abater, se é que algum dia foi essa sua intenção. Em suma, para permanecer marxista será preciso encerrar-se cada vez mais numa ciência morta, condenada ao esoterismo teórico.

O momento é 1968. Parte-se em busca daquilo que, na década de 1970, era denominado um novo sujeito revolucionário. Sabemos que alguns se voltarão para o socialismo exótico. No entanto, de modo mais geral o progressismo exigirá uma nova base social, um novo ponto de apoio a partir do qual a sociedade será observada. Conforme Alain Touraine o expressou, era preciso procurar as novas contradições históricas que serviriam de apoio para a radicalização das tensões sociais e políticas, por meio das quais se travariam as novas lutas emancipatórias. Ora, cada vez mais se constata que tais tensões não são tanto econômicas, e sim sociais e culturais. O progressismo é chamado a renovar-se pela abertura à contracultura, para radicalizar as tensões que ela libera. Será igualmente necessário imaginar a revolução com novas feições, libertando-a do mito leninista da tomada do poder ou da concepção soreliana da greve geral que marca uma oscilação temporal novo mundo adentro. Como se vê, haverá uma forte tentação de monopolizar a referência à modernidade como movimento perpétuo, como "revolução permanente" à qual seria preciso adaptar-se sempre, e que condenaria à obsolescência toda concepção histórica da civilização.

Tratar-se-á de examinar as novas formas da exclusão social. Passa-se do operário ao excluído, e esta última categoria servirá para acolher todos os que se situam em posição de exterioridade em relação aos sistemas normativos dominantes no Ocidente. Haverá uma abertura para o que a teoria marxista até então denominava "frentes secundárias" para as opressões setoriais. Em breves palavras, passa-se da crítica ao capitalismo à crítica à civilização ocidental e às grandes instituições consideradas suas guardiãs – quer se trate do Estado, da nação, da família ou da escola. A intenção, por meio disso, é radicalizar a crítica à alienação, estendendo-a a todas as esferas da existência humana. Será preciso liberar as aspirações à autenticidade historicamente relegadas às margens do social, tradicionalmente assimiladas a pulsões selvagens ou anárquicas. Será preciso desconstruir os sistemas normativos majoritários e acolher os grupos marginalizados. Assiste-se ao despontar de uma nova concepção do mundo: haveria, de um lado, a maioria; de outro, as minorias. Esse trabalho de renovação da crítica radical é simbolizado pela crise de Maio de 1968, que marca a passagem de uma esquerda a outra. Uma vez efetuada essa viragem, a nova concepção da esquerda avançará, e as reivindicações heterogêneas aprenderão a conjugar-se. Com o tempo, o conceito de "diversidade" estabelecerá uma relação entre as reivindicações nascidas na contracultura, articulando-as num projeto de transformação global, sendo a democracia chamada a redefinir-se por sua abertura a tais reivindicações. A diversidade como conceito político designa primeiramente o estabelecimento de uma relação entre as reivindicações identitárias oriundas da onda contestatória dos *radical sixties*. O Outro se torna a figura regeneradora a partir da qual a civilização ocidental deve ser reinventada – ao percebê-la do exterior, ele estaria admiravelmente bem posicionado para levá-la a julgamento, e é com base nele que será possível refundar a comunidade política.

A linguagem da "diversidade" virá a se impor gradualmente. A derrocada do comunismo, no início da década de 1990, favorecerá o advento de uma configuração ideológica cujo novo centro serão os desafios ideológicos associados mais ou menos grosseiramente ao "pensamento de 1968". Assistiremos tanto a uma adesão generalizada das elites à economia de mercado, como a uma adesão aos temas associados ao radicalismo cultural e identitário das décadas recentes. Essa síntese será impelida sobretudo pela terceira via, que representará, em numerosas expressões, a normalização gerencial do radicalismo contracultural. Em outras palavras, a queda do comunismo anunciará o triunfo da revolução de 1968.

O PROJETO DA ESQUERDA PÓS-MARXISTA E A DEMOCRACIA DIVERSITÁRIA

Por meio dessa mutação ideológica, o que se viu foi a renovação profunda do projeto político da esquerda. Esses questionamentos transformarão pouco a pouco a autorrepresentação das sociedades ocidentais: a ofensiva ideológica da nova esquerda deu frutos. Sua visão se tornará dominante. E conseguirá maquiar-se de discurso científico.

É o que veremos primeiramente por meio da questão da memória coletiva, que se tornou âmbito de confrontos políticos regulares. Foi em torno dela que a disputa do multiculturalismo se tornou visível para todos na virada dos anos 1990. Esse será o objeto do terceiro capítulo. A consciência histórica deverá a partir daí ser captada a partir das margens do social, terreno em que as relações de dominação se expressam em sua nudez, em que a injustiça se revelaria sem matizes. Seria preciso desconstruir a narrativa nacional para propiciar a liberação das memórias minoritárias enterradas. Fazendo-se ouvir nitidamente, a memória coletiva libertaria grupos sociais absorvidos e, depois, neutralizados na grande narrativa nacional, que poderiam assim manifestar-se no palco da história e no espaço público. Por meio do desenvolvimento de uma visão hipercrítica do passado ocidental, as instituições herdeiras dele serão fragilizadas. O arrependimento, com seu ritual da comemoração negativa, torna-se a nova narrativa fundadora da sociedade diversitária.

Como veremos no quarto capítulo, essa concepção da história recorta uma sociologia que concebe as relações sociais por meio dos conceitos de maioria e minorias, segundo a qual a sociedade deve ser reconstruída desprendendo-se da primeira e abrindo-se para as segundas, em nome da luta contra as discriminações. Esta última se tornará o paradigma dominante por meio do qual a sociedade diversitária será instaurada. Isso passará por uma crítica à sociedade liberal e à concepção da igualdade dos indivíduos salientada por ela. Tal concepção seria fictícia e viria despolitizar as relações sociais, impedindo de ver o modo como, por trás da universalidade de certas regras, a hegemonia de grupos dominantes se expressaria. Um novo igualitarismo pode então se impor: é preciso ter como alvo uma igualdade substancial, tanto simbólica como material, entre os grupos vitimizados e os grupos dominantes. É de acordo com essa mentalidade que será efetuada a mutação terapêutica do Estado social, por meio do objetivo alardeado de transformar as atitudes da cultura majoritária e da sociedade para com a diversidade. Almeja-se reeducar as nações ocidentais e, principalmente, as categorias da população que demonstram desagrado diante dessa grande transformação.

A identidade coletiva é afetada por isso, como se verá no quinto capítulo. Será preciso desacoplar a cidadania democrática da identidade nacional. Tal empreendimento será apresentado como uma forma de descolonização interior da comunidade política, que permite emancipar as identidades minoritárias da identidade majoritária. Os mecanismos que garantem a representação também serão transformados, para que se ajustem às exigências diversitárias. É também sob essa luz que se assistirá a uma desqualificação da soberania popular, por meio da judiciarização da dimensão política. Uma vez mais, na medida em que é preciso desprender a comunidade política do peso majoritário, é necessário pôr fim ao mito da soberania popular, que mal esconde a tirania da maioria. Seria necessário propor um novo modo de gestão das reivindicações minoritárias, que pretendem justamente ganhar autonomia e fazer valer seus direitos, o que é possível graças a uma governança que substitui a soberania democrática pelos direitos humanos.

Não é de surpreender: a soberania nacional é esvaziada de seu sentido a partir do momento em que a própria nação se vê desqualificada. O que resta do Estado-nação? Essa será a pergunta formulada no sexto capítulo. À velha pergunta sobre qual seria o *demos* da democracia, a modernidade havia respondido primeiramente por meio da descoberta das nações, que assim encontraram a ocasião de tomar consciência de si mesmas. A partir de agora as nações serão consideradas suportes obsoletos, chamadas a se dissolverem inevitavelmente em nome de uma globalização da dimensão política, possibilitada pelo desaparecimento das diferenças entre as culturas e as civilizações. A Europa serve aqui de laboratório. O sonho europeu, que supera em grande medida a construção europeia, refere-se não tanto à civilização europeia histórica, mas principalmente a um receptáculo para o acolhimento do projeto diversitário. É o que se constata quando chega a hora de definir o conteúdo e os contornos da identidade europeia. A Europa[2] se define pela referência a princípios universalistas e não

---

[2] Em muitos casos, como se vê aqui, o nome próprio Europa reporta-se à União Europeia. (N. T.)

reconhece nenhuma fronteira geopolítica definitiva. Foi o que vimos na recusa em considerar publicamente suas raízes cristãs, o que lastrearia a cidadania europeia com um particularismo. A Europa se apresenta como um modelo de governança que pretende inaugurar uma forma de comunidade política potencialmente globalizada.

O QUE RESTA DO CONSERVADORISMO?

Essa visão política conseguiu impor-se no espaço público. A pergunta que formulo ao fim da minha pesquisa, no sétimo capítulo, é evidentemente a da recomposição da polarização política na sociedade diversitária. De fato, o espaço público não é neutro. Ele delimita a fronteira do dizível, do tolerável e do intolerável. Ao atuar no espaço público, o indivíduo não apenas propõe suas ideias para a cidade, como também delimita os parâmetros da tolerância aos seus adversários. Quem é admitido na cidade, quem não é? Quem são os contraditores legítimos da ideologia dominante? O que fazer com as parcelas da população e as correntes políticas que não querem cantar o hino do novo regime, que até ousam confessar que não rejubilam com sua instauração? A polarização político-ideológica irá se recompor em torno da herança dos *radical sixties* e do mal-estar que ela suscita em grandes parcelas da população, sobretudo nas camadas populares, cujas disposições conservadoras foram com frequência notadas.

O conservadorismo é geralmente apresentado como uma patologia, à maneira de um resquício tradicional que a modernidade diversitária custa a liquidar de uma vez por todas. O conservadorismo seria assim apresentado como a expressão de uma fragilidade psicológica de populações tentadas pelo retraimento em si, sobretudo porque seriam perseguidas pelo "medo do outro". Ou então será transformado em reflexo ideológico-político dos grupos desclassificados por uma onda de modernização. O conservadorismo seria uma patologia, reflexo da permanência, em grandes segmentos da população, de esquemas identitários pré-modernos. Reconhece-se por meio das muitas fobias que o caracterizariam: xenofobia, homofobia, transfobia, islamofobia ou eurofobia. Seria preciso lutar contra ele para erradicá-lo da vida pública.

A entrada na conversa democrática pressupõe um reconhecimento do caráter positivo da herança de Maio de 1968. Essa é a condição da respeitabilidade midiática e política. É preciso abraçar a "nova ideologia dominante"[3]. Isso se vê particularmente no conceito de deriva, para advertir aqueles que dela se distanciam, relembrando que o espaço público é balizado e vigiado e que, quando alguém se distancia de certa ortodoxia, distancia-se também dos códigos da respeitabilidade democrática. A direita renegou sua parte conservadora. É nesse contexto geral, por outro lado, que as preocupações populares, não raro abandonadas pelos grandes partidos de governo, são usadas pelos partidos contestatórios, que vêm assim a desempenhar uma função demagógica, o que, sob muitos aspectos, acaba por radicalizar sua exclusão da comunidade política.

UMA NOVA LEGITIMIDADE POLÍTICA

Longe de consagrar o fim das ideologias, nossa época encena uma disputa ideológica de grande relevo, ainda que tal disputa seja reduzida a um conflito – e, assim, a uma caricatura – entre o progresso e a reação. Neste livro, retraço o surgimento de uma nova legitimidade política e, até, de uma nova religião política. Acredito haver exumado seus fundamentos negligenciados, se não esquecidos: acredito, acima de tudo – assim espero, ao menos – haver mostrado a que ponto ela transforma radicalmente nossa relação com a

---

[3] Shmuel Trigano, *La Nouvelle Idéologie Dominante*. Paris, Herman, 2012.

experiência democrática da modernidade, ao redefinir seus conceitos fundadores. Será que a democracia não mudou radicalmente de significação? Somos assim reconectados à mais antiga pergunta da filosofia política: em que regime vivemos atualmente? Uma civilização sempre repousa em certa ideia do homem. A quais paixões humanas as instituições da democracia diversitária estão atualmente associadas? Essa é uma maneira como qualquer outra de indagar: em que ideia do ser humano se baseia o novo regime que se instaura? Isso nos obriga a saber a que ideia da modernidade fazemos referência. A modernidade sempre se definiu buscando constituir uma relação criativa entre a herança e o progresso, entre a memória e a utopia. Será que nos últimos quarenta anos não assistimos, sob vários aspectos, à abolição do primeiro termo em benefício exclusivo do segundo? E será que, por consequência, não nos achamos às voltas com uma ideia atrofiada, diminuída, do ser humano?

Mas retomemos tudo isso desde o início, pois essa é a história que precisamos contar.

Capítulo 1 | O mal-estar conservador ocidental

Foi somente em meados do século XX que os habitantes de muitos países da Europa acabaram por constatar, não raro de modo desagradável, que seu destino podia ser diretamente influenciado por livros de filosofia relativos a assuntos abstrusos e quase impenetráveis.

Czeslaw Milosz, La Pensée Captive

Na primavera de 2007, o "mal-estar francês" – uma expressão que sempre reaparecia naqueles últimos quinze anos – cristalizou-se por alguns meses durante a campanha presidencial[1]. Nicolas Sarkozy, então conhecido por suas posições mais liberais que conservadoras[2], converteu-se, sob os conselhos de Patrick Buisson e pela pluma de Henri Guaino, a uma retórica que lhe era estranha e que, havia já algum tempo, estivera proscrita do espaço político[3]. No centro do discurso de campanha, o tema da identidade francesa se apresentava como uma "forte transgressão" dos tabus associados à questão nacional desde o

---

[1] Paul Yonnet, *Voyage au Cœur du Malaise Français*. Paris, Gallimard, 1993.

[2] Nicolas Sarkozy, *Libre. La Droite au Cœur*. Paris, Robert Laffont, 2001.

[3] Sobre a campanha de Nicolas Sarkozy e o papel de Henri Guaino, leia-se Yasmina Reza, *L'Aube, le Soir ou na Nuit*. Paris, Flammarion, 2007. Leia-se também Carole Barjon, "Le Gourou de Sarko", *Le Nouvel Observateur*; Mandonnet, Romain Rosso, Ludovic Vigogne, "Patrick Buisson, le Conseiller en Transgression de Sarkozy", *L'Express*, 25 de setembro de 2008; Carole Barjon, "Patrick Buisson: le Stratège de l'Ombre", *Le Nouvel Observateur*, 25 de setembro de 2008. Pode-se também consultar Vanessa Schneider, Arianne Chemin, *Le Mauvais Génie*. Paris, Fayard, 2015.

fim da década de 1980⁴. Segundo Sarkozy e seus conselheiros, tornava-se necessário reformular um discurso nacional capaz de comover as camadas populares, que nunca haviam deixado de valorizar a pátria. Ele chegava a propor a criação de um Ministério da Imigração e da Identidade Nacional, associando duas temáticas que durante muito tempo a ideologia dominante fizera questão de separar. O tema da identidade francesa era a vertente "positiva" de uma campanha centrada na revogação da herança de Maio de 1968, que Nicolas Sarkozy atacou em várias ocasiões, especialmente em seu discurso de Bercy, entre os dois turnos – que marcou o ponto culminante de sua retórica de campanha –, no qual associou essa herança a uma dinâmica de declínio que arrastou a França por uma espiral de retrocesso:

> Ouçam esses herdeiros de Maio de 1968, que cultivam o arrependimento, que fazem a apologia do comunitarismo⁵, que denigrem a identidade nacional, que atiçam o ódio à família, à sociedade, ao Estado, à nação, à República. Nesta eleição, trata-se de saber se a herança de Maio de 1968 deve ser perpetuada, ou se ela deve ser liquidada de uma vez por todas. Quero virar a página de Maio de 1968.

Depois de uma tirada em que descrevia os efeitos negativos de Maio de 1968 nos valores associados à França tradicional, como o trabalho, a família, o esforço, a excelência, a moral, a nação, Sarkozy se pronunciava em favor do renascimento de tais valores. A França sofria, e esse sofrimento estaria impelindo muitos a um protesto

---

⁴ Régis Debray, *Le Code et le Glaive*. Paris, Albin Michel, 1999; Gérard Noiriel, *À Quoi Sert l'Identité Nationale*. Marseille, Agone, 2007.

⁵ Em contexto francofônico, a palavra costuma revestir-se de conotação pejorativa, designando uma espécie de etnocentrismo ou sociocentrismo em que o vínculo étnico, cultural, social ou religioso de um indivíduo é mais determinante em seu comportamento e sua norma de conduta do que a autonomia individual. Por isso, o termo também pode estar associado à ideologia de grupos étnicos ou religiosos que reivindicam o direito de se comportar no espaço público em conformidade com as normas de sua comunidade específica. (N. T.)

veemente. Para reconquistar os eleitores que haviam aderido à Frente Nacional [*Front National*], era necessário reconhecer quais sentimentos os haviam impelido. A palavra não estava presente, mas nem por isso o que ela designava permanecia oculto: Nicolas Sarkozy fazia uma campanha *conservadora* – e desde então o termo se impôs entre os intelectuais classificados à direita, ainda que permaneça fundamentalmente estranho ao vocabulário político francês[6]. Desde Giscard, a direita negava à esquerda a referência à modernidade, tendo-se sempre na conta de vanguarda do progresso. Ora, o discurso de campanha de Sarkozy empregava um vocabulário transgressivo, cuja função sempre fora a de enviar um sinal positivo às classes populares[7]. A linguagem tecnocrática cultivaria um sentimento de impotência nacional, conferindo um caráter demasiadamente técnico aos problemas políticos. A situação era grave. Maio de 1968 teria desqualificado a dimensão política e o Estado por meio do qual ela se configura. A consciência pesada provocada por aquilo que Nicolas Sarkozy assimilava à inversão dos valores levaria o país à impotência. Segundo seu principal protagonista, a campanha de 2007 era contemporânea de uma "crise moral, acompanhando-se de uma crise de identidade que a França possivelmente jamais tenha vivenciado em sua história, exceto, talvez, no tempo de Joana D'Arc e do Tratado de Troyes, quando a consciência nacional ainda era tão frágil". O momento era histórico. Sarkozy não propunha apenas uma mudança de governo, mas principalmente de época.

Em 2007, um dique se rompeu. Talvez o discurso de Nicolas Sarkozy resultasse meramente de um cálculo eleitoral, como

---

[6] Éric Zemmour, *Le Livre Noir de la Droite*. Paris, Grasset, 1999. Max Gallo, *Fier d'Etre Français*. Paris, Fayard, 2006; Laurent Joffrin, "Les Néoréacs", *Le Nouvel Observateur*, 1º de dezembro de 2005; Aude Lancelin, "Intellos: la Vague Droitière", *Le Nouvel Observateur*, 1º de dezembro de 2005.

[7] Philippe Manière havia soado o alarme após o terremoto presidencial de 2002: não se poderá mais deixar à extrema-direita o monopólio do francês coloquial, aquele que serve para apontar os problemas, em vez de ocultá-los.

observaram os que, tanto à sua esquerda como à sua direita, o acusaram de instrumentalizar o mal-estar francês. Essa foi a censura feita tanto por Ségolène Royal como por Philippe de Villiers. Aquela à esquerda, este à direita da direita, mas ambos denunciaram uma farsa encenada por um personagem sem estofo intelectual. Não estavam necessariamente equivocados, na medida em que Nicolas Sarkozy, embora eleito graças a sua abertura à direita, tenha antes de tudo resolvido governar pela abertura à esquerda, antes de se perder numa gestão um tanto caótica do país e ser vencido em 2012. Foi só então que ele tentou resgatar o conservadorismo transgressivo de 2007, um pouco tarde, porém, ainda que graças a essa tacada ele tenha em parte reerguido sua campanha. Mas a grande mutação de um país cada vez mais determinado por aquilo a que se chamará *questão identitária* havia sido engatada. No entanto, não caberia ver aí uma simples tacada magistral de marketing político, que teria ludibriado politicamente os franceses. Não deixa de ser verdade, porém, que tal estratégia decorreu de uma observação das preocupações básicas de grandes parcelas do eleitorado; esse discurso resultaria de uma estratégia simples, segundo a qual convém que uma boa campanha sempre pressuponha uma boa sociologia, atenta às correntes ideológicas e às sensibilidades culturais – o grande estrategista não é um demiurgo.

Os conhecedores da política francesa decerto reconheceram no discurso de Nicolas Sarkozy em 2007 os temas desenvolvidos nos vários anos anteriores por certos intelectuais, que haviam detectado a existência de uma maioria popular suscetível de se constituir eleitoralmente ao chamado de quem soubesse politizar um mal-estar conservador. Tudo levava a crer numa ruptura cada vez mais nítida entre uma porção significativa daquilo a que se chama *elites* e uma parcela majoritária do corpo eleitoral[8]. Em outras palavras, era possível fazer do mal-estar conservador das classes médias e populares

---

[8] Jacques Julliard, *La Faute aux Elites*. Paris, Gallimard, 1997.

o combustível de um novo projeto "de direita". Identidade nacional, conservadorismo, voluntarismo: havia aí os elementos de uma ótima equação política. O "pensamento anti-1968", para retomar a formulação de Serge Audier, não nasceu ontem[9]. Na realidade, faz muito tempo que os vencidos da década de 1960 aspiram a reverter o curso da história que eles sempre acreditaram desviada. "Catarse para uma mudança de época", dirá Jean-Pierre Le Goff, assimilando o discurso anti-1968 do candidato da UMP ao de uma "direita reacionária e revanchista". Não é garantido que tais formulações sejam adequadas para descrever o posicionamento eleitoral de Nicolas Sarkozy em seu percurso para o Palais de l'Elysée[10]. Le Goff não deixou de reconhecer no discurso do candidato da direita as queixas formuladas havia muito tempo por certo conservadorismo, que fizera um julgamento *globalmente negativo* sobre a modernização social e cultural da última metade de século.

Para além do que há de pitoresco na política francesa, seu fausto, sua pompa, suas lendas, seus modos monárquicos e, principalmente, em 2007, a concorrência para a suprema função da República entre sedutores quinquagenários de ambos os sexos, todos sentiam que uma disputa maior estava em jogo. A França servia aqui de lente de aumento para a compreensão de uma mudança na política ocidental, chamada a radicalizar-se de uma eleição a outra – como o confirmou a eleição presidencial de 2012 e também o demonstram numerosos debates que dominam a vida pública. Fala-se desde então de uma *direitização* da sociedade, uma maneira como outra qualquer de evocar a um só tempo o surgimento de temas conservadores na vida política e a importância a eles atribuída pelas classes populares. O termo é raramente apresentado de modo positivo, além de ser terrivelmente impreciso. Ainda assim, é evocativo. Fez-se

---

[9] Serge Audier, *La Pensée Anti-68*. Paris, La Découverte, 2008.

[10] Jean-Pierre Le Goff, *La France Morcelée*. Paris, Gallimard, 2007, p. 59.

o balanço de uma época. Um balanço que já não estava reservado aos radicais ou aos marginalizados. Um grande conflito, ocultado durante muito tempo, tomava forma e chegava a estruturar o debate público, a transformar seus termos e desprendê-lo das discussões tecnicistas em que com demasiada frequência ele se enredava. E na origem desse conservadorismo há um diagnóstico sobre a saúde das sociedades ocidentais: as instituições mais fundamentais se teriam comprometido com os *radical sixties*. Pode-se falar, de modo mais geral, do mal-estar político conservador das sociedades ocidentais, que corresponde, sobretudo, ao sentimento de uma fragmentação muito profunda da nação, que chega a pôr em risco a sua existência. Busca-se compreender a mutação das referências identitárias, culturais e políticas. Ninguém tem dúvida: os anos 1960 criaram fraturas políticas e sociológicas. Essa revolução teve vencedores e vencidos, e a nova ordem que se configurou não é nada meiga com estes últimos. Um novo regime saiu dessa revolução, e ele faz o que for preciso para desqualificar seus inimigos.

Não faltam cronistas desse declínio, que descrevem o advento de uma sociedade desnacionalizada, esvaziada de tradições e confusa em sua relação com a autoridade, em que a escola não transmitiria nem a cultura, nem o conhecimento, mas difundiria antes o relativismo e a autoexecração, em que a família se fragmenta – ainda que certa sociologia se contente em registrar a multiplicação dos modelos familiares –, em que os sexos perdem suas referências e caminham a passos largos para a indiferenciação, em que o movimento demográfico acelera uma imigração dificilmente assimilável, no plano cultural e econômico, em que a estética da transgressão adultera a experiência artística, em que a soberania é confiscada por um dispositivo tecnojurídico que priva a democracia de toda significação verdadeira. Uma sociedade, por fim, que deixaria o homem entregue a si mesmo, que o transformaria numa espécie empobrecida, de alma vulnerável. Lamenta-se o *suicídio francês*, lastima-se uma *identidade infeliz*. Os acontecimentos políticos, de um país a outro, também têm estraçalhado a narrativa da globalização feliz, em que as culturas se interpenetrariam facilmente, sob o signo da abertura ao outro. A França foi desgraçadamente o palco escolhido para esse retorno do trágico, com os atentados de janeiro e de novembro de 2015, que, para muitos, assinaram o atestado de óbito da utopia multicultural. Alain Finkielkraut até se deleitou em retornar à formulação de Fukuyama: estaríamos hoje no "fim do fim da história"[11]. Acontecimentos por muito tempo considerados ocorrências policiais do cotidiano, sobre os quais não se queria pensar politicamente, irrompem na consciência coletiva. Os cidadãos são habitados, de uma maneira ou de outra, pelo sentimento do fim de um mundo – resta saber em que medida eles acreditam num possível renascimento. Uma coisa é certa: nossas sociedades são assombradas pela possibilidade de seu declínio e mesmo de sua decadência[12]. Um declínio sentido em especial pelas classes populares, e que as levaria a acolher favoravelmente os que conclamam a uma correção coletiva. Um declínio tão manifesto que teria levado Walter Laqueur, numa obra testamentária, a se desolar com "os últimos dias" da civilização europeia[13].

O MAIO DE 1968 DOS CONSERVADORES (1968-1980)

Embora Nicolas Sarkozy tenha reatualizado os temas do anti-Maio de 1968, ele não os inventou. Basta voltar ao palco dos

---

[11] Alain Finkielkraut, "Nous Vivons la Fin de la Fin de l'Histoire", *Le Figaro*, 20 de novembro de 2015.

[12] Sobre o mito da decadência, consulte-se a obra-mestra de Julien Freund, *La Décadence*. Paris, Sirey, 1984.

[13] Walter Laqueur, *The Last Days of Europe. Epitaph for an Old Continent*. New York, Thomas Dune Books/St. Martin, 2007.

acontecimentos para convencer-se disso. Não obstante a lenda, por parte da comuna estudantil, que apresenta a sociedade francesa no limiar da derrocada, a manifestação popular mais maciça por ocasião dos acontecimentos de Maio realizou-se contra o "pandemônio", segundo a expressão do general De Gaulle – um número inacreditavelmente grande de franceses percorreu a Avenida dos Champs-Élysées para defender o retorno à ordem, um ímpeto popular anunciador da onda eleitoral que conduziria a maioria gaullista à Assembleia Nacional após o fim dos acontecimentos. Isso também é verdadeiro para os Estados Unidos. Sabe-se que Richard Nixon conseguiu constituir uma maioria eleitoral em 1968 – maioria esta até então silenciosa, segundo uma célebre formulação – politizando a dissidência cultural contra o clima contestatório dos anos 1960, e isso mais ainda em 1972, o que jamais lhe será perdoado[14]. Raymond Aron notará, uma década depois dos eventos, que "entre os intelectuais e nas classes superiores, é a sobrevivência dos tabus que é mais facilmente denunciada; já nas classes médias e mesmo na classe operária, é antes a liberação aberta e agressiva que suscitaria reprovação"[15]. São as classes populares que reagirão mais vigorosamente aos *sixties*, mobilizando-se num "populismo de direita" contra o progressismo alardeado pela juventude militante[16].

Na classe política conservadora, o sentimento diante de Maio de 1968 será um misto de desprezo e pavor. Jacques Foccart, durante muito tempo um dos conselheiros próximos do General, relata que, diante dos acontecimentos, este último tinha a impressão de uma juventude ideologicamente intoxicada, frequentadora de uma

---

[14] Kevin Philipps, *The Emerging Republican Majority*. New Rochelle, Arlington House, 1969.

[15] Raymond Aron, *Plaidoyer pour l'Europe Décadente*. Paris, Robert Laffont, 1977, p. 432.

[16] Christopher Lasch, *Le Seul et Vrai Paradis. Une Histoire de Idéologie du Progrès et de ses Critiques*. Paris, Climats, 2002, p. 421-83.

universidade em que ideias e sentimentos que serão associados ao esquerdismo[17] eram agora cultivados. Alain Peyrefitte revelou que o General foi severo com os ministros favoráveis ao acordo e ao diálogo com os estudantes. Para De Gaulle, tratava-se de um "motim insurrecional"[18], ainda que ele confessasse não compreender o que esses a quem ele, entre outros, chamava de "hippies", representavam. Ele considerava a possibilidade de uma solução militar, se necessário, indicando a Peyrefitte: "se não for suficiente, atirem nas pernas"[19]. Várias figuras do gaullismo sentiram a mesma coisa, entre elas Maurice Druon, para quem Maio de 1968 representava o surgimento na cidade de uma pulsão niilista, anárquica, cultivada pela *intelligentsia* universitária, e denunciava "os filósofos mais sutis, mais avançados, mais complicados, [que] acabam por se reduzir, no terreno social, a uma palavra de ordem tão simples como 'demolir para reconstruir'"[20]. Haveria aí um niilismo anterior a todas essas racionalizações teóricas. Druon opunha a essa revolta uma improcedência da queixa:

> O progresso não se procura na morte. O progresso se realiza a partir daquilo que se tem, por defesa e melhor organização da vida. Destruir o criado, o que parece ser o desígnio dessa agitação anarquizadora, pressupõe a louca vaidade de acreditar que o homem, de um dia ao outro, pode se transformar em seu próprio demiurgo. O homem não é o criador da vida; é seu administrador. O homem é melhorável, mas, com certeza, não pelo suicídio[21].

---

[17] Jacques Foccart, *Journal de l'Elysée. Le Général en Mai*. Paris, Fayard-Jeune Afrique, 1998; J.-R. Tournoux, *Le Mois de Mai du Général*. Paris, Plon, 1969. Ver também as palavras registradas por Alain Peyrefitte, *C'Était De Gaulle*. Paris, Gallimard, 2002, p. 1593-766.

[18] Alain Peyrefitte, *C'Était De Gaulle*. Paris, Gallimard, 2002, p. 1679.

[19] Ibidem, p. 1693.

[20] Maurice Druon, *Circonstances Politiques*. Monaco, Éditions du Rocher, 1998, p. 70.

[21] Ibidem, p. 71.

Georges Pompidou, em *Le Nœud Gordien* [O Nó Górdio], tomará essa mesma direção, com severidade ainda maior[22]. Nos insurgentes, Pompidou não reconhecerá nada além de um furor destruidor, que a "sociologia" buscava teorizar conferindo-lhe uma aparência de razão.

> Sem acreditar em nada, desprendidos de todos os vínculos tradicionais, tendo renegado Deus, família, pátria, moral, fingindo ter uma consciência de classe, mas perfeitamente cientes de que não eram trabalhadores, muito menos proletários, e sim desocupados sem vocação e, por conseguinte, sem esperança, só podiam se voltar para a negação, a recusa, a destruição[23].

Pompidou não disfarçava seu desprezo pelos contestadores ao falar dos "líderes gordos e bem nutridos" e de "certo número de moças da alta sociedade que desfazem rapidamente seus coques e vestem um jeans encardido para brincar de barricadas"[24]. No entanto, não cabia ridicularizar essa revolta, na medida em que era sintomática de "uma espécie de abalo interior" que corresponderia ao "questionamento [da civilização]"[25]. Maurice Druon, uma vez mais, captará esse estado de espírito "destruidor". "Nunca se viram herdeiros tão ávidos, com tanta pressa de tomar posse da herança. E para fazer o quê com ela? Para pisoteá-la, para incendiá-la." Em seu resumo de toda a questão, os movimentos contestatórios viriam sobrepujar a

---

[22] Georges Pompidou, *Le Nœud Gordien*. Paris, Plon, 1974, p. 21-39.

[23] Georges Pompidou, *Pour Rétablir une Vérité*, p. 27-28. Em uma carta a François Mauriac, Pompidou escreverá também: "Como você diz, quando buscamos ir ao fundo das coisas, de fato é da aflição do homem sem Deus que fomos testemunhas. Isso mostra que a solução não é fácil, e talvez não esteja ao nosso alcance. O absurdo aparente das reivindicações e das manifestações encobre um drama profundo, do qual tenho clara consciência e que me faz sentir o peso terrível carregado por aqueles que pretendem governar um país sem estarem eles mesmos seguros do objetivo para o qual se dirigem, nem de que esse objetivo responde às aspirações dos homens". Paris, Flammarion, 1982, p. 242.

[24] Ibidem, p. 28.

[25] Ibidem, p. 36.

grandeza do Ocidente: "Os motivos proclamados por esses levantes variam ao extremo conforme os lugares, mas em toda parte a revolta irrompia nas capitais para nelas atacar um mesmo inimigo: o poder estabelecido. Sabíamos disso"[26].

Na época, as pessoas também se perguntavam se o "comunismo internacional", seus organizadores e militantes, não estariam desempenhando um papel nos acontecimentos que se desenrolavam no Ocidente. Em suas *Memórias*, Michel Debré relembra seu estado de espírito no momento dos acontecimentos: "Apesar do que me dizem, não posso acreditar que não exista por trás dessas agitações uma manipulação política, isto é, uma vontade de certos grupos ou grupelhos de enfraquecer o governo e o Estado"[27]. Hoje sabemos que tal explicação dos acontecimentos não se sustentava, inserindo a contestação indevidamente no esquema clássico do anticomunismo, cuja atenção se dirigia ao que este acreditava serem técnicas de subversão[28]. No entanto, por meio dessa referência ao comunismo muitos buscavam nomear certo clima de contestação que se havia instaurado nos meios intelectuais desde os dias subsequentes à Segunda Guerra Mundial, e que faziam da Revolução o alfa e o ômega da reflexão. Embora o Partido Comunista não fosse culpado – ele mesmo será ultrapassado pelo esquerdismo que dará novo ânimo, à esquerda dele, à utopia revolucionária –, foi a partir da matriz filosófica da esquerda radical que o progressismo empreendeu sua reinvenção estratégica com uma hipercrítica do Ocidente. As ciências sociais ideologizadas aí desempenharam um papel importante, na medida em que normalizaram,

---

[26] Maurice Druon, *Circonstances Politiques*. Monaco, Éditions du Rocher, 1998, p. 80, 74.

[27] Michel Debré, *Mémoires: Gouverner Autrement*. Paris, Albin Michel, 1993, p. 204.

[28] Em *La France aux Ordres d'un Cadavre*, lançado em 2000 por Éditions du Rocher, Maurice Druon permanecia, contudo, agarrado a essa hipótese ou, ao menos, recusava-se a descartá-la claramente.

nas elites intelectuais e tecnocráticas, um processo contra a ordem estabelecida cujos defeitos precisavam agora ser observados com lente de aumento[29]. A França seria vítima de uma intoxicação ideológica: "a doença é mental"[30]. O que muitos pressentiam era realmente o reaparecimento no âmbito público do velho fundo utopista do marxismo, que eles assimilavam sem benevolência a uma forma de niilismo ativo. Não era apenas uma nova ideologia que brotava, mas talvez até uma nova civilização e uma nova religião.

O pavor diante do clima revolucionário dos anos 1960 não caracterizou apenas uma elite política contestada em seu papel de guardiã de um mundo e as classes populares conservadoras. Em vários intelectuais liberais, que então demonstravam uma benevolência crítica para com o reformismo social, os acontecimentos de Maio suscitaram uma reação de pavor. Eles adivinharam que, para além da agitação, para além das barricadas e das manifestações, ocorria uma reviravolta. Esse foi, em especial, o caso de Raymond Aron. Contudo, como se sabe, ele dissera inicialmente, a respeito de Maio de 1968, que se tratava de um "psicodrama", de uma "revolução impossível de encontrar" e muito mais relacionada ao carnaval estudantil. A França se entedia, escrevia Beuve-Méry no *Le Monde* de 15 de março de 1968. Ela se diverte, Aron se inclinava a responder. Sem os comunistas em luta para tomar o poder, como se poderia falar seriamente de Revolução? Até onde podia chegar "o uso liberal das reivindicações libertárias", indagava Aron – sem necessariamente revogar naquele momento toda a contribuição crítica da "nova esquerda", que ele desejava que fosse capaz de revitalizar a partir de dentro as sociedades liberais[31]. Ao longo de uma década que o levará à redação de sua obra *Playdoyer pour l'Europe Décadente* [Em Defesa da

---

[29] Georges Pompidou, op. cit., p. 22.

[30] Maurice Druon, *Circonstances Politiques*, p. 73.

[31] Raymond Aron, "Liberté, Libérale ou Libertaire". In: Keba M'Baye, *La Liberté et l'Ordre Social*. Neuchâtel, Éditions de la Baconnière, 1969, p. 109.

Europa Decadente], Aron mudará de opinião sobre Maio de 1968. Desde 1969, retoma a análise dos acontecimentos para expressar seu mal-estar diante do surgimento de uma nova esquerda. Aron reconhecia a dimensão cultural da dinâmica ideológica dos anos 1970 ao afirmar, sobre as convulsões das sociedades ocidentais, que elas eram próprias de "distúrbios morais, mais que de distúrbios sociais"[32]. Ele não apenas dizia haver sentido uma "indignação [que] ultrapassava todas as indignações sentidas em [sua] existência"[33], como reconhecia sua mágoa diante da "negação radical da pátria, da substituição do nome de um herói da Resistência pelo de Che Guevara"[34]. "Negação radical da pátria": essa formulação, que destoa de sua prosa sóbria, entra no cerne da sensibilidade conservadora que se difundirá a partir desses anos. Desde esse momento, ele relembrará que "a ordem liberal, o que se esquece com demasiada frequência, repousa no respeito à lei e às autoridades respeitáveis" e confessa seu receio, não de uma transformação revolucionária, mas de uma "decomposição difusa da ordem liberal", bem como do comprometimento "de certos valores precários e preciosos, mais fáceis de destruir do que de reconstruir"[35]. Alguns anos depois, Raymond Aron irá ainda mais longe ao admitir que as instituições atacadas pela geração de 1968 de fato entraram em deliquescência. Tomou de empréstimo uma formulação de Malraux, embora atenuasse seu alcance: Maio de 1968 teria representado uma crise de civilização. "O desmoronamento da autoridade não será a verdadeira e única 'crise civilizacional'?"[36]. Aliás, o título da obra

---

[32] Raymond Aron, *Les Désillusions du Progrès*. Paris, Calmann-Lévy, 1969, p. 147.

[33] Raymond Aron, *La Révolution Introuvable*. Paris, Fayard, 1968, p. 26.

[34] Ibidem, p. 152.

[35] Raymond Aron, "Liberté, Libérale ou Libertaire". In: Keba M'Baye, op. cit., p. 110.

[36] Raymond Aron, *Plaidoyer pour l'Europe Décadente*. Paris, Robert Laffont, 1977, p. 420.

não deixava de revelar seu sentimento: a Europa estaria descambando pela ladeira da decadência. Aron, que não ignorava a que ponto o conceito de decadência era carregado e sujeito a muitas polêmicas, não hesitou em escrever que "em certo sentido da palavra, a decadência da Europa ocidental não dá margem a dúvida"[37]. É um fato: ao longo do século XX, principalmente em sua segunda metade, o sentimento de um declínio ocidental se difundiu, com o "desmoronamento da autoridade" acarretado pelo desânimo de uma elite que já não acredita em "seu direito de comandar"[38].

Aron não foi o único a fazer essa análise. Na escola do liberalismo de Raymond Aron se desenvolve um neoconservadorismo à moda francesa – isto é, um liberalismo consciente dos fundamentos conservadores da ordem liberal. Com frequência isso se esquece, mas, à sua direita, especialmente nas páginas da revista *Contrepoint*, elabora-se uma análise muito crítica da contracultura[39]. Segundo a sociologia conservadora, as sociedades ocidentais viriam gradualmente a interiorizar a crítica feita pelo radicalismo e a se reconhecerem no retrato deformador que dela faziam seus adversários mais resolutos. "A inversão do consenso" nas sociedades ocidentais será criticada, como sintoma de uma "intoxicação" da cultura pela filosofia progressista. As instituições tinham tradicionalmente a função de recalcar,

---

[37] Ibidem, p. 23. Retomando a mesma constatação no crepúsculo de sua existência, Raymond Aron acrescentava que "o título do livro, *Plaidoyer pour l'Europe Décadente* [...] só emite um som estranho numa época impregnada de marxismo ou, de forma mais geral, de progressismo. O homem de esquerda típico, desde o século XIX, não rompeu com os grandes ancestrais, ele recusa instintivamente, por assim dizer, a hipótese de uma contradição entre o curso da história e as aspirações dos homens de boa vontade". Raymond Aron, *Mémoires*. Paris, Julliard, 1983, p. 669.

[38] Ibidem, p. 420-21.

[39] Posteriormente, essa sensibilidade migrará para a revista *Commentaire*, que, no entanto, era menos conservadora e mais liberal. Gwendal Chaton, "Désaccord Parfait. Le Contrepoint Libéral dans la Configuration Intellectuelle des Années 1970", a ser lançado.

nos âmbitos da existência, pulsões que a psicanálise terá a ideia de libertar, sem se dar conta de que estas, quando transpostas em filosofia, transformariam a sociedade em dissociedade. Numa obra de impacto, *Trahison de l'Occident* [Traição do Ocidente], Jacques Ellul – pensador absolutamente singular e totalmente inclassificável – atacou certos intelectuais que, desde suas primeiras investidas no âmbito do anticolonialismo, cultivaram uma hipercrítica do Ocidente, a ponto de levar a amar tudo o que entrasse em contradição com ele. "O homem ocidental começa a estar bem convencido [de sua culpa histórica]. E ao menos na esquerda, ao menos entre os intelectuais, entre os pensadores, nasce dessa 'conscientização' um poderoso sentimento de culpa, um remorso horrendo." Ellul adivinhava a consequência de tal sentimento, de tal postura: "tornamo-nos iconoclastas de tudo o que o Ocidente já foi. Tudo foi ruim, e tudo precisa ser destruído"[40]. A democracia ocidental cultivaria exageradamente seu sentimento de remorso, o que a impeliria a declarar-se culpada diante dos procuradores que reprovariam sua imperfeição[41]. Alguns, como Julien Freund em seus escritos tardios, desdobrarão essa crítica nos moldes de um processo de decadência, recenseando seus sinais mais visíveis.

Não obstante uma energia aparente, existe como que um enfastiamento da vontade das populações da Europa. Esse amolecimento se manifesta nos âmbitos mais diversos, por exemplo, na facilidade com que os europeus aceitam culpar-se, ou antes na entrega a uma fruição imediata e caprichosa, ou mesmo na desistência de certos empregos, que são deixados aos trabalhadores imigrantes; ou ainda nas justificações de uma violência terrorista – e até em sua aprovação direta por parte de certos intelectuais. Será que os europeus ainda seriam capazes de travar uma guerra[42]?

---

[40] Jacques Ellul, *Trahison de l'Occident*. Paris, Calmann-Levy, 1975, p. 15.

[41] Jean-François Revel, *Comment les Démocraties Finissent*. Paris, Grasset, 1983, p. 16.

[42] Julien Freund, *La Fin de la Renaissance*. Paris, PUF, 1980, p. 5, 7.

A DEMOCRACIA CONTRA SI MESMA OU A HISTÓRIA NATURAL DA IGUALDADE: O RETORNO A TOCQUEVILLE

Embora esse diagnóstico mais que severo sobre o ano 1968 se tenha aprofundado no pensamento estadunidense – e, principalmente, num movimento conservador que não poderia sem equívoco ser reduzido a uma caricatura e que se decidiu a combater a herança dos *radical sixties* –, na França ele de fato não atravessará a década de 1980. Não que tenhamos de súbito resolvido celebrar alegremente os primórdios de um tempo novo. No entanto, onde antes os anos 1960 haviam sido muito mal recebidos, passou-se da "contrarrevolução", por assim dizer, à resignação diante de um movimento histórico decretado como incontrolável – estaríamos diante do *sentido da história* e nada poderíamos fazer contra ele, exceto resignar-nos e adaptar-nos. Na realidade, é outra escola de interpretação histórica que assumirá o posto. A maioria das constatações críticas em relação aos *radical sixties* migrou da direita conservadora para uma forma de sociologia republicana "de esquerda". Haverá uma mudança de perspectiva: seria preciso não tanto combater o novo mundo, mas sim buscar acomodar-se a ele, visto que estas seriam as novas feições da democracia. O conservadorismo de combate cederá lugar ao liberalismo cético. A maioria das constatações conservadoras foi reaproveitada a partir dos anos 1980, mas para ser inserida numa sociologia histórica e política que propôs um novo quadro geral de explicação da metamorfose das sociedades ocidentais, centrando a análise nas transformações da dinâmica democrática, tal como Alexis de Tocqueville a teria primeiramente analisado. Foi de fato por meio daquilo que Pierre Manent denominou um "movimento de redescoberta do pensamento de Tocqueville" que a sociologia e a filosofia política francesas empreenderam um retorno crítico ao século XX e às suas numerosas feições[43].

---

[43] Pierre Manent, *Tocqueville et la Nature de la Démocratie Moderne*. Paris, Gallimard, 1993, p. 3.

Foi reintegrando as constatações críticas relativas a Maio de 1968 numa história natural da democracia ou, se assim se preferir, sobre a democracia como processo histórico, que ela se questionou sobre os *radical sixties* assimilando-os no fim das contas a uma radicalização do processo democrático no cerne da modernidade.

Sabemos disso por intermédio de Tocqueville: a democracia não era tanto um regime político, mas um processo histórico. É claro, a dinâmica do igualitarismo permitia que se flexibilizassem as relações sociais, que se desconstruíssem certas hierarquias ilegítimas, mas comportava também o risco de aclimatar as sociedades que ela convertia a uma infeliz servidão. A figura do tirano viria a ser substituída pela do tutor: a servidão seria mais branda, mas teria a mesma consequência. A democracia comportava o risco de ensinar os homens a deixar de amar a liberdade[44]. É conhecida sua profecia sobre os tempos democráticos contida nas últimas páginas da obra *A Democracia na América*:

> Quero imaginar sob quais novos traços o despotismo poderia realizar-se no mundo: vejo uma multidão incontável de homens semelhantes e iguais, que giram sem descanso em torno de si mesmos, a fim de proporcionarem a si mesmos prazeres pequenos e vulgares, com os quais enchem a alma. Cada um deles, retirado à parte, é como que estranho ao destino de todos os outros: seus filhos e seus amigos particulares compõem, para cada um, a totalidade da espécie humana; quanto ao restante de seus concidadãos, ele está ao lado deles, mas não os vê; toca-os, mas não os sente; ele só existe em si mesmo e exclusivamente para si mesmo, e se ainda tem uma família, pode-se dizer ao menos que já não tem pátria. Acima desses aí se eleva um poder imenso e tutelar, que se encarrega sozinho de garantir-lhes a fruição e de zelar por sua sorte. É absoluto, detalhado, regular, previdente e brando.

---

[44] Sobre Tocqueville, consulte-se Pierre Manent, *Tocqueville et la Nature de la Démocratie*. Paris, Gallimard, 1993; Raymond Boudon, *Tocqueville Aujourd'hui*. Paris, Odile Jacob, 2005; André Jardin, *Tocqueville, 1805-1859*. Paris, Hachette, 2004. Leia-se também Serge Audier, *Tocqueville Retrouvé. Genèse et Enjeux du Renouveau Tocquevillien Français*. Paris, Vrin/EHESS, 2004.

Assemelhar-se-ia ao pátrio poder se, como ele, tivesse por objeto preparar os homens para a idade viril; no entanto, busca apenas, ao contrário, fixá-los irrevogavelmente na infância; ama que os cidadãos se regozijem, contanto que sonhem apenas em se regozijar. Trabalha de bom grado para a felicidade deles; mas quer ser o único agente e o árbitro exclusivo dessa felicidade; garante-lhes a segurança e as necessidades, facilita-lhes os prazeres, conduz seus negócios principais, dirige sua indústria, regula suas sucessões, divide suas heranças; como não lhes retiraria inteiramente o transtorno de pensar e a pena de viver[45]?

Tocqueville permitiria que se pensasse sobre as duas feições da democracia, sua face iluminada, sua face sombria. Ele possuía as virtudes de uma poção apaziguante. Aqueles que atravessavam sua obra aprendiam as virtudes de um liberalismo cético diante das promessas do âmbito político e, mais ainda, diante das promessas da igualdade, uma igualdade que era preciso aprender a conter, sem negá-la nem resvalar para a reação. Tocqueville foi um observador contemporâneo dos primeiros momentos da dinâmica igualitária moderna (ou, se assim se preferir, de sua primeira aceleração); ele também lançou um olhar para a democracia em seu berço americano, e os que o reliam pretendiam refazer o percurso de uma época para compreender como o longo século XIX, depois o curto século XX, consistiam num só. Era preciso começar a levar os maus presságios de Tocqueville a sério, mostrando como a democracia sem limites podia secretar uma paixão mortífera, o democratismo. Por isso o liberalismo francês será um liberalismo deprimido, mais defensivo que ofensivo, que ironiza a época, sem por isso buscar derrubá-la[46]. Ele reformulará, assim, a advertência tocqueviliana: seria possível que a democracia se voltasse contra si mesma?

---

[45] Alexis de Tocqueville, *De la Démocratie en Amérique*. Paris, GF-Flammarion, 1981, p. 385.

[46] Nós o distinguiremos de um liberalismo exaltado, modernista, utopista até, reconhecível numa tradição que leva de Frédéric Bastiat a Pascal Salin. Ver Robert Leroux, *Lire Bastiat*. Paris, Hermann, 2008; Pascal Salin, *Libéralisme*. Paris, Odile Jacob, 2000.

Será que o democratismo teria desencadeado uma nova dinâmica histórica que difundiria o vírus de um igualitarismo mórbido, devorador dos fundamentos da ordem social? Voltando a Maio de 1968, Alain Besançon fornecerá uma interpretação absolutamente tocqueviliana:

> O fato determinante é a queda da autoridade. Principalmente a autoridade exercida de pessoa a pessoa. A do professor sobre o aluno, a do patrão sobre o empregado, a do médico sobre o paciente, a do bispo sobre o padre, a do marido sobre a mulher, a do pai sobre o filho. [...] A democracia até então mantida dentro dos limites da ordem política transborda e se estende a todas as relações que estruturavam a sociedade pelo princípio de autoridade.

Maio de 1968 teria herdado e atualizado a dinâmica igualitária da Revolução Francesa aplicando-a às relações sociais. Besançon dirá, sobre Maio de 1968, que certamente se trata do "acontecimento mais importante desde as Revoluções Americana e Francesa"[47]. A democracia providencial – escreverá Dominique Schnapper retomando essa constatação – estenderá seu império sem que seja seriamente considerada a possibilidade de contê-la, e muito menos de retomar-lhe o terreno perdido.

> A democracia providencial tende a recusar todos os limites. A inclusão política deveria estender-se cada vez mais amplamente; a aspiração a uma vida mais longa e a melhores condições de vida não deveria ter limites, e tampouco o reconhecimento público da dignidade dos indivíduos e dos grupos. [...]. Quer se trate dos direitos políticos, quer dos direitos ao bem-estar material e moral, a utopia democrática alimenta aspirações que não podem ser plenamente satisfeitas[48].

É também nessa perspectiva que François Furet escreverá, no momento de concluir *Le Passé d'une Illusion* [O Passado de uma Ilusão],

---

[47] Alain Besançon, "Souvenirs et Réflexions sur Mai 1968", *Commentaires*, n. 122, verão de 2008, p. 516, 519.

[48] Dominique Schnapper, *La Démocratie Providentielle*. Paris, Gallimard, 2002, p. 263-64.

que "a democracia fabrica, por sua simples existência, a necessidade de um mundo posterior à burguesia e ao Capital, onde uma verdadeira comunidade humana poderia florescer. [...] O fim do mundo soviético não muda em nada a demanda democrática por uma outra sociedade"[49]. O utopismo e a existência moderna seriam consubstanciais, e a necessidade de outro mundo possível sempre surgiria das profundezas da sociedade. O princípio democrático sempre apanharia em falta as instituições que deveriam encarná-lo. Se seguirmos o raciocínio de Furet, a democracia liberal, por não se situar no registro da utopia de uma "verdadeira comunidade humana", trairia secretamente o ideal democrático, seria constituída por uma falha existencial e ideológica através da qual surgiria, regular e necessariamente, o desejo de "outra sociedade", que por sua vez cumpriria a promessa da igualdade real, pois aspiraria a um mundo plenamente reconciliado com o ideal da transparência igualitária.

Esse "retorno a Tocqueville" consagrou, portanto, uma migração teórica. Do ardor ao despeito, da contrarrevolução à resignação: é uma postura que se desdobra em relação à revolução de 1968. Foi Marcel Gauchet, numa obra tão poderosa quanto penetrante, quem desenvolveu de maneira mais sistemática a hipótese de uma virada da democracia contra si mesma, por meio de uma reflexão sobre os direitos humanos e sua pretensão de reconstruir o conjunto das interações sociais. Como ele relembra:

> A genialidade de Tocqueville consistiu em compreender, na década de 1830, que a democracia, longe de se reduzir a um regime segundo as tipologias antigas, correspondia a um estado social. [...] Ele soube identificar, graças ao laboratório da jovem República americana, a forma irresistível desse fato seminal capaz de engendrar um mundo, "a igualdade de condições"[50].

---

[49] François Furet, *Le Passé d'une Illusion*. Paris, Fayard, 1995, p. 809.
[50] Marcel Gauchet, *L'Avènement de la Démocratie: la Révolution Moderne*. Paris, Gallimard, 2007, p. 36.

É sob essa luz teórica que Marcel Gauchet analisará a crise dos anos 1960-1970. Gauchet reconhece a amplitude da revolução ideológica das últimas décadas, quando fala da "reorientação [...] misteriosa da marcha das nossas sociedades a partir dos anos 1970"[51] e do "advento de uma fase da modernidade manifestamente diferente das anteriores, desde os anos 1970"[52].

A pergunta feita por Gauchet pode ser facilmente formulada: será que a democracia radicalizada, para não dizer a democracia radical, entendida como desdobramento de um igualitarismo social, cultural, identitário, não tornaria a coletividade irreconhecível, incapaz de reconhecer um destino, de agir na história, de garantir a preservação da sociedade como realidade histórica? Para os neotocquevilianos, ao realizar-se a democracia se contradiz, ao radicalizar-se ela se aniquila. Uma igualdade sem limites destruiria as sociedades ocidentais, ao esvaziá-las de sua substância histórica para submetê-las ao idealismo de uma transparência igualitária em contradição com as exigências da condição histórica. Os direitos humanos, revisitados pela segunda esquerda e pela sensibilidade contestatória, seriam os direitos de um indivíduo "antiautoritário", "anti-institucional", "egótico" e "hedonista"[53]. A figura do indivíduo substituiria a do cidadão. Enquanto Tocqueville se preocupava com uma democracia que aclimataria as sociedades humanas a uma nova tirania, Gauchet se pergunta, por sua vez, se o progresso da igualdade, atualmente assimilado ao reconhecimento da diferença, não acarretaria fatalmente o esgotamento da sociedade, a partir daí condenada ao esfacelamento, agravando, assim, o sentimento de uma fragmentação da coletividade e também, necessariamente, o sentimento de uma opressiva impotência política. A democracia se volta contra si mesma ao enrijecer-se

---

[51] Ibidem, p. 9.

[52] Ibidem, p. 13.

[53] Marcel Gauchet, *La Démocratie contre Elle-Même*. Paris, Gallimard, 2002, p. V-VI.

numa definição expansionista. "O que é pior, erode suas bases de fato em nome de seus fundamentos de direito"[54]. Gauchet acrescentará: "A democracia dos fundamentos é uma democracia sem consistência política"[55]. Como ele escreve, "o chão se esquiva ao mesmo tempo em que o mecanismo interno se desregula"[56]. E, ainda, "a consagração dos direitos de cada um desemboca na despossessão de todos. Um passo adiante, [e a democracia] chega, em seu ímpeto, a voltar-se contra as comunidades históricas nas quais lhe cabe encarnar-se"[57].

Embora esse movimento de igualização radical das condições sociais estivesse contido na ideia democrática, dificilmente se poderia prevê-lo, ao que parece, pois o movimento da igualdade age nas profundezas, sob o sonar sociológico, à maneira de uma lei histórica que desdobra seus efeitos com ou sem a vontade dos atores sociais. No entanto, a ideia democrática estaria em expansão, ela não seria renegada:

> De uma ponta a outra, trata-se de uma única e mesma coisa: decifrar e compreender as desconcertantes feições da nova democracia que se instaura, triunfante, exclusivista, doutrinária, autodestrutiva. [...] Vimo-la reunindo, internamente, os oponentes considerados mais refratários. E, em meio a essa vitória intelectual e moral absoluta, vimo-la perder suas cores, esvaziar-se de sua substância, esquecer-se num ativismo em que nega a si mesma ao querer consumar-se[58].

No entanto, permaneceríamos numa história interna da ideia democrática. Assim, a virada "da democracia contra si mesma" corresponderia a sua lógica íntima. Visão fatalista, e até trágica: Gauchet chega a falar de uma "radicalização fundamentalista e universalista da

---

[54] Ibidem, p. XII.

[55] Ibidem, p. 279.

[56] Idem, *L'Avènement de la Démocratie: la Révolution Moderne*. Paris, Gallimard, 2007, p. 10.

[57] Ibidem, p. 17.

[58] Idem, *La Démocratie contre Elle-Même*. Paris, Gallimard, 2002, p. I-II.

ideia democrática"[59]. A democracia que se volta contra si mesma não seria, contudo, uma democracia transviada. Estaríamos diante de um processo mal dominado, que os homens deveriam aceitar melancolicamente, sem, no entanto, cultivar a ilusão de um desvio da história numa direção nova. Tudo já estaria escrito, e ninguém deveria alimentar ilusões a respeito de um eventual retorno ao mundo do passado.

FIM DA HISTÓRIA, FIM DAS IDEOLOGIAS, FIM DO UNIVERSO POLÍTICO: RUMO À GUERRA CULTURAL

Essa história neotocqueviliana da democracia não deixa de lembrar, no entanto, a estrutura mais geral das filosofias da história herdadas do século XIX e, mais particularmente, do marxismo, que, como ciência do devir das sociedades, representou a plena realização delas. A teoria tocqueviliana da democracia corresponde, ao menos em parte, à sociologia da emancipação, geralmente dominante na esquerda – que deseja ver na história um longo processo de emancipação do homem, o qual se extrai da condição histórica para fundar uma sociedade verdadeiramente nova –, na medida em que ambas fazem do desdobramento do igualitarismo a trama fundamental da modernidade. A aproximação entre Tocqueville e Marx merece ser explorada. Com Marx, aprendia-se a ler a história humana como uma dialética aspirada pelo ideal de uma sociedade que aboliria a heteronomia das relações sociais. O grande mito era o de um mundo emancipado da heteronomia, das instituições, da distância entre o desejo e o real. Todavia, como sabemos, o marxismo produziu muitos desastres no século XX e, em ondas sucessivas, os intelectuais buscaram distanciar-se dele. Assim, no momento de sair do templo proletário, vários heréticos do marxismo não renunciaram à interpretação

---

[59] Ibidem, p. XVII.

da história, sob a influência do igualitarismo democrático: em geral, se contentaram em conferir uma conotação negativa àquilo a que antes atribuíam uma conotação positiva. Conservaram, ainda assim, a mesma teologia histórica, e a sociologia que postulavam tinha todos os traços de uma filosofia da história, a de Tocqueville, que, sendo igualmente herdada do século XIX, permitia uma vez mais escrever a história humana a partir da matriz igualitária; desta vez, porém, à luz do ceticismo liberal. Em outras palavras, de Marx a Tocqueville, foi aproximadamente a mesma história da modernidade que se escreveu, com o paraíso a menos. Uma modernidade permeada por uma dinâmica histórica inelutável, pelo "fato democrático", a partir do qual as sociedades ocidentais necessariamente se recomporiam. A história da modernidade, quer seja revestida de uma conotação positiva, entre os que permanecem agarrados à mística progressista, quer suscite um pouco mais de inquietação, entre os neotocquevilianos, permanece a de um processo histórico. Poder-se-ia falar de uma saída branda do marxismo, que virá a formar, sem que isso seja claramente assumido, uma síntese com o liberalismo de Tocqueville – basta pensar na doutrina capenga, mas popular durante certo tempo, dos novos filósofos que acreditaram salvar a revolução de um marxismo que se tornara "conservador" – particularmente à de um Bernard-Henri Lévy. De certa maneira, os que passaram do maoísmo à doutrina dos direitos humanos[60] não cessaram de definir a política como uma atividade redentora, feita para regenerar a humanidade e livrá-la do mal[61].

Sem nos perdermos em inúteis especulações biográficas, poderíamos talvez interpretar essa substituição da sociologia de Marx pela de

---

[60] Em francês, *droit-de-l'hommisme*: esse neologismo, que se poderia traduzir como *direito-humanismo*, remete à ideia de uma doutrina que pretende ter como exclusiva fundamentação filosófica o arcabouço dos direitos humanos (*droits de l'homme*). (N. T.)

[61] Jean-Pierre Le Goff notou essa hiperideologização da política naqueles que seguiram o percurso do maoísmo ao direito-humanismo. Jean-Pierre Le Goff, *Mai 68, l'Héritage Impossible*. Paris, Éditions de la Découverte, p. 409-19.

Tocqueville como a narrativa de uma geração que buscou compreender a própria relação com a história, a partir de sua adesão precoce ao marxismo, que tinha todos os traços de uma religião secular, até sua saída dele, sem que, por isso, consentisse em derrapar "à direita". Uma geração que talvez tenha sido vítima das próprias ilusões e que, considerando-as com certo constrangimento, decidiu fazer com que a sociedade as carregasse. Uma narrativa se fazia necessária, portanto, para explicar esse percurso e o de uma redescoberta tardia dos direitos e liberdades, apresentados desde as primeiras horas do marxismo como garantias ilusórias, que não deveriam esconder uma liberdade concebida à luz da emancipação. Contar-se-á, então, a história de uma sociedade que tem o marxismo em sua cabine de pilotagem, mas que, descobrindo os amontoados de cadáveres pelos quais ele seria responsável, converte-se à filosofia dos direitos humanos. O socialismo real conduziria ao liberalismo dos direitos humanos, uma etapa após a outra. Jacques Beauchemin está certo em dizer que a crítica marxista foi marcante até a década de 1980, contanto que se saiba que ela foi marcante nos meios intelectuais apenas, os quais dispunham do imenso poder de definir a sociedade[62]. No entanto, os liberais e os conservadores não esperaram até terem lido Soljenítsin para defender a democracia liberal, e não seria tarefa árdua relatar a história do século XX como a de uma defesa, por parte de políticos prosaicos, do âmbito institucional das sociedades livres, contra a *intelligentsia* que queria revogá-lo, pouco importando se esta última penderia para a esquerda ou para a direita[63]. Basta escrever a história da democracia liberal, mas não do ponto de vista dos intelectuais, e sim dos políticos

---

[62] Jacques Beauchemin, *La Société des Identités*. Outremont, Athéna Éditions, 2004, p. 127.

[63] Marc Crapez mostrou bem, por outro lado, a existência de uma tradição intelectual muito crítica do totalitarismo que, desde os anos 1920, decifrou o que seria chamado de a verdadeira natureza do marxismo teórico e aplicado. Marc Crapez, *Je Suis un Contrariant*. Paris, Michalon, 2016.

que se mobilizaram para defendê-la contra o comunismo interior e exterior, para obter uma perspectiva totalmente distinta.

A NOVA QUESTÃO DO REGIME POLÍTICO

Em poucas palavras, na sociologia contemporânea, tanto os estraga-prazeres como os panegiristas da modernização social e cultural têm a tendência de comungar numa mesma filosofia da história da igualdade, a qual despolitiza o advento da sociedade contemporânea e neutraliza esta última numa história da modernidade assimilável a uma história natural da democracia, a ser observada com lentes cor-de-rosa ou lentes escuras. Tanto entre herdeiros de Tocqueville como entre herdeiros de Marx, tanto entre liberais como entre neossocialistas, a democracia é primeiramente vivida, depois concebida como um processo histórico. A mutação dos anos 1960 e 1970 passa a ser apenas um momento, que será celebrado ou lamentado, na história da democracia. Ela molda uma psicologia política: entre os progressistas, proporciona uma confiança inabalável no futuro; entre os conservadores, faz acreditar que tudo já está perdido e que, se for possível retardar um pouco a queda desta ou daquela instituição, nem por isso se poderá recuperar o terreno perdido; mas isso não os torna francamente reacionários, algo temido, é claro, por aqueles que desejam conservar sua respeitabilidade política ou ideológica. Ela vem igualmente decretar que toda resistência, em última instância, é vã, pois se resiste não tanto a um projeto político, mas sim ao desdobramento inelutável de uma civilização que inevitavelmente tomará seus direitos e deixará de lado os que não souberem se aliar a ela[64].

---

[64] É preciso notar que essa assimilação da modernidade à democracia e da democracia a um movimento de expansão do igualitarismo se coaduna com a direita reacionária americana, que também situa a modernidade nessa perspectiva. Essa visão da história é torneada de tal maneira que sempre

Essa teoria abrangente da modernidade nunca está distante de uma teoria do fim das ideologias, que teriam, todas elas, capitulado diante do movimento democrático ou de uma teorização do fim da história, anunciando o término das contradições políticas nas sociedades ocidentais e sua conversão próxima a uma humanidade administrada, pacificada. O que se busca neutralizar, de certa forma, é a dimensão política, que poderia inflectir significativamente o destino de uma sociedade, lembrando que as escolhas de ontem não precisam necessariamente ser mantidas hoje, e poderiam até ser abolidas. Na década de 1950, Daniel Bell prognosticava o fim das ideologias e a crescente tecnicidade do debate político, a partir de então reduzido a uma simples mecânica de ajustamento para sociedades impelidas por um movimento de complexificação sem precedentes[65]. Estaríamos nesse ponto. Evidentemente, Bell não anunciava a neutralização integral da dimensão política: no entanto, já não enxergava aí o principal âmbito de investimento existencial nas sociedades secularizadas, que seriam demasiado complexas para se deixarem levar pelo viés ideológico. Essa tese, desenvolvida ao longo das décadas, e de muitas maneiras, foi expressa por Francis Fukuyama em sua obra-mestra, que anuncia *o fim da história* e a dissolução das controvérsias existenciais que desde

---

leva a direita a ser condescendente com as vitórias da esquerda, na medida em que se deixa intimidar pelo mito de um progresso que, na melhor das hipóteses, conseguiria ralentar, para eventualmente atenuar-lhe os efeitos. Encontraremos particularmente no pensamento da direita mais conservadora uma assimilação da democracia liberal e do socialismo, na medida em que ambos se teriam formado na matriz do igualitarismo democrático. Paradoxalmente, a direita conservadora também dá razão à esquerda comunista: a democracia encontraria sua verdade profunda no igualitarismo radical, no socialismo. Desse ponto de vista, uma vez mais, 1917 seria apenas a promessa cumprida de 1789. Ver, por exemplo, James Kalb, *The Tyranny of Liberalism*. Norfolk, IHS Press, 2009. Numa perspectiva mais liberal, ver: Kenneth Minogue, *The Servile Mind: How Democracy Erodes Moral Life*. San Francisco, Encounters Book, 2010.

[65] Daniel Bell, *The End of Ideology*. Cambridge, Harvard University Press, 2000.

sempre alimentaram a vida política. A partir de agora o debate político passaria do âmbito do *projeto* ao da *adaptação perpétua* às exigências da modernidade[66]. O sentido da história seria conhecido, caberia apenas registrá-lo e adaptar-se a ele. Para Fukuyama, já não haveria controvérsias ideológicas significativas, a história chegaria a seu termo, não porque algum acontecimento já não pudesse ocorrer, mas antes porque os acontecimentos já não viriam desprender as sociedades humanas do paradigma de uma consumação do ideal democrático.

Essa leitura da história suscita, no entanto, um imenso mal-estar. Ao fazer-nos o relato do desdobramento inelutável de certa modernidade, que esvazia os enfrentamentos políticos de seu sentido, como se eles não contassem verdadeiramente numa história escrita de antemão, é a liberdade política que sai mutilada. Isso não quer dizer que a filosofia da história não tem seu lugar na reflexão sobre o destino das sociedades: ela pode vir depois, como uma iluminação retrospectiva. Seria um erro, todavia, curvar-se a essa forma de pensamento do inelutável que dissolve a dimensão política, um pensamento que representa uma história na qual não teríamos nenhuma influência. Propomos aqui outra interpretação sociológica e histórica do mal-estar democrático contemporâneo e da dinâmica ideológico-política que, em grande medida, o gerou. Pretendemos revisitar o último século à luz de uma história das ideologias ou, mais exatamente, retraçando o desdobramento de uma ideologia tão dominante nos dias de hoje que chegou a impor-se nas mentalidades e a apagar as numerosas batalhas que travou antes de triunfar, fazendo com que se esquecessem conflitos em que nem tudo estava determinado de antemão. Raymond Aron escreveu que "as revoluções do século XX não são proletárias: são concebidas e conduzidas pelos intelectuais"[67]. Nada compreenderemos sobre o último século se dele eliminarmos as ideologias, aqueles

---

[66] Francis Fukuyama, *La Fin de l'Histoire et le Dernier Homme*. Paris, Flammarion, 1993.

[67] Raymond Aron, *L'Opium des Intellectuels*. Paris, Calmann-Lévy, 1955, p. 322.

que as modelam e os poderes de que se apropriam para reconstruir a sociedade. Desse ponto de vista, uma história das ideologias é primeiramente uma história do conflito para definir a legitimidade política e para saber qual delas exercerá uma hegemonia na comunidade política. Uma coisa é certa: devemos nos livrar da grande narrativa do advento natural da sociedade diversitária e pós-nacional para fazer a seu respeito uma história política em que nem tudo está escrito de antemão.

É preciso voltar à primeira impressão das testemunhas conservadoras de Maio de 1968, que aí reconheciam a consequência de uma cultura antissistema que chegara ao ponto de maturação, e que compreendiam que a civilização da qual eram guardiãs estava sendo agredida. Georges Pompidou sentiu, intuiu uma mutação na sensibilidade revolucionária. "Será que os acontecimentos de Maio agiram como reveladores de um desarranjo mais profundo? Será isso o fim de algo, os últimos vapores de um vulcão que se extingue – quero dizer, do espírito revolucionário de 1848 –, meio-Proudhon, meio-Marx, ao molho de Marcuse? É o que convém perguntar para extrair as conclusões disso"[68]. Maurice Druon chegava à mesma conclusão: "que ninguém se engane quanto a isso. Essa crise insurrecional, breve, por vezes incoerente até a paródia e, afortunadamente, econômica de sangue, é o acidente mais modificador ocorrido na sociedade francesa desde o fim da guerra"[69]. Um acidente: o termo não é neutro. Evoca um acontecimento que poderia ter sido evitado, que rompeu os diques pelos quais a civilização se constitui. Em outras palavras, um evento menos cultural que político; no mínimo, um mal-estar cultural usado politicamente, que a esquerda ideológica foi capaz de capitalizar. Nisso se pode ver um conselho metodológico: existe aí um momento da história a ser usado, um momento a partir do qual uma

---

[68] Georges Pompidou, *Le Nœud Gordien*. Paris, Plon, 1974, p. 36.

[69] Maurice Druon, *Circonstances Politiques*. Monaco, Éditions du Rocher, 1998, p. 76.

reconfiguração do imaginário político da esquerda ocidental se desencadeou. Existe aí um momento de realinhamento ideológico, que se consumará ao longo de várias décadas. Devemos nos desprender, portanto, do paradigma dominante em que se situa a maioria dos debates relativos às causas da aceleração da história nas sociedades ocidentais. Devemos pensar na mutação dos anos 1960, seguir seu rastro, reconhecendo que o grande trabalho de renovação ideológica do progressismo a partir desses anos teve profundas consequências no destino do Ocidente. A própria nova esquerda que se impôs a partir dessa época sugeriu que essa pista fosse seguida, como se pode ver nos trabalhos de Alain Touraine. No centro de seus estudos sobre os novos movimentos sociais, reencontrávamos a valorização de novas necessidades, não raro qualificadas de pós-materialistas, no âmbito público[70]. A ação política e social já não dizia respeito exclusivamente às dimensões materiais da existência, mas às orientações culturais que definem o horizonte e as fronteiras do concebível, do dizível[71]. A partir desse momento se encontra a origem das famosas questões societais[72], que monopolizarão a vida política algumas décadas depois. Novas ideologias brotaram da contracultura e da implosão do marxismo, o que acarretará, para uma geração, a dispersão das lutas numa miríade de críticas especializadas, capazes, ainda assim, de recompor um projeto político que hoje se desdobra sob o signo da diversidade.

---

[70] Ronald Inglehart, *The Silent Revolution: Changing Values and Political Styles Among Western Publics*. Princeton, Princeton University Press, 1977.

[71] Alain Touraine, *Le Mouvement de Mai ou le Communisme Utopique*. Paris, Seuil, 1968.

[72] Segundo Frédéric Worms, professor de Filosofia da École Normale Supérieure da França, o termo *societal* diz respeito à questão dos valores e costumes adotados pelos membros de determinada sociedade, o que se tornou objeto de debates e, não raro, de polêmicas em grande parte do mundo ocidental moderno. Enquanto as questões sociais dizem respeito às condições materiais da existência – nível e distribuição de renda, condições de trabalho, etc. –, as questões societais estariam ligadas à dimensão propriamente cultural da vida comum. (N. T.)

Em uma nota da Fondation Saint-Simon publicada em 1999, retomada e desenvolvida em 2006 na obra *L'Extrême-Gauche Plurielle* [A Extrema-Esquerda Plural], Philippe Raynaud registrava a persistência de uma frente ideológica aberta no flanco esquerdo da democracia ocidental. Raynaud observava, no entanto, que essa tradição de contestação pouco aparece nos radares sociológicos destinados a esclarecer as diferentes facetas do mundo contemporâneo, contrariamente à direita "radical" ou "populista", cujas fronteiras são bem recortadas e perpetuamente repelidas, cuja realidade é documentada, cujos atores são seguidos, espreitados e perseguidos, cujos avanços e recuos políticos são comentados e cujas ideias são pacientemente retraçadas, a fim de evitar uma contaminação implícita ou explícita com elas – e isso tanto nos Estados Unidos como no Canadá e na França; na realidade, na maioria dos países ocidentais. Segundo ele, embora a esquerda radical continue a existir, ao que parece já não é possível identificar claramente sua influência e as lutas que ela privilegia. Como corolário disso, é difícil contabilizar seus ganhos e mesmo notar suas aparições, na medida em que mais ninguém busca reconhecê-la como tal, exceto em suas manifestações mais caricatas, do âmbito do anarquismo encapuzado, vulgar, grosseiro e afeito ao quebra-quebra. Poderíamos indagar: como a nova esquerda oriunda da década de 1960, dissidente do catecismo marxista-leninista – ou, se preferirem, em ruptura com o marxismo clássico –, foi capaz de alcançar uma posição hegemônica no debate democrático? Como foi capaz de transformar a visão global que as sociedades ocidentais têm da democracia? Contrariamente ao que se costuma dar a entender, o radicalismo dos anos 1960-1970 não desapareceu com o amadurecimento dos que se haviam lançado em alguma das muitas lutas abertas pelo esquerdismo; muito pelo contrário, ele transformou profundamente a cultura política e a dinâmica ideológica das sociedades ocidentais. Poderíamos retomar a hipótese de Philippe Raynaud: se a esquerda radical não é reconhecida como tal, é em grande parte por ter conseguido impor suas categorias na vida pública. Tornou-se assim invisível nas categorias sociológicas da modernidade, pois suas lutas ideológicas foram, em sua maioria, naturalizadas na narrativa da diversidade. Ao contrário do que Paul Yonnet defende, não se pode dizer que "foi a ideia de uma alternativa revolucionária que derreteu, que se desfez, sem que quase ninguém se desse conta; foi a ideia de outra ordem social, radicalmente diferente e nova, que se enterrou"[73]. O advento da outra ordem social ocorreu. Philippe Raynaud relembrava que

> já não se podem contar os movimentos nascidos na extrema-esquerda, ou ao menos sustentados por ela, cujas reivindicações principais já acabaram em sua maioria sendo aceitas por quase toda a classe política, depois de terem sido apregoadas pela esquerda reformista. Atualmente, a maioria desses combates são tão distantes que esquecemos a carga 'subversiva' que puderam ter quando atacavam de frente uma moral 'tradicional' que, por menos pudica que a França fosse, era comum aos católicos e aos republicanos[74].

A Revolução seria coisa do passado. A esquerda da esquerda foi capaz de vestir-se de centro-esquerda. Portanto, para ver como a esquerda radical de antes de ontem se tornou a centro-esquerda de hoje, precisamos retraçar a história da guerra cultural travada por ela.

Guerra cultural: essa formulação circula muito atualmente, embora lhe sejam atribuídas numerosas significações, não raro contraditórias. No entanto, ela nos ajuda a compreender o que ocorreu ao longo das últimas décadas, se quisermos nos livrar da teleologia progressista. Se as teses sobre a guerra cultural emergiram ao longo da década de 1990, foi porque nesse momento as transformações associadas à década de 1960 assumiram contornos de uma mudança de época

---

[73] Paul Yonnet, "La Sortie de la Révolution", *Le Débat*, n. 160, maio-agosto de 2010, p. 38.

[74] Philippe Raynaud, *L'Extrême-Gauche Plurielle*. Paris, Autrement, 2006, p. 29-30.

definitiva[75]. Primeiramente, foi nesse momento, como se diz, que a geração contestatória dos anos 1960 e 1970 chegou a uma posição de autoridade no conjunto das sociedades ocidentais – posição esta que ela já havia alcançado no meio acadêmico e midiático desde a década de 1980. Foi também na década de 1990 que a herança ideológico--política dos *radical sixties* atingiu a maturidade, com o surgimento da questão da diversidade, que nasceu, como observou Paul Yonnet, "de uma transformação substancial da reivindicação social, impondo uma visão racial, sexual, religiosa e etária das relações sociais"[76]. A queda do comunismo favoreceu um realinhamento ideológico em torno de novos desafios, porque a esquerda perdeu de uma vez por todas a esperança de um outro mundo realizado no universo do comunismo real, que se havia inserido na história graças à brecha de 1917; mas também porque a direita perdeu repentinamente seu inimigo tradicional, contra o qual havia federado suas correntes e sensibilidades logo após a Segunda Guerra Mundial. O fim do comunismo revelou controvérsias ideológicas e convulsões sociais que tardavam em tomar forma politicamente. Agora elas teriam todo o espaço.

Nosso mundo, longe de ser subideologizado, é "sobreideologizado"; já não temos consciência disso, porém, pelo fato de a

---

[75] As definições da guerra cultural são numerosas, evidentemente, numa politologia conservadora que se questionou sobre a transformação radical da sociedade ao longo da última metade de século. Uma dessas definições se contenta em constatar que a cultura se tornou um campo de batalha entre, de um lado, os movimentos de sensibilidade libertária e os outros, portadores de uma contracultura conservadora, ligada à defesa das formas sociais tradicionais. Encontramos essa visão da guerra cultural especialmente em James Davison Hunter, *Culture Wars. The Struggle to Define America*. New York, Basic Books, 1991. Hunter voltará à questão da guerra cultural numa obra posterior, em que reunirá as contribuições de alguns de seus teóricos, que tirarão proveito da ocasião para emendar a definição dela. James Davison Hunter, Alan Wolfe, *Is There a Culture War?*. Washington, Brooking Institution Press, 2006.

[76] Paul Yonnet, "La Sortie de la Révolution", *Le Débat*, n. 160, maio-agosto de 2019, p. 41.

ideologia dominante ser tão esmagadora que não vemos nada além dela. A guerra cultural dizia respeito, primeiramente, à interpretação que deveria ser dada aos conceitos da modernidade. O que é a democracia? O que é a liberdade política? O que é a igualdade? Essa guerra não se relaciona principalmente com os "valores", no sentido estrito, mas sim com a definição da democracia. Como Daniel Halévy já disse, num outro contexto, "é preciso mostrar o instante em que as instituições foram desfeitas ou se desfizeram, se dissolveram". É a própria questão do regime político que é formulada pela guerra cultural. De fato, por trás da aparente continuidade da história democrática ocidental, o que se travou foi uma guerra ideológica relacionada à própria definição da democracia. As instituições permanecem mais ou menos as mesmas e, à primeira vista, as democracias ocidentais escrevem sua história com a tinta da continuidade. O fato, porém, é que ao se implicarem numa filosofia totalmente nova, transformaram em profundidade sua vocação. A questão do regime tem a imensa virtude de reinserir a questão do poder no cerne de toda análise e de devolver aos homens uma influência sobre a história. Ao fazê-lo, reabilita a dimensão política e convida-nos a revisitar a última metade de século para ver como essa mudança de regime ocorreu. E como o que é poderia não ter sido, ou poderia muito bem deixar de ser.

Capítulo 2 | A mutação da esquerda ou o momento 1968

Os intelectuais vão de sistema em sistema, como um mau nadador de uma boia a outra. O nadador perde o fôlego. Feliz em se agarrar por um momento, pouco lhe importa saber como a boia está ligada ao fundo. Mais exatamente, ele vai de um vocabulário a outro. Os filósofos são, em geral, os fornecedores do vocabulário boia.

Raymon Ruyer, Le Sceptique Résolu

François Furet, em *Le Passé d'une Illusion* [O Passado de uma Ilusão], sua obra-mestra sobre a ideia comunista, sustentou com razão que o ponto de partida de uma exploração do imaginário progressista no século XX se encontrava em outubro de 1917[1]. A razão é simples: a esquerda ocidental e, mais particularmente, a *intelligentsia* ocidental se deixou enfeitiçar pelo que Furet denominou "o charme universal de outubro"[2], que fazia acreditar numa história reiniciada do zero, a ser

---

[1] Sobre a história da União Soviética e as relações complexas entre a Rússia e o socialismo, consulte-se Martin Malia, *La Tragédie Soviétique. Histoire du Socialisme en Russie*. Paris, Seuil, 1995. Consulte-se também o clássico de Michel Heller, *L'Utopie au Pouvoir. Histoire de l'URSS de 1917 à nos Jours*. Paris, Calmann-Lévy, 1985. Pode-se também consultar, quanto à pretensão soviética de constituir uma sociedade radicalmente nova, remanejando integralmente a massa humana, uma vez mais Michel Heller, *La Machine et les Rouages. La Formation de l'Homme Soviétique*. Paris, Calmann-Lévy, 1985.

[2] François Furet, *Le Passé d'une Illusion*. Paris, Robert Laffont, 2007, p. 577-620. (Coleção Bouquin)

escrita a partir daí com a tinta do socialismo. Finalmente seria possível fazer tábula rasa do passado. É preciso ver com clareza a situação do socialismo no momento em que ele foi alçado ao poder na Rússia: aquilo que até então era uma ideologia dividida entre vários movimentos concorrentes, mais ou menos concordantes quanto à estratégia a seguir para dar à luz o mundo novo, transformou-se a partir de 1917 numa exegese da experiência soviética, que, pela abolição da propriedade privada dos meios de produção, teria desmontado o mecanismo da alienação gerada pelo capitalismo. A URSS libertou o socialismo do registro exclusivo da especulação utópica, e este se tornou uma experiência a ser interpretada e aprofundada, como teste do valor e da aplicabilidade dos ideais progressistas. A Revolução Russa dá início à partição do Ocidente entre dois destinos contraditórios, que reivindicam igualmente seu pertencimento à modernidade democrática, mas pretendem realizá-la de maneiras diferentes. O mito soviético está em plena ascensão à esquerda na década de 1930[3], quando o socialismo inspira a muitos na maneira de responder à crise de 1929, e culminará no início da década de 1950[4], quando a Rússia, aureolada por sua vitória em Stalingrado e por seu papel na derrota do nazismo, dispõe

---

[3] Sobre a questão, consulte-se a obra notável de Richard Gid Powers dedicada à história do anticomunismo americano: Richard Gid Powers, *Not Without Honor. The History of American Anticommunism*. New Haven, Yale University Press, 1998, p. 117-54. Nosso interesse se dirige especialmente ao percurso de Frank Meyer, retraçado na biografia que lhe foi dedicada por Kevin J. Smant, *Principles and Heresies*. Wilmington, ISI Books, 2002, p. 1-18. Pode-se também consultar a biografia de James Burnham, que retraça igualmente seu percurso no movimento trotskista. *Daniel Kelly, James Burnham and the Struggle for the World*. Wilmington, ISI Books, 2002, p. 41-62. Consulte-se, por fim, de John P. Diggins, *Up from Communism. Conservative Odysseys in American Intellectual Development*. New York, Columbia University Press, 1994. Pode-se consultar também Pierre Grémion, *Intelligence de l'Anticommunisme. Le Congrès pour la Liberté de la Culture à Paris, 1950-1975*. Paris, Fayard, 1995.

[4] Leszek Kolalowski, *Main Currents of Marxism*. New York, W. W. Norton & Company, 2005, p. 881-933.

de todos os títulos de glória necessários para sustentar sua vocação de pátria revolucionária[5]. O "turismo ideológico" se desenvolve e, de um retorno da URSS a outro, os testemunhos maravilhados diante da experiência comunista se multiplicam – os intelectuais de esquerda caem no blefe da encenação que lhes era oferecida pelos regimes comunistas, ocupados em fabricar um cenário fictício onde circulavam trabalhadores alegremente emancipados e obrigados pela polícia política a desempenhar bem seu papel[6]. Visitava-se um paraíso proletário para ganhar a convicção de que outro mundo não somente era possível, como estava em construção. Evidentemente, nos lugares em que isso era possível, devia-se apoiar o Partido Comunista local, representante autorizado da revolução mundial no próprio país. A fauna intelectual francesa dos anos 1950 deu um exemplo particularmente impressionante disso: ser ou não ser membro do Partido Comunista Francês, essa era a questão. Vários acreditaram resolver o dilema tornando-se "companheiros de estrada"; Raymond Aron os chamava de "comunizantes"[7], os quais exerciam uma função fundamental na estratégia política do comunismo: sem repetir com aquele dogmatismo dos adeptos as últimas encíclicas moscovitas, vinham validar a orientação do partido e, mais ainda, o valor teórico do marxismo,

---

[5] Sobre essa questão, consulte-se "The Durable Misconceptions of the Soviet Union". In: Paul Hollander, *The Survival of the Adversary Culture*. New Jersey, Transaction Books, 1988, p. 54-79.

[6] Sobre o turismo ideológico, consulte-se a obra notável de François Hourmant, *Au Pays de l'Avenir Radieux. Voyage des Intellectuels Français en URSS, à Cuba et en Chine Populaire*. Paris, Aubier, 2000. Paul Hollander também escreveu consideravelmente sobre as numerosas migrações da ideia revolucionária no século XX. Consulte-se especialmente "The Durable Signification of Political Pilgrimage", um texto retomado em Paul Hollander, *Discontents. Postmodern & Postcommunist*. New Brunswick, Transaction Publishers, 2002, p. 91-103. Consulte-se, é claro, seu clássico *Political Pilgrims. Western Intellectuals in Search of a Good Society*. New Brunswick, Transaction Publishers, 1998.

[7] Raymon Aron, *L'Opium des Intellectuels*. Paris, Calmann-Lévy, 1955, p. 9.

em relação ao qual se contentavam com reservas menores, sobretudo quando estas provinham dos círculos fechados dos cristãos de esquerda, que forneceram um contingente de crentes contrariados na vocação messiânica do proletariado. O percurso de Sartre, primeiro entre os companheiros de estrada, primeiro da fila dos comunizantes, é aqui exemplar. De fato, é na *intelligentsia* que o comunismo encontrará seus militantes mais convictos. Raymond Aron não hesitará, aliás, em falar de "ópio dos intelectuais".

No entanto, em meados da década de 1950, o socialismo, tal como emendado por Lenin e formatado pela URSS, está na véspera de uma crise. A marcha para a sociedade sem classes parece conduzir direto para a Sibéria. A "bolchevização" das consciências provoca seu congelamento, e a imagem de Stálin, por muito tempo o paizinho dos pobres, confunde-se com sua caricatura, a de um tirano, de um carrasco[8]. "A utopia no poder" descamba para o "inferno concentracionário"[9], e a "formação do homem soviético"[10] corresponde, na prática, a uma política desumanizadora, que lacera o homem real, deixando-o num estado lastimável. Isso é dito em sussurros, não às claras; mas no íntimo de cada um, é reconhecido: começa-se a duvidar dos russos, povo eleito. Jules Monnerot descreveu isso na obra *Sociologie de la Révolution* [Sociologia da Revolução]: "o sistema russo-comunista [...] já não corresponde, tal e qual, durante a década de 1950, e menos ainda durante a de 1960, nem objetivamente nem subjetivamente, às exigências de revolucionários que vivem fora da esfera russa"[11]. Em

---

[8] Jules Monnerot, *Sociologie du Communisme*. Paris, Gallimard, 1963, p. 98; Karl Wittfogel, *Le Despotisme Oriental*. Paris, Éd. de Minuit, 1964.

[9] Michel Heller, Aleksandr Nekrich, *L'Utopie au Pouvoir. Histoire de l'URSS de 1917 à nos Jours*. Paris, Calmann-Lévy, 1985.

[10] Michel Heller, *La Machine et les Rouages. La Formation de l'Homme Soviétique*. Paris, Calmann-Lévy, 1985.

[11] Jules Monnerot, *Sociologie de la Révolution*. Paris, Gallimard, 1969, p. 680.

outras palavras, como *software* revolucionário, o marxismo funciona cada vez pior. Três abalos sucessivos causarão uma profunda fissura na arquitetura teórica do socialismo: a morte de Stálin, o relatório "secreto" de Kruschev no 20º Congresso do PCUS e, depois, a repressão em Budapeste, em 1956. De nada serviria voltar a cada um deles, exceto para ver que se correspondem mutuamente em seu questionamento de um regime que pretendia consumar uma forma de perfeição histórica e política. A União Soviética decai, e o socialismo com ela; o futuro fica envolto em bruma, o paraíso ganha ares infernais. Almejava-se a liberdade total, e o que se descobre é uma emancipação fictícia, que mal disfarça uma burocracia policial cujo instrumento é o terror de massa[12]. O homem novo é, acima de tudo, um homem desfigurado, mutilado, preso pelas tenazes da burocracia, vigiado pela polícia política, trancafiado num sistema concentracionário. O socialismo descamba para a catástrofe – uma descoberta reiterada entre os intelectuais ocidentais, que jamais conseguirão se desprender da ideia de que o comunismo é uma bela teoria mal aplicada. No entanto, de todas as explicações possíveis dessa degenerescência totalitária do comunismo, foi o papel de Stálin que passou a encarnar o horror concentracionário na Rússia, um papel reconhecido principalmente no relatório do 20º Congresso do PCUS, que assumirá assim a forma de uma confissão, a do terror. No entanto, como Stéphane Courtois bem observou, a invenção do stalinismo não pertencia exatamente ao âmbito da confissão, mas principalmente ao da estratégia; o personalismo dos crimes do comunismo era uma forma de desculpar o ideal socialista, que não deveria ser responsabilizado por seus "desvios". A criminalidade do comunismo não lhe seria intrínseca. Ao atribuir exclusivamente a Stálin a responsabilidade pela criminalidade comunista, o 20º Congresso exonerava, nessa mesma ocasião, o ideal

---

[12] Stéphane Courtois (dir.), *Le Livre Noir du Communisme*. Paris, Robert Laffont, 1999.

socialista, que não deveria carregar a responsabilidade pelos crimes cometidos em seu nome. Um mecanismo fundamental de justificação se instaurava: o anseio pela revolução jamais deveria se deixar desanimar por seu desvio empírico. O encaixe entre socialismo e sovietismo começava a fissurar-se. As boas tacadas do socialismo deveriam ser-lhe atribuídas, mas nunca seus erros. Jamais se deveria considerar o comunismo culpado pelos crimes cometidos em seu nome.

A revelação da verdadeira natureza do comunismo soviético privará os progressistas durante algum tempo de um contramodelo a apontar contra o Ocidente liberal[13]. Maurice Merleau-Ponty, abalado um pouco antes dos outros em sua fé revolucionária, expressou a que ponto o desprendimento em relação à União Soviética não era necessariamente natural para os que haviam acreditado que o ano I fora anunciado a partir de Moscou. Em *Humanisme et Terreur* [Humanismo e Terror], lançado em 1947, ele revelou o impasse em que se encontravam os intelectuais progressistas que haviam engatado sua fé no marxismo:

> a crítica marxista do capitalismo permanece válida, e é evidente que o antissovietismo hoje reúne a brutalidade, o orgulho, a vertigem e a angústia que já encontraram sua expressão no fascismo. Por outro lado, a revolução se imobilizou numa posição de recuo: mantém e reforça o aparelho ditatorial, ao mesmo tempo em que renuncia à liberdade revolucionária do proletariado em seus Sovietes e em seu Partido, e à

---

[13] Note-se que a esquerda bolchevique não parou de buscar uma nova destinação à qual dirigir suas aspirações utopistas, bem depois do desencantamento com a URSS. A paixão cubana, chinesa, africana, depois albanesa, por parte de certo socialismo ocidental, que nunca acabava de buscar a sociedade ideal nas sociedades recém-descolonizadas, permite compreender melhor o terceiro-mundismo, que nunca passou de um socialismo mal-acabado, cuja forma contemporânea parece renascer através do fascínio alterglobalista pelo [Fórum Social Mundial de] Porto Alegre e pelo socialismo sul-americano. Quanto à dimensão migratória da utopia comunista, leia-se Paul Hollander, *Political Pilgrims: Travels of Western Intellectuals to the Soviet Union, China, and Cuba*. Cambridge, Oxford University Press, 1981.

apropriação humana do Estado. Não se pode ser anticomunista, não se pode ser comunista[14].

O fracasso do comunismo soviético não tornaria mais apreciável a sociedade liberal contra a qual ele se configurou. O problema formulado pelo marxismo perduraria em sua inteireza: o da emancipação radical que marca uma ruptura com a alienação do homem, apesar da "degenerescência burocrática do Estado operário", segundo a formulação consagrada pelos trotskistas – trotskistas chamados a renascer em tais circunstâncias, na medida em que haviam sido os primeiros, no próprio interior da extrema-esquerda, a oferecer uma alternativa ao socialismo real. Merleau-Ponty reiterará, assim, o valor do marxismo como sistema de apreensão intelectual da sociedade capitalista: "Toda discussão séria do comunismo deve, portanto, formular o problema tal como ele, isto é, não no terreno dos princípios, mas no das relações humanas. Ela não brandirá os valores liberais para com eles esmagar o comunismo; investigará se está em vias de resolver o problema formulado por ele e de estabelecer entre os homens relações humanas". Merleau-Ponty desqualificava também a questão do regime, afirmando que "para conhecer e julgar uma sociedade, é preciso chegar a sua substância profunda, ao elo humano de que ela é feita e que depende das relações jurídicas, sem dúvida, mas também das formas de trabalho, da maneira de amar, de viver, de morrer. [...] Um regime nominalmente liberal pode ser realmente opressivo. Um regime que assume sua violência poderia conter em si mais humanidade verdadeira". Por trás das palavras de Merleau-Ponty, havia uma forte convicção: a cultura das sociedades ocidentais estava a tal ponto alienada que seria fundamentalmente pior para o homem, na medida em que ainda não teria passado pela mutação qualitativa que a revolução possibilita[15].

---

[14] Maurice Merleau-Ponty, *Humanisme et Terreur. Essai sur le Problème Communiste*. Paris, Gallimard, 1947, p. XVII.

[15] Ibidem, p. (XI), X.

Não se podia pôr em questão a URSS sem concordar, ao mesmo tempo, com a validade teórica e filosófica do marxismo. Era preciso, a qualquer custo, permanecer na matriz da emancipação revolucionária. Não haveria crítica legítima da esquerda, exceto no interior da esquerda. Era preciso, primeiro, dar razão ao comunismo, e só então acusá-lo. Para revogar o marxismo como solução, era primeiro preciso reconhecer que ele teria formulado corretamente o problema da emancipação humana, ao mostrar como ela era contrariada pela sociedade ocidental, com seu liberalismo gasto, que não buscaria transformar radicalmente a qualidade da experiência humana e que seria prisioneiro de uma filosofia política herdada do século XIX. A mesma matriz filosófica, pilotada de outra maneira, poderia desembocar em resultados novos, menos mortíferos na fabricação do homem novo. Como, porém, salvar a Revolução da catástrofe? Essa era outra maneira, para os comunistas, de retomar a velha fórmula sobre o bebê e a água do banho. Como escreveu Edgar Morin em sua *Autocrítica*, sintomática da onda de deserção pela qual o PCF passava nessa época, "[...] o stalinismo era horrível; foi o que senti profundamente em 1949. No entanto, esse horror envolvia o que o homem havia concebido de mais admirável: o comunismo. O mal e o bem aí estavam indissoluvelmente mesclados. Combater o mal não é, simultaneamente, golpear o bem? Atacar a fonte do câncer não era, ao mesmo tempo, atacar a fonte da vida?"[16]. Tendo a cruzada sido abortada, Morin desejava, ainda assim, formular "uma vez mais o problema do pensamento e da ação revolucionária"[17]. Isso porque embora "o próprio núcleo da vulgata – a identificação do stalinismo e do socialismo – esterilizasse toda pesquisa, toda crítica, toda atividade responsável"[18], era

---

[16] Edgar Morin, *Autocritique*. Paris, Seuil, 1975, p. 147.
[17] Ibidem, p. 13.
[18] Ibidem, p. 148.

preciso renovar os parâmetros da Revolução. Como tantos outros, ao deixar o Partido Comunista, Morin não acreditava deixar a Revolução, mas partir de novo a sua procura. O traçado de uma nova esquerda era delineado, a ideia socialista era distinguida de suas realizações, pois estas teriam traído aquela, em vez de revelá-la[19].

A FALÊNCIA DA SOCIOLOGIA PROLETARISTA

Já não é apenas o valor do exemplo soviético que é questionado, mas também o valor teórico do marxismo tal como predominara na *intelligentsia* ocidental. Desde meados da década de 1950, ele já não é considerado muito convincente. A coisa não é isenta de dificuldades, na medida em que o marxismo não representava uma variante da esquerda entre outras, mas sua forma acabada – na realidade, ele representava o ponto culminante do progressismo moderno, por sua conjugação de utopismo e racionalismo. Representava o remate de uma história intelectual que fizera o sopro da esperança passar sobre as cordas da harpa revolucionária – Sartre não havia confessado que, para ele, tratava-se aí do "horizonte insuperável do nosso tempo"? O marxismo tinha tudo para agradar aos meios intelectuais, aos quais garantia, pelo domínio de algumas equações teóricas e silogismos falsamente complexos, o controle do software necessário ao deciframento do movimento histórico. O marxismo, ao conjugar o cientificismo e o profetismo, permitia assim que a *intelligentsia* se arvorasse em classe anunciadora do futuro radioso, em classe mediadora da história em seu devir.

---

[19] Foi o que François Furet notavelmente observou, ao escrever que "a ideia do comunismo não parou de proteger em todas as suas épocas a história do comunismo, até aquele momento derradeiro em que esta, pela pura e simples interrupção de seu curso, arrastou aquela em seu desaparecimento, visto que durante tanto tempo a encarnara". François Furet, *Le Passé d'une Illusion*. Paris, Robert Laffont, 2007, p. 1076. (Coleção Bouquin)

A crise do marxismo nas sociedades ocidentais é primeiramente a de sua desrealização[20]. Seu valor científico parece cada vez menos evidente. Sua capacidade descritiva da sociedade capitalista foi comprometida. A sociedade ocidental oriunda da Segunda Guerra Mundial se parece cada vez menos com o que o marxismo tradicionalmente afirmava sobre o capitalismo, a menos que se desenvolva uma exegese cuja sutileza é capaz de transformá-lo em saber esotérico. A partir da década de 1950, começa-se a tomar por assente que as relações de poder são infinitamente mais complexas do que os marxistas haviam imaginado. A sofisticada explicação do movimento histórico pela dialética da luta de classes ganha cada vez mais a aparência de uma combinação puramente abstrata – na realidade, as relações de classe já não são tão facilmente discerníveis como podiam sê-lo no momento da industrialização das sociedades ocidentais, e a inelutável pauperização do proletariado é desmentida pelo surgimento de uma classe média que tem acesso às vantagens parciais, porém reais, da sociedade de consumo. Novos grupos sociais emergem, e estes não parecem entrar nas categorias já recortadas do marxismo erudito. Verdade seja dita, a democratização manifesta do progresso econômico não é do tipo que excita as paixões das massas, as revoltas camponesas ou os motins de que os movimentos revolucionários poderiam se apoderar.

Embora o marxismo continue a ser uma referência obrigatória à esquerda, as emendas que lhe fazem são tão significativas que cabe perguntar se ele não passou a existir apenas de modo nominal, à maneira de um catecismo cujas orações são feitas, mas sem as obras que deveriam acompanhá-las. Existirão muitos, no entanto, para tentar remendar os buracos na teoria que haviam transformado em

---

[20] Para uma história da evolução particular do marxismo francês no pós--guerra, consulte-se o capítulo "Le Marxisme Français (1945-1975)". In: Tony Judt, *Le Marxisme et la Gauche Française (1930-1981)*. Paris, Hachette, 1987, p. 181-245.

religião. Jacques Ellul observará ironicamente que, "cheios de boa vontade, marxistas tentam incansavelmente refazer o tecido rasgado, recosturar os trapos, buscar novas formas e guardar as antigas significações"[21]. Raymond Aron dirá com igual severidade que, "reduzida a seu núcleo, a história ideológica dos marxismos se confunde com as diversas hipóteses acrescentadas ao profetismo original, para reconciliar este último com os acontecimentos que, em aparência, o contradizem"[22]. No entanto, por mais que a escolástica marxista se esfalfe em finas distinções, ela enrijece o progressismo numa ortodoxia limitada a seus fiéis mais praticantes, penando para decifrar o social e suas transformações tanto na superfície quanto nas profundezas. De Serge Mallet, que se empenhará em desenhar os contornos de uma "nova classe operária"[23], surgida com as especificidades da sociedade técnica, a Nicos Poulantzas, que por sua vez distingue as estruturas de classe produzidas pelo capitalismo e o posicionamento das classes, que já não corresponde às suas respectivas situações reais na lógica das relações de produção[24], passando por Louis Althusser, que lê O Capital[25] para manter a qualquer custo o caráter científico do marxismo mais doutrinário, serão muitas as tentativas para resgatar a teoria de uma realidade que a desmentiu. No início da década de 1970, retornando às causas que originaram a Nova Esquerda, Herbert Marcuse falará da "petrificação" da teoria marxista, "uma retórica sem praticamente mais nenhuma

---

[21] Jacques Ellul, *De la Révolution aux Révoltés*. Paris, Calmann-Lévy, 1972, p. 22.

[22] Raymond Aron, *Plaidoyer pour l'Europe Décadente*. Paris, Robert Laffont, 1977, p. 34.

[23] Serge Mallet, *La Nouvelle Classe Ouvrière*. Paris, Seuil, 1969.

[24] Nicos Poulantzas, *Les Classes Sociales dans le Capitalisme Aujourd'hui*. Paris, Seuil, 1974.

[25] Louis Althusser, Jacques Rancière, Pierre Macherey, *Lire le Capital*. T. 1. Paris, François Maspero, 1966. 256 p.; Louis Althusser, Jacques Rancière, Roger Establet, *Lire le Capital*, T. 2. Paris, François Maspero, 1966. 401 p.

relação com a realidade"[26], que não está "à altura da prática do capitalismo, mas atrasada em relação a ela [...]. A redução da teoria marxista a 'estruturas' rígidas desconecta a teoria da realidade e lhe confere um caráter abstrato distante, pseudocientífico, que facilita sua ritualização dogmática"[27].

No cerne dessa transformação do marxismo está o questionamento da ideia do proletariado como sujeito histórico portador da revolução. A questão não é nova – vários historiadores do marxismo haviam-na observado: o vínculo privilegiado que o marxismo pretendia estabelecer com a classe operária era altamente hipotético. Como Jules Monnerot escreverá em *Sociologie de la Révolution* [Sociologia da Revolução], a designação por Marx do proletariado como classe portadora da contradição revolucionária era mais do âmbito da especulação filosófico-histórica do que de uma sociologia das relações sociais própria da metade do século XIX[28]. A "imaculada concepção do proletariado" corresponderia a uma simplificação abusiva da questão operária num momento de transformação acelerada do capitalismo[29]. Marx teria atribuído razões de queixas sociais potencialmente revolucionárias à classe operária "antes de conhecê-la"[30]. Essa constatação não ficou historicamente reservada aos sociólogos, filósofos e historiadores conservadores. Os marxistas rapidamente o compreenderam, e é Lenin, com certeza, quem levará esse problema mais a sério. Segundo ele, a classe operária não é naturalmente revolucionária – ao menos não alcançaria por si mesma a própria consciência revolucionária –, mas antes sindicalista ou, se assim se preferir, reformista, o que o levou, aliás, a buscar resolver esse problema formulando a teoria do partido que seria a expressão consciente da aspiração revolucionária

---

[26] Herbert Marcuse, *Contre-révolution et Révolte*. Paris, Seuil, 1972, p. 52.
[27] Ibidem, p. 53.
[28] Jules Monnerot, *Sociologie du Communisme*. Paris, Gallimard, 1963.
[29] Ibidem, p. 19-85.
[30] Ibidem, p. 680.

da classe operária, o que consistia em afirmar que a consciência operária era menos veiculada pela classe operária do que por aqueles que reivindicavam seu pertencimento a ela, envolvendo-a numa teoria revolucionária. Lenin formulava, assim, uma teoria da representação própria do marxismo: a revolução requer um grupo portador que, por sua vez, só alcança a consciência revolucionária pela mediação da *intelligentsia* ou, ao menos, de um grupo organizado que pretende ser sua expressão mais radical. Em outras palavras, mesmo no cerne da filosofia que postulou mais radicalmente o problema da autonomia, a questão da representação do poder e da autonomia do âmbito político acabou por ressurgir – uma representação que nos relembra que nenhuma sociedade é absolutamente transparente por si mesma. A questão da representação, de um poder que sempre corporifica certa heteronomia na ordem social, é inerente à dimensão política. A classe operária empírica – e isso se sabe desde o início do século XX – não quer a Revolução, e muito menos a Revolução tal como podia ser imaginada pelo marxismo de tendência bolchevista. Em síntese, seria possível dizer que a relação privilegiada que o marxismo pretendia estabelecer com a classe operária foi desde o início uma relação fissurada, mais fantasiosa do que real.

A partir do fim da década de 1950 essa tensão quanto ao lugar do proletariado na teoria marxista se radicaliza. É o embasamento ideológico do marxismo que se revela. Marx havia estabelecido a necessidade de uma epistemologia da exclusão: é pelo estigma que o afligiria que um grupo seria chamado a se tornar a base de uma teoria revolucionária. O grupo portador da revolução assim o seria por ser radicalmente exterior à ordem social: ele não se deixaria ludibriar pelas ideologias justificadoras das relações de dominação. Em razão de sua despossessão total é que a classe operária poderia encarnar, por si mesma, uma reconquista da humanidade, à maneira de uma classe universal. No entanto, o povo das fábricas já não é exterior à sociedade nem bate o pé diante de suas portas com slogans revolucionários. O proletariado já não é raquítico e descobre o prazer da prosperidade, do emburguesamento. Começa-se então a falar da classe média, e Jacques Ellul chega a afirmar que "a verdadeira revolução, no sentido de mutação fundamental das estruturas da sociedade, no sentido de reestruturação profunda, de estabelecimento de novas clivagens pelo apagamento das antigas, consiste nessa progressiva assimilação da classe operária"[31]. Em *L'Homme Unidimensionnel* [O Homem Unidimensional], uma obra importante na história da transformação da esquerda na década de 1960, Herbert Marcuse chega a reconhecer que "o povo, anteriormente fermento da mudança social, 'elevou-se', tornou-se fermento da coesão social"[32], o que o levava a falar com desdém das "classes populares conservadoras"[33]. No início da década de 1970, Marcuse chegou a dizer "que uma consciência não revolucionária – ou, antes, antirrevolucionária – prevalece na maioria da classe operária, isso salta aos olhos. É claro, a consciência revolucionária jamais se expressou, exceto em situação revolucionária; mas a diferença agora é que a condição da classe operária em seu conjunto desfavorece tal conscientização"[34]. Como muitos outros, ele tirará as conclusões esperadas, notando logicamente que "se a classe operária já não é a 'negação absoluta' da sociedade existente, se ela se tornou uma classe dessa sociedade, que compartilha suas necessidades e suas aspirações, a transferência do poder à classe operária exclusivamente já não garante a passagem ao socialismo como sociedade qualitativamente diferente"[35].

---

[31] Jacques Ellul, *De la Révolution aux Révoltes*. Paris, Calmann Lévy, 1972, p. 21.

[32] Herbert Marcuse, *L'Homme Unidimensionnel*. Paris, Les Éditions de Minuit, 1968, p. 280.

[33] Ibidem, p. 280.

[34] Idem, *Contre-révolution et Révolte*. Paris, Seuil, 1973, p. 15.

[35] Ibidem, p. 58.

Na realidade, "a expressão imediata da opinião e da vontade dos operários, dos agricultores, dos habitantes da região – em suma, do povo – não é progressista em si, não é, em si, uma força de mudança social, podendo até ser o contrário"[36]. Já não se pode contar com o proletariado das fábricas para derrubar a sociedade. Marcuse falará até de "estiagem do potencial revolucionário" da classe operária[37]. Ligar a revolução exclusivamente ao partido, com sua idealização soreliana de uma ruptura espontânea e brutal com a ordem instituída, seria uma estratégia contraproducente no âmbito de uma sociedade que despolitiza profundamente a questão operária. Alguns começam até a reprovar o marxismo conservador, uma recriminação que será dirigida, nestes mesmos termos, ao Partido Comunista Francês no momento dos acontecimentos de Maio de 1968, na medida em que o PCF teria preferido se entender com o poder gaullista a investir suas forças na brecha revolucionária aberta pelo movimento estudantil (como sabemos, o esquerdismo reabilitará até a violência, com seu culto à ação direta, o que não estava desconectado de sua visão do caráter espontâneo da insurreição)[38]. Jacques Ellul fará disso esta constatação definitiva: "o proletariado já não é o motor da revolução.

---

[36] Ibidem, p. 66.

[37] Ibidem, p. 47.

[38] Gombin sustentará que a prática revolucionária associada ao Partido Comunista, com sua direção centralizada e profissional, estaria praticamente esgotada. Seria necessário, a partir de agora, uma prática revolucionária autônoma, aberta à multiplicação das subjetividades que irrigam a sociedade e permitem percebê-la, por suas margens e recessos, de uma perspectiva inteiramente distinta daquela oficialmente associada à luta de classes. "A luta por um mundo novo não poderia usar os instrumentos revolucionários reificados do movimento de oposição herdado do passado. A irrupção da subjetividade na reivindicação cotidiana impossibilita a conciliação com o princípio de uma direção revolucionária: a conquista da autonomia das lutas é a primeira conquista do revolucionário consciente." Richard Gombin, *Les Origines du Gauchisme*. Paris, Seuil, 1971, p. 179. Os irmãos Cohn-Bendit também acusaram o PCF, ao reconsiderar os movimentos de Maio de 1968, de uma prática política "contrarrevolucionária". Daniel e Gabriel Cohn-Bendit,

E a classe revolucionária tem sido procurada inutilmente"[39]. A classe operária desertou a Revolução. Logo se extrairá daí uma conclusão mais radical: o povo é o inimigo da Revolução. A esquerda acabará por se voltar contra ele.

A UTOPIA REDESCOBERTA OU O FERMENTO DA NOVA ESQUERDA

Diante dessa situação, alguns, como Jacques Ellul, ficaram tentados a decretar "o fim do Ocidente revolucionário"[40]. No entanto, é preciso matizar essa afirmação de Ellul com a de Jules Monnerot, que fala, em vez disso, de um "desgaste do esquema revolucionário oficial"[41]. Como ele escreverá, "a Revolução nos martela os ouvidos na década de 1960, tanto quanto na década anterior. O *corpus* doutrinário [do marxismo] permanece no centro da atividade revolucionária. Ele permanece, ao menos no sentido de que não existe outro. Aquilo que não foi substituído não foi destruído. No entanto, o monopólio do marxismo não passa atualmente de uma ausência de outra coisa"[42].

A esquerda espera essa "outra coisa", portanto, a fim de reencontrar seu antigo vigor. Não é tanto a revolução que se desgasta, mas a revolução *oficial*. Contudo, o definhamento do marxismo não deve fazer-nos acreditar num enfraquecimento do imaginário revolucionário. O que se desenha na segunda metade da década de 1960 é a desvinculação entre a sensibilidade revolucionária e o marxismo

---

Le Gauchisme, Remède à la Maladie Sénile du Communisme. Paris, Seuil, 1968, p. 164-217.

[39] Jacques Ellul, *De la Révolution aux Révoltés*. Paris, Calmann-Lévy, 1972, p. 28.

[40] Ibidem, p. 11-63.

[41] Jules Monnerot, *Sociologie de la Révolution*. Paris, Fayard, 1969, p. 680.

[42] Ibidem, p. 681.

clássico. A esquerda radical retoma de uma nova maneira a questão da emancipação. Abre-se o paciente trabalho de análise do social, a fim de que o sujeito revolucionário seja reconstruído sobre bases inéditas, distanciadas do marxismo sociológico e do leninismo político. Para a esquerda, não é tanto de renegar a revolução que se trata, mas antes de inventar uma sociologia capaz de identificar os novos atores capazes de endossar a crítica à sociedade. A filosofia marxista, ligada a uma sociologia da classe operária que havia formado seus conceitos a partir de uma observação feita no século XIX, deve dotar-se, para isso, de uma nova sociologia. De nada adianta dobrar os conceitos canônicos do marxismo a todas as contorções intelectuais possíveis, para aí configurar o que nele se quer introduzir. A ruptura com o marxismo clássico é reconhecida, consagrada. Seria preciso sair da sociologia marxista para manter a filosofia viva. Cumpre reconstruir o sujeito revolucionário sem prejulgar a identidade dos candidatos a tal vocação. A esquerda deve emancipar-se do marxismo sem renegá-lo, um empreendimento escalonado em vinte anos, que mobilizará seus principais intelectuais num grande seminário a céu aberto destinado à renovação do progressismo[43].

Em meados da década de 1960, a sociedade ocidental parece tremer – vários intelectuais associados ao liberalismo falarão das "incertezas americanas"[44], que logo tenderiam a se difundir na Europa. A partir de 1965, é uma forte maré revolucionária que começa a desencadear-se nas sociedades ocidentais, e as primeiras forças sociais a notá-la foram, evidentemente, as elites conservadoras da ordem estabelecida, que adivinham que são os próprios fundamentos

---

[43] Mouffe e Laclau também acusarão o marxismo de haver atrofiado o potencial revolucionário das sociedades ocidentais. Chantal Mouffe, Ernesto Laclau, *Hegemony and Socialist Strategy. Towards a Radical Democratic Politics*. London/New York, Verso, 2001, p. VIII.

[44] J.-J. Servan-Schreiber, Carl Kaysen (dir.), *Incertitudes Américaines*. Paris, Calmann-Lévy, 1970.

da ordem social que estão comprometidos. Elas percebem com clareza que a contestação da sociedade vigente é, antes de tudo, a contestação de uma civilização. O evento capaz de lançar luz sobre a significação desse período é Maio de 1968, que encarna a mutação mais profunda do pensamento revolucionário no século XX e cujo alcance provavelmente se assemelha ao de outubro de 1917. Como o marxismo exerce nesse momento tamanha influência na vida intelectual e cultural, é primeiramente com suas palavras que os jovens insurgentes desejarão nomear a revolta. No entanto, a linguagem revolucionária do rótulo já não se coaduna com o sentimento revolucionário, como observou Alain Besançon em seu revisão dos acontecimentos de Maio de 1968 na França, ao assinalar que "a linguagem dominante foi a do marxismo-leninismo", embora esta fosse, "de todas as linguagens possíveis, a menos apta a traduzir a realidade das coisas", diferentemente da linguagem política empregada nos Estados Unidos, que era antes de tudo "a da moralidade e a da justiça", antes de descair em "radicalismo esquerdista"[45].

Claude Lefort bem observou, em tempo real, como as grandes preocupações da sociologia radical consistiam em fazer com que o movimento de Maio de 1968 se encaixasse nas categorias pré-fabricadas do marxismo – e o porquê e o modo como, naquele momento, a teoria parecia naufragar. "Esse acontecimento que abalou a sociedade francesa é algo que cada um tenta nomear, que cada um tenta reduzir ao conhecido, e cujas consequências cada um tenta prever. Interpretações são apressadamente montadas, e muitos gostariam que a ordem fosse restabelecida, senão nos fatos, ao menos em pensamento"[46]. Maio de 1968 marca a transição de uma época revolucionária a outra e o fim do domínio do marxismo clássico sobre o progressismo. Uma nova sensibilidade se descortina na praça pública. É um novo

---

[45] Alain Besançon, "Souvenirs et Réflexions sur Mai 1968", *Commentaires*, n. 122, verão de 2008, p. 515.

[46] Claude Lefort, *La Brèche*. Paris, Fayard, 2008, p. 45.

capítulo na história da emancipação que se abre: esta já não ocorrerá da mesma maneira nem em relação às mesmas dominações. Se, como escreve Ellul, "a ausência de vontade revolucionária [da classe operária], de comportamento revolucionário, e mesmo de ser aparece claramente em Maio de 1968"[47], é também nesse momento que se constata o deslocamento do foco revolucionário e que uma mutação do conflito social começa a ser considerada. A sociologia progressista que se debruçará em tempo real sobre os acontecimentos de Maio de 1968 aí reconhecerá um surto revolucionário original que permite conceber de maneira nova a questão das relações sociais. Como escreverá Claude Lefort, "num instante se dissipa a crença cotidiana na inelutabilidade das regras que sustentam a organização da sociedade e das condições que a ordenam. Num instante se descobre que a pretensa necessidade da submissão se baseia numa relação de força e que essa relação pode ser invertida"[48].

Em outras palavras, a sociedade está disponível para uma transformação radical. A legitimidade da ordem social explode. O mundo, tal como era e como parecia ter de evoluir, é brutalmente contestado em seus fundamentos: é de civilização que se quer mudar. Alain Touraine também sustentou, em sua obra *Le Mouvement de Mai ou le Communisme Utopique* [O Movimento de Maio ou o Comunismo Utópico], que "o movimento de maio destruiu a ilusão de uma sociedade reconciliada consigo mesma pelo crescimento e pela prosperidade, substituiu a miragem do bem comum e da racionalidade social pela evocação das contradições e das lutas da sociedade"[49]. Touraine falou também de um "conflito social novo, cuja natureza

---

[47] Jacques Ellul, *De la Révolution aux Révoltés*. Paris, Calmann-Lévy, 1972, p. 19.

[48] Edgar Morin, Claude Lefort, Cornelius Castoriadis, *La Brèche, suivi de Vingt Ans après*. Paris, Fayard, 2008, p. 50.

[49] Alain Touraine, *Le Mouvement de Mai ou le Communisme Utopique*. Paris, Seuil, 1968, p. 13.

e cujos atores já não são os mesmos da sociedade anterior, da sociedade propriamente capitalista"⁵⁰. Aliás, como ele também afirma sobre o conflito revelado por Maio de 1968: "este é, portanto, social, cultural e político, mais que especificamente econômico"⁵¹. Essa constatação é importante. São novas polarizações que se configuram, inexplicáveis pela sociologia proletarista, e posteriormente explicadas por Touraine em sua teoria dos movimentos sociais, uma das teorias mais completas para a compreensão da mudança da reivindicação social na sociedade pós-industrial. "Um pensamento social crítico vigoroso" é um pensamento social "que busca o lugar e a natureza dos conflitos sociais centrais". Ao convidar a esquerda a não continuar prisioneira dos conflitos sociais "de antes de ontem" e "de ontem", Touraine convidava-a acima de tudo a "reconhecer as novas forças sociais, as novas contestações e o novo imaginário que vão animar nossa sociedade". Assim é que ela poderia inserir-se numa continuidade em relação ao marxismo: "no momento em que desmorona o edifício histórico do marxismo, é preciso salvar o que fez a grandeza do pensamento de Marx, a busca dos dramas e das lutas por meio dos quais os homens fazem sua história"⁵². Do ponto de vista da história da esquerda, o marxismo não terá sido primeiramente, portanto, uma sociologia proletarista ou uma crítica do capitalismo, mas uma busca do conflito social portador de uma dinâmica de emancipação.

O termo que circula na época procura marcar essa "ruptura": fala-se de uma *nova esquerda*, armada de um novo projeto. Mas o que a velha esquerda e a nova esquerda têm em comum? Está em jogo uma reatualização da questão da utopia, por meio de um balanço do momento marxista. Maio de 1968 reativa oficialmente uma tentação utopista que o marxismo pretendia desativar, ao apresentar-se como

---

⁵⁰ Ibidem, p. 14.

⁵¹ Ibidem, p. 14.

⁵² Idem, *Mort d'une Gauche*. Paris, Galilée, 1979, p. 96.

uma teoria científica. Inicia-se um balanço do marxismo, ainda que ele não seja dispensado de uma só vez. Na realidade, Maio de 1968 marca um jogo de báscula na Revolução, o comunismo científico é desclassificado pelo "comunismo utópico", justamente aquele contra o qual o marxismo se havia constituído. Este último se constituiu em grande parte com base no mito do socialismo científico, e contra o socialismo utópico. Marx construiu o socialismo moderno a partir de uma censura da utopia – com Marx, o socialismo assumia a forma de uma filosofia científica da história, que adiava seu excedente utópico para o término do movimento da dialética histórica, visto que a sucessão dos modos de produção deveria aparentemente culminar na sociedade sem classes, emancipada de toda alienação[53]. Lenin havia reproduzido essa querela em sua crítica do esquerdismo, apresentado como "a doença infantil do comunismo", que ele acusava de irracionalismo e censurava de não compreender o caráter científico da ação revolucionária[54]. Para ele, o espontaneísmo do esquerdismo descambava para o sectarismo revolucionário, ao passo que o trabalho da Revolução exigia antes um profissionalismo na organização de uma violência armada necessária. O marxismo clássico parecia terrivelmente árido para uma jovem geração que atacava o reducionismo econômico de seus teóricos e não tolerava reduzir a Revolução a uma simples empreitada de transformação das relações de produção. O sentimento de alienação, na origem de toda forma de ideia revolucionária, parece ter-se transformado profundamente. Haverá, assim, um empenho em sair de Marx, ou mesmo em reinterpretar Marx acoplando seu pensamento a preocupações que não foram as suas, mas que manifestamente são as da ultraesquerda, que procura extrair-se de uma sociedade execrada por ela. Haverá, inclusive, em dado momento, um empenho em reler Marx à luz da utopia, por meio da

---

[53] Sobre essa questão, consulte-se a obra notável de Jean Roy, *Le Souffle de l'Espérance*. Montréal, Bellarmin, 2000.

[54] Lenin, *La Maladie Infantile du Communisme*. Paris, 10/18, 1963.

redescoberta de seus escritos de juventude – ou, se assim se preferir, haverá uma tentativa mais ou menos desesperada de resgate do marxismo por meio de um retorno à obra do jovem Marx, principalmente seus manuscritos de 1844, que revelavam um Marx mais profético e menos científico, mais próximo das fontes vivas da utopia igualitária, e que não hesitava em expressá-la com certo romantismo revolucionário[55]. Bastará, aliás, retornar ao jovem Marx para reencontrar a seiva idealista que irrigará o marxismo antes de sua formulação científica[56]. Theodore Roszak notou isso, ao ressaltar a distância entre o jovem Marx e o Marx adulto:

> É interessante [...] considerar a maneira como o jovem Marx abordou o conceito de alienação. Um de seus primeiros ensaios vincula a ideia de alienação do trabalho à vida psíquica do homem e às relações entre o homem e a natureza. Essa é uma concepção da alienação muito mais importante (porque mais generalizada) do que aquela a que Marx retornará em sua obra ulterior.

O marxismo era uma ciência; cumpria retirar-lhe a carga utópica, aquela para a qual convergirá boa parte da juventude socializada na agitação estudantil, e que encontrou em Maio de 1968 uma ocasião revolucionária autêntica – uma revolução que consistiu, na prática, em transbordar o marxismo à esquerda. Os *radical sixties* marcam, assim, um retorno aos *sentimentos fundamentais* existentes na origem do projeto político da esquerda, um retorno à parte de utopismo que o marxismo havia recoberto, sem, contudo, conseguir liquidar. Edgar Morin formulará claramente essa exigência em seu

---

[55] Isso é notavelmente assinalado por Bernard Brillant, "Intellectuels, l'Ere de la Contestation", *Le Débat*, março-abril de 2008, p. 39.

[56] Theodore Roszak, *Vers une Contre-culture*. Paris, Stock, 1970, p. 116. Sobre os escritos de juventude de Marx, consulte-se o excelente capítulo que lhes é dedicado por Leszek Kolakowski, "The Paris Manuscripts. The Theory of Alienated Labour. The Young Engels", em sua obra *Main Currents of Marxism*. New York, W. W. Norton & Company, 2005, p. 109-25.

Journal de Californie: "será isso uma recaída aquém de Marx? Não será a redescoberta daquilo que Marx ocultou?⁵⁷". Será preciso, portanto, fazer rebrotar a fonte utópica do marxismo, um empreendimento que será impulsionado principalmente pelos movimentos esquerdistas. Maio de 1968 marcará o transbordamento do comunismo para a esquerda por parte do esquerdismo, cuja principal contribuição, do ponto de vista de uma história da esquerda, será transformar radicalmente sua relação com o mito revolucionário. A questão do esquerdismo não é nova na história do comunismo, e Lenin já havia feito uma severa crítica do revolucionarismo que seria sua causa profunda⁵⁸. O esquerdismo revelava a carga utópica do marxismo, revigorava um elemento contestatório numa sociedade demasiadamente ordenada, em que mesmo as forças revolucionárias haviam sido disciplinadas e domesticadas pelo capital na figura conservadora de um partido revolucionário organizado. Para os esquerdistas, entre os quais está Daniel Cohn-Bendit, o comunismo profissional associado à estrutura do partido seria a cópia ruim da sociedade burguesa, igualmente mortífera, igualmente alienante. Segundo sua formulação, o esquerdismo representava o "remédio para a doença senil do comunismo"⁵⁹, o que apresenta claramente as coisas: o esquerdismo não é isento de vínculo com o comunismo; é o corretivo dele ou, como também se dirá, sua terapia⁶⁰.

---

⁵⁷ Edgar Morin, *Journal de Californie*. Paris, Seuil, 1970, p. 198.

⁵⁸ Lenin, op. cit.

⁵⁹ Daniel Cohn-Bendit, *Le Gauchisme: Remède à la Maladie Sénile Du Communisme*. Paris, Seuil, 1968.

⁶⁰ Sobre o esquerdismo, consulte-se Richard Gombin, *Les Origines du Gauchisme*. Paris, Seuil, 1971. Gombin termina sua obra com estas palavras: "o esquerdismo comprometeu seu monopólio, e isso de modo irreversível. Que o esquerdismo venha a ser o movimento revolucionário, isso não é garantido; que ele demonstrou, por sua própria existência e pelo eco que suscita, que o marxismo-leninismo organizado deixou de sê-lo, isso me parece ponto pacífico" (p. 182). Em outras palavras, o essencial é ser revolucionário

É preciso, evidentemente, formular a pergunta sobre a natureza do utopismo[61]. O que é o progressismo? Antes de ser um programa, seria possível dizer que ele é primeiramente uma disposição existencial, uma atitude diante da condição humana. O progressismo está menos fixado numa visão claramente definida do futuro do que numa recusa intransigente do presente, da ordem social e das instituições que a encarnam. Em outras palavras, aquém do marxismo teórico, que se apresentava à maneira de um racionalismo radical, há na origem do progressismo a utopia de uma transparência igualitária, que formula o sonho mais simples que existe: o planeta deveria ser um paraíso[62]. O ideal revolucionário está à flor da existência social nas

---

– e como o marxismo clássico já não é capaz de assumir uma prática revolucionária, deve ser superado.

[61] Quanto ao mito da autonomia radical, consulte-se o clássico de Jean Starobinski, *J.-J. Rousseau, la Transparence et l'Obstacle*. Paris, Gallimard, 1971. Essa análise se coaduna parcialmente com a de François Furet, que afirmava, no momento da derrocada do comunismo, que "a democracia fabrica, por sua simples existência, a necessidade de um mundo posterior à burguesia e ao capital onde poderia florescer uma verdadeira comunidade humana [...]". Para Furet, que aqui se insere na perspectiva neotocquevilliana, é o próprio imaginário da modernidade que gera o radicalismo, à maneira de uma crítica recorrente da relação insatisfatória mantida pelas sociedades modernas com os ideais que as fundaram. François Furet, *Le Passé d'une Illusion*. Paris, Robert Laffont, 2007, p. 1076. (Coleção Bouquin) Martin Malia reexaminou o percurso do ideal revolucionário no último milênio ocidental, reconhecendo sua natureza fundamentalmente religiosa. Ele se propõe, por isso, a missão de seguir "o *continuum* do radicalismo europeu, à medida que este se estende da sedição religiosa à sedição política, até a revolução aberta; depois, das revoluções políticas dos séculos XVII e XVIII até o milenarismo científico da revolução social do século XX". Para Malia, todavia, "o que chamamos revolução é um fenômeno histórico" que teria abortado de uma vez por todas a degenerescência totalitária do marxismo em suas numerosas aplicações. Martin Malia, *Histoire des Révolutions*. Paris, Tallandier, 2006.

[62] Freud, particularmente em *Malaise dans la Civilisation*, descrevia adequadamente esta última como o trabalho de recalque das pulsões, do desejo, mas também do instinto de morte que consumaria este último. Em

sociedades modernas, ainda mais porque se promete sua materialização, se multiplicam suas tentativas, sempre infrutíferas, cada decepção sendo seguida por uma nova promessa. Em outras palavras, na falta de paraíso proletário ao alcance da mão, a esquerda radical nem por isso está menos comprometida com o utopismo intrínseco à tradição socialista. Isso porque o marxismo atuava de fato, ao menos em parte, como uma religião revelada, com seus dogmas e seus tabus, e mesmo suas encantações. À sua maneira, o progressismo é uma revelação: *a civilização em que vivemos é radicalmente inaceitável.* A revelação exige, não um paciente trabalho de refeitura da ordem humana, mas antes que se leve esta última a julgamento, em nome de outra história a ser escrita, aquela que poderia, enfim, subtrair-se da dominação e da heteronomia. Essa é uma confissão que encontramos em Marcuse de modo muito explícito: "Tentei mostrar que uma mudança pressuporia uma recusa total ou, para empregar a linguagem dos estudantes, uma contestação permanente desta sociedade. E que não se trata apenas de mudar as instituições, mas antes de mudar totalmente os homens em suas atitudes, seus instintos, seus objetivos, seus valores, etc."[63].

O progressismo é uma ontologia crítica da existência social. Poder-se-ia dizer que ele formula a questão da modernidade no paradigma do "homem novo", que sempre precisa ser libertado de uma sociedade que o corrompe, domina ou aliena. O progressismo representa, primeiramente e antes de tudo, uma filosofia da emancipação radical, chamada a reencontrar a verdade do ser humano escondida sob a ordem histórica, que a teria mutilado. Existe uma "psicologia do radicalismo", reconhecível sobretudo na crença na

---

outras palavras, a liberação do desejo e o despojamento das instituições sociais responsáveis por seu recalque conduziriam ineluctavelmente a um processo de descivilização. Sigmund Freud, *Malaise dans la Civilisation*. Paris, PUF, 1971.

[63] Herbert Marcuse, *L'Express Va plus loin avec ces Théoriciens*. Paris, Robert Laffont, 1973, p. 70.

possibilidade de *outro mundo*. O progressismo se definiu primeiramente pelo que rejeita, por um olhar crítico dirigido à ordem existente, antes de comungar com uma visão precisa qualquer de futuro – a menos que se tome por precisa a imagem do socialismo dada por Edgar Morin, qual seja, a de um "comunismo libertário e comunitário"[64], imagem de uma sociedade emancipada das relações de autoridade e tendo, para isso, tão somente de instituir-se; já os irmãos Cohn-Bendit falarão da "organização da sociedade socialista, sociedade não autoritária e não hierárquica"[65]. No entanto, é antes de tudo a formulação de Morin que nos dá um bom indício sobre a psicologia do radicalismo, na medida em que este não vê no mundo uma *civilização*, mas uma profunda *alienação*, por meio de todos os papéis sociais que distanciariam o homem de si mesmo e dos quais ele deveria desprender-se para dar à luz, como dirá Merleau-Ponty, "relações humanas entre os homens". A partir daí, não é tanto de transmitir a herança que se trata, mas de libertar o homem da herança. Alienação: eis a palavra-chave da renovação da sensibilidade revolucionária. Jean-François Revel, por sua vez, em *Ni Marx ni Jésus* [Nem Marx nem Jesus], reconhecerá essa aspiração entre os revolucionários contraculturais estadunidenses:

> No fundo de toda aspiração revolucionária existe, em última instância, essa conscientização de que o homem se tornou instrumento de seus instrumentos, e de que é preciso fazê-lo voltar a ser meta e valor para si mesmo, a fim de evitar uma inversão do sentido da vida[66].

O homem deve se desprender da sociedade que o molda predestinando-o, contra sua vontade, a exercer certas funções que ele não necessariamente escolheu, o que contribui para empurrá-lo para o

---

[64] Edgar Morin, *Journal de Californie*. Paris, Seuil, p. 134.

[65] Daniel Cohn-Bendit, Gabriel Cohn-Bendit, *Le Gauchisme, Remède à la Maladie Sénile du Communisme*. Paris, Seuil, 1968, p. 16.

[66] Jean-François Revel, *Ni Marx ni Jésus*. Paris, Robert Laffont, 1970, p. 228.

universo das restrições, não para o universo das possibilidades. Ela o determina, em vez de oferecer-lhe a possibilidade de recriar-se a partir do indeterminado. Esse desprendimento passa necessariamente por uma mudança fundamental, uma ruptura qualitativa na história humana. Para expressá-lo politicamente: passa por uma *revolução*, que sempre pressupõe a possibilidade de *recriar* o mundo[67]. François Furet indaga: "o que existe de tão fascinante na revolução? É a vontade afirmando-se na história, o homem inventando-se a si mesmo, figura por excelência da autonomia do indivíduo democrático [...]. Ela compõe uma bebida forte o suficiente para inebriar gerações de militantes".

A revolução é primeiramente uma recusa do mundo adulto que revela ao homem sua finitude. Edgar Morin fará a mesma análise:

> A revolução cultural, como toda grande revolução, é a vontade de salvar e realizar um universo infantil de comunhão e de imediatez; o movimento hippie, num aspecto profundo, é o mundo imaginário infantil que quer se realizar na adolescência, na vida[68].

Morin notou também que essa contestação do princípio da instituição tomou forma primeiramente na instituição escolar:

> O questionamento do exame é uma contestação do princípio de seleção e de hierarquização social. Mais profundamente, porém, mais obscuramente, talvez, é a recusa do rito de iniciação capital da sociedade moderna, isto é, da passagem para o universo adulterado do adulto[69].

Morin enfatizará em várias ocasiões a dimensão "festiva" de Maio de 1968. E ainda que o outro mundo possível não arranje maneira de se conceitualizar, e menos ainda de se materializar, ainda que já não exista um contramodelo global, ainda assim a crítica

---

[67] François Furet, *Le Passé d'une Illusion*. Paris, Robert Laffont, 2007, p. 578. (Coleção Bouquin)

[68] Edgar Morin, *Journal de Californie*. Paris, Seuil, p. 133.

[69] Idem, *La Brèche*. Paris, Fayard, 2008, p. 19.

da inserção do homem no mundo deve continuar a ser a crítica de sua alienação por uma sociedade que o apanha, determina e sufoca. A desconstrução, que oferecerá uma bela carreira acadêmica àqueles que se apropriarem de algum modo desse conceito, representa a tradução universitária da pulsão niilista. É a luta que deve sempre prosseguir, com o assentamento das posições, cada qual em seu papel de dominante ou dominado, aquele tendo o monopólio da injustiça, este o da virtude; à ação política não cabe ordenar o bem comum numa sociedade ciente de sua imperfeição, mas emancipar o homem daquilo que o oprime em sua condição. Era isso o que Edgar Morin criticava nos partidários da contracultura: "Fascismo ou paraíso: essa é a única alternativa que eles querem ver; e colam-na em cima da situação atual"[70]. É que é necessário preservar a imagem de um mundo a ser rejeitado, em que a única dignidade que resta ao homem vem de sua capacidade de extrair-se desse mundo sem ceder, seja qual for a maneira, às ilusões da cultura. Jean-François Revel, enquanto ainda era companheiro de estrada da esquerda socialista e libertária, falará por sua vez de um "universo do tudo ou nada, do puro e do impuro", especificando que, desse ponto de vista, "o que convém não é a ação, mas a redenção"[71]. É em sua capacidade de ser completamente diferente, de se metamorfosear em busca de sua emancipação, que o homem encontraria sua dignidade.

A CONTRACULTURA: DA CRÍTICA AO CAPITALISMO À CRÍTICA À CIVILIZAÇÃO OCIDENTAL

O fundo utopista da esquerda radical veio à tona. É a contracultura no sentido amplo que fornecerá a matéria ideológica necessária

---

[70] Idem, *Journal de Californie*. Paris, Seuil, p. 143.
[71] Jean-François Revel, *Ni Marx ni Jésus*. Paris, Robert Laffont, 1970, p. 242.

à renovação da utopia. As instituições e tradições serão a partir de agora tidas como arranjos circunstanciais que caracterizaram relações de dominação, e que recalcam nos recessos do âmbito social uma dimensão fundamental da existência humana, a que responde às exigências da autenticidade existencial. A esquerda verá aí um terreno fértil. A exigência antropológica de transmissão será desqualificada: nada se verá nela exceto formatação, visto que a tradição esmagaria a novidade e a criatividade das novas gerações, que poderiam, no entanto, encarnar a juventude do mundo. Numa obra programática que marcou toda uma época, *Vers une Contre-culture* [Rumo a uma Contracultura], Theodore Roszak demonstrou facilmente que a contracultura se apresenta como um questionamento das fundações da civilização ocidental[72]. Para Roszak, foi o Ocidente que entrou em falência existencial, e é naquilo que foi tradicionalmente assimilado à "irracionalidade" que se encontrariam os recursos inéditos da emancipação. Roszak via naquilo que fora historicamente recalcado, portanto, a matéria de uma nova prática emancipatória, a parte de humanidade que a sociedade liberal ocidental não era capaz de traduzir socialmente. É uma nova civilização que começaria a tomar forma por meio da inversão dos códigos culturais e do sistema de valores tradicionalmente associados às sociedades ocidentais. Em seu *Journal de Californie* [Diário da Califórnia], Edgar Morin dirá, sobre a contracultura, que ela é "[...] também uma revolução cultural que afirma seus valores positivos. Alguns desses valores já existiam na sociedade, mas estavam encerrados nas reservas da infância ou eram vividos como opções de relaxamento (férias, lazeres, estética) diante da vida 'séria' do trabalho; ou então estavam encerrados no invólucro das religiões, sem poder contagiar a vida cotidiana"[73].

---

[72] Theodore Roszack, *Vers une Contre-culture*. Paris, Stock, 1970.

[73] Edgar Morin, *Journal de Californie*. Paris, Seuil, p. 132.

Em *Thinkers of the New Left*[74], Roger Scruton mostrou como, de um pensador a outro, o trabalho intelectual da época consistia em invalidar as instituições características da civilização ocidental. Aquilo que a civilização ocidental havia recalcado é que viria irrigar a sociedade. Em outras palavras, as instâncias, as normas que serviam de diques e que permitiam à civilização constituir-se com base no recalque da utopia e da aspiração a uma sociedade sem restrições são levadas a ceder umas após as outras. Edgar Morin definia assim o procedimento da contracultura: "A ruptura cultural foi, portanto, o jorro daquilo que já estava presente, denso, porém recalcado, desativado, desviado no interior da própria cultura da sociedade. E esse jorro se realiza na negação e pela negação daquilo que recalcava e desativava"[75].

São os códigos do mundo adulto que são derrubados: "Todas as correntes que se afirmam na revolução cultural já existiam na sociedade, como contracorrentes (neonaturismo, neorousseauísmo, neoarcaísmo) em que alternadamente se mergulhava"[76].

A inversão da norma se torna a melhor maneira de renovar uma cultura autêntica da emancipação. Como dirá ainda Edgar Morin, trata-se da "busca do verdadeiro mundo, escondido sob o mundo aparentemente real, [d]a busca dos segredos interiores da psique, [d]a busca da comunhão com o Ser por meio da vida extática e, em última instância, por meio do aniquilamento nirvânico"[77]. Para Morin, a contracultura substituía o comunismo, ainda mais porque este último não passaria de uma visão deformada da civilização ocidental:

> Enquanto o comunismo é uma contracorrente oriunda do próprio desenvolvimento do mundo burguês ocidental, trata-se, na dimensão extática, de uma contracorrente vinda do exterior, mas apanhada e

---

[74] Roger Scruton, *Thinkers of the New Left*. London, Longman House, 1985.

[75] Edgar Morin, *Journal de Californie*. Paris, Seuil, p. 134.

[76] Ibidem, p. 111.

[77] Ibidem, p. 155.

chamada do interior pelas carências do Ocidente, e que se opõe à própria ocidentalidade, em suas acepções de ativismo, dinâmica histórica, técnica, racionalidade e racionalismo[78].

Nesse mesmo espírito, Morin afirmará: "sou daqueles para quem o ativismo do militante de partido é reacionário; revolucionário é o militante da existência"[79]. Morin não apenas conserva as categorias de reacionário e revolucionário; acima de tudo, ele marca a passagem da referência revolucionária à busca da autenticidade, que se encontraria sob a sociedade burguesa e nas margens existenciais do nosso mundo[80].

Pode-se descrever facilmente essa passagem nos termos do militantismo de esquerda: a crítica ao capitalismo cede lugar à crítica à civilização; a crítica econômica é substituída pela crítica cultural – ainda que a primeira permaneça presente na segunda por algum tempo[81]. É uma nova perspectiva sobre a sociedade que se impõe. Como notava Irving Kristol, o principal intelectual do primeiro neoconservadorismo, é preciso levar a sério a referência à *contracultura*, que corresponde exatamente ao que ela pretende ser: um movimento que se constituiu contra a cultura e que pretende revelar, por meio dos processos de socialização efetuados pelas instituições tradicionais, uma dinâmica mais geral de alienação – como

---

[78] Ibidem, p. 135.

[79] Ibidem, p. 143.

[80] George Paloczi-Horvath escreverá, por sua vez, que "o veículo do sistema educativo burguês permaneceu inalterado na URSS e, nesse caso, o meio de transmissão da educação foi a verdadeira mensagem educativa. Por isso a União Soviética, os países de obediência comunista da Europa oriental, todas as outras nações desenvolvidas da Europa, da América e de outros lugares fazem parte dessa mesma civilização". É pelo fato de o comunismo histórico não haver rompido com a civilização ocidental que seria preciso romper com ele. George Paloczi-Horvath, *Le Soulèvement Mondial de la Jeunesse*. Paris, Robert Laffont, 1972, p. 32-33.

[81] Roger Scruton, *Thinkers of the New Left*. London, Longman House, 1985, p. 1-9.

o mesmo Roszak o descreve, "a nova esquerda [...] vê na alienação o problema político capital da atualidade"[82]. A contracultura anuncia, assim, um vasto programa: é preciso derrubar a sociedade e redescobrir o sonho por trás da ficção racionalista da modernidade, reinjetar na sociedade um ânimo de utopia, um ânimo de anarquia. Num comentário espontâneo sobre a conversão cultural do marxismo e de seus teóricos à contracultura, algumas vezes por acoplamento teórico de Marx e Freud, Roszak observará, assim, que, para eles, "a totalidade da civilização se torna o primeiro objeto de estudo. É como se os neomarxistas quisessem reintroduzir Marx no mundo contemporâneo, porém atrás de artistas e filósofos existencialistas para os quais os problemas imediatos de justiça social, luta de classes e exploração industrial são, no melhor dos casos, preocupações secundárias"[83]. É "*a própria civilização*" que os promotores da contracultura irão atacar, o que Irving Kristol apresentará muito apropriadamente como uma "*hostilidade filosófica*" contra a civilização ocidental[84]. Essa nova crítica será retomada por vários filósofos e militantes, cuja pretensão será acoplar marxismo e freudismo, conjugando a luta de classes com um parto a fórceps do potencial de emancipação contido no âmbito do inconsciente. É a civilização ocidental que precisa ser levada a julgamento, o que o marxismo clássico não teria sido capaz de fazer, por ser prisioneiro de suas grandes categorias ideológicas, das quais ele se contentou em fornecer um sósia negativo.

Para retomar um conceito psicanalítico, a *pulsão* de 1968 é anárquica, é a pulsão da desordem e do caos. Uma luta confessada por Marcuse, que dizia trabalhar para libertar "as tendências anárquicas,

---

[82] Theodore Roszack, *Vers une Contre-culture*. Paris, Stock, 1970, p. 77.

[83] Ibidem, p. 115-16.

[84] Raymon Aron, *Plaidoyer pour l'Europe Décadente*. Paris, Robert Laffont, 1977, p. 408; Irving Kristol, *Neoconservatism. The Autobiography of an Idea*. Chicago, Ivan R. Dee, 1995, p. 106.

desorganizadas, espontâneas, que anunciam uma ruptura total com as necessidades da sociedade repressiva"[85]. A autoridade se esfacela, a cultura é cada vez mais rejeitada, o valor das tradições e dos costumes passa do positivo ao negativo, as instituições que ontem garantiam a proteção da sociedade e que atraíam os que queriam prestar-lhe serviço, como o exército, a escola ou o Estado, tornam-se a partir de agora o alvo de uma crítica cuja radicalização irá num crescendo. Jean-François Revel dirá isso numa lista composta a trouxe-mouxe, mas reveladora da amplitude da contestação:

> A metamorfose dos costumes, a revolta negra, o assalto feminino contra a dominação masculina, a rejeição pelos jovens dos objetivos sociais ou pessoais exclusivamente econômicos e técnicos, a adoção generalizada de métodos não coercitivos na educação das crianças, a culpa diante da pobreza, o apetite crescente por igualdade, a eliminação do princípio da cultura autoritária por uma cultura crítica e diversificada, mais inventiva que transmitida [...], o desprezo pelo brilho do poder nacional como objetivo da política estrangeira, a necessidade de fazer a proteção do meio natural passar antes do lucro, nenhum desses pontos quentes, na insurreição dos Estados Unidos contra si mesmos, está separado dos outros. Nenhum desses grupos ou temas de protesto, nenhuma dessas correntes de evolução teria adquirido tanta força se não estivesse, por um ou mais elos, vinculada às outras[86].

A lista das contestações enumerada por Revel tem o mérito da clareza – aliás, ele assimilará essas lutas ao "combate contra a sociedade autoritária" e notará que nenhuma dessas reivindicações pode realmente se libertar da dinâmica ideológica mais ampla da qual participa[87]. Evidentemente, a localização dos poderes que pesam sobre o

---

[85] Herbert Marcuse, *La Fin de l'Utopie*. Neuchâtel/Paris, Seuil/ Delachaux et Niestlé Éditeurs, 1968, p. 17.

[86] Jean-François Revel, *Ni Marx ni Jésus*. Paris, Robert Laffont, 1970, p. 219.

[87] Ibidem, p. 220.

homem será necessária à desconstrução deles. É o poder que precisa ser reconcebido, fora da soberania que permitia totalizá-lo numa instância política. O foco já não é a estruturação formal do poder na ordem social, mas sim as diferentes modalidades de sua difusão. São as normas – ou as instituições responsáveis pela "normalização" do social – que precisarão ser desconstruídas. Consequentemente, será necessário partir das margens culturais e identitárias da civilização ocidental para descobrir os novos dominados, chamados a se alistar teoricamente a serviço da revolução.

O MOMENTO FOUCAULT

É provavelmente em Michel Foucault que encontraremos a melhor articulação entre uma sociologia das marginalidades e a constituição de um radicalismo reinventado. Foucault recebe o bastão de Marx como inspirador da esquerda radical. Estabeleceu uma nova sociologia, teorizando a dominação de maneira inédita. Ele teorizará explicitamente a ideia de uma difusão dos poderes – e contrapoderes – em todos os âmbitos do corpo social. A dominação estaria em toda parte, sobretudo onde não a vemos: estaria presente nas relações mais íntimas entre os seres; seria constitutiva da cultura. Foucault abre um arcabouço teórico em que o poder já não é concebido em sua forma clássica, mas antes pela maneira como se manifesta em uma série de micropoderes, que comprimem a expressão da subjetividade, modelando-a. O poder já não é um fato brutal e maciço, formalizado no direito – versão liberal –, no Estado – versão republicana –, ou concentrado nas "relações de produção" – versão marxista –, mas antes um fenômeno difuso, capilar, onipresente, porém repartido de modo desigual, que sempre suscita resistência quando se manifesta e se institui. É na intimidade, nos recessos do âmbito social, que se buscará desalojar o poder, sendo este definido fora da soberania e de sua concepção jurídica[88]. Foucault fornecerá ao progressismo um novo vocabulário, uma nova linguagem científica – que permite a renovação da crítica social – e um novo modelo, o da vida como obra de arte, em que o indivíduo é chamado a se desprender dos determinismos sociais que pesam sobre ele e a reinventar-se, criando-se a si mesmo. Ele tornará possível uma mutação do imaginário da guerra civil, próprio da esquerda radical, desqualificando as instituições da sociedade civil e da ordem política, apresentando-as como arranjos sociais temporários, que representam uma fixação circunstancial das relações de força. A ordem política já não representaria a superação qualitativa do estado de natureza, como haviam acreditado os filósofos contratualistas ou clássicos, mas sua supressão temporária – desse ponto de vista, Foucault se mantinha na esteira de Lenin, que dizia, sobre a política, que ela representava a continuação da guerra por outros meios.

Se o poder é onipresente, a revolução será feita, portanto, em toda parte, e o tempo todo – isto é, as lutas de libertação dos novos grupos identitários devem ser constantes e corresponderem-se mutuamente. A grande noite hipnotiza menos, mas a luta nem por isso é menos marcada pela mesma intransigência, a de homens para quem a sociedade não pode ser melhorada, apenas desmontada e, depois, reconstruída segundo uma nova antropologia. É de acordo com essa perspectiva que Marcuse, nesse aspecto seguido por vários outros, trabalhará para a politização do cotidiano, que revelaria novas manifestações da alienação do homem. A politização da intimidade impedirá que a sociedade institua normas e categorias em que o indivíduo seria pego numa massa estranha. Na realidade, a nova esquerda buscará libertar o socialismo de uma concepção escatológica da revolução. O objetivo principal já não é compreendido como uma tomada

---

[88] Michel Foucault, "Il Faut Défendre la Société", Aula no Collège de France, 1976. Paris, Gallimard/Seuil, 1997.

de poder, mas antes como uma "transformação da vida". O slogan é conhecido: o pessoal é político. Já não se trata de descambar para a ação direta, mas de trabalhar sempre para desinvestir os pertencimentos prescritos pelas instituições e pela cultura, e que encerram o indivíduo em categorias que reintegram uma parte de heteronomia na construção de sua subjetividade. O reaparecimento da subjetividade em suas manifestações, como a raça, o sexo, a idade ou a orientação sexual permite, assim, multiplicar no social os lugares de passagem à ação política, em outras palavras, os pretextos para a politização das relações sociais, passagem obrigatória da destradicionalização e da desnaturalização delas. De acordo com uma perspectiva que será chamada de libertária, é preciso praticar rupturas constantes nos mecanismos de socialização, minando as instituições que os sustentam, pois o homem deve desprender-se de si mesmo, eximindo-se dos papéis prescritos e codificados na ordem social, como dirá Foucault – o que levará este último, aliás, a valorizar de certa maneira a criminalidade, por ele apresentada como uma estratégia de resistência contra a homogeneização da sociedade[89]. Essa disposição favorável para com a transgressão nem sempre se expressará de maneira tão caricata: mas nem por isso deixará de definir em profundidade a cultura ideológica da esquerda[90].

Foucault marcará profundamente as mentalidades. A sociologia progressista resumirá isso à sua maneira: tudo é um construto social, pois o mundo humano seria constituído meramente de uma série de convenções arbitrárias, traduções simbólicas dos mecanismos de poder e das lutas de emancipação, e as diferentes sociologias disponíveis no mercado das ideias depois caracterizariam essas dominações

---

[89] Idem, "Sur la Justice Populaire: Débat avec les Maos". In: *Dits et Écrits 1*. Paris, Gallimard, 2001, p. 1208-237.

[90] François Bousquet, *Putain de Saint Foucault*. Paris, Pierre Guillaume de Roux, 2015.

ao sabor de suas preferências ideológicas[91]. De fato, nada se pode compreender sobre a epistemologia construtivista quando não se vê que, na maior parte do tempo, ela acompanha uma filosofia política progressista, à qual serve de suporte teórico, ao fazer-lhe uma sublime promessa: tudo é possível. O mundo atual seria apenas uma configuração social entre muitas outras. Quando se busca dissolver toda a realidade num purê hermenêutico que faz acreditar na plasticidade integral das relações sociais, é que se quer dar fundamento teórico à possibilidade do radicalismo, com sua pretensão tenaz de dar à luz outro mundo possível, sem alienação, por fim destinado ao advento de uma transparência igualitária definitiva. Tudo é construído, talvez desconstruído e reconstruído conforme os desejos. Isso porque o mundo sócio-histórico é convencional e, portanto, artificial. O material não é resistente, a plasticidade do social é total, a da dimensão simbólica igualmente, e a tradição não é uma massa mais resistente que as outras, quando chega o tempo de trabalhar as representações coletivas. O construtivismo confere uma aparência científica à furadeira do utopismo. Toda autoridade se torna uma dominação ilegítima a ser desconstruída: nada mais se sustém, o mundo é friável.

AS NOVAS LUTAS E A RECOMPOSIÇÃO DO SUJEITO REVOLUCIONÁRIO

Uma coisa é certa: não poderia haver renovação da teoria da revolução sem renovação da sociologia da exclusão. É por meio de todas as tensões geradas pela contracultura, portanto, que a sociologia pós-marxista encontrará a maneira de revelar novas contradições sociais. Para retomar as palavras de Claude Lefort, é preciso

---

[91] Paul Hollander propôs uma crítica severa ao construtivismo sociológico: Paul Hollander, *Discontents. Postmodern and Postcommunist*, p. 158-59.

dar novas feições à categoria do "estrangeiro" – isto é, aquele que vê a ordem social a partir de fora, a partir da dominação que ele sofre. Isso porque a esquerda radical funciona primeiramente à maneira de uma sociologia da exclusão, e é igualitarista antes mesmo de saber qual é o registro que lhe servirá de base para a constituição da sociedade igualitária. É na cultura e nas novas questões sociais que ela encontrará sua inspiração. É preciso substituir o proletariado, imaginar a revolução sem ele, imaginar uma outra revolução. O paradigma da exclusão arranja, assim, uma maneira de se renovar ao contato dos movimentos contestatórios oriundos da contracultura. A intenção é documentar os mecanismos de alienação que se desdobrariam a partir das instituições, até então consideradas assentes. Novos saberes emergem – contrassaberes, em certo sentido –, visando a tornar transparentes os mecanismos de dominação. É assim, por exemplo, que se desenvolverá a antipsiquiatria, cujo objetivo era justamente problematizar as formas dominantes da racionalidade[92]. É também dentro dessa perspectiva que Ivan Ilitch fará uma crítica fundamental da escola, que garantiria a reprodução de práticas culturais alienantes[93]. Essa crítica será também a de Bourdieu, que reconhecerá na escola, principalmente, uma instituição responsável pela reprodução das hierarquias sociais[94]. Será preciso, assim, desconstruir os mecanismos responsáveis pela transmissão da cultura e apostar na espontaneidade da infância para inventar novos sentimentos, uma forma de vida mais autêntica. É o próprio princípio de uma instituição sustentada e alimentada por uma tradição que será rebaixado, esvaziado, demolido[95]. A educação já não visa

---

[92] R. D. Laing, *La Politique de l'Expérience*. Paris, Stock, 1969.

[93] Ivan Ilitch, *Une Société sans Ecole*. Paris, Seuil, 1971.

[94] Pierre Bourdieu, Jean-Claude Passéron, *La Reproduction*. Paris, Mille et Une Nuits, 1970.

[95] Jean-Pierre Le Goff, *Mai 1968, l'Héritage Impossible*. Paris, La Découverte, 2002.

à transmissão, mas à desconstrução: a escola deve, na medida do possível, impermeabilizar as novas gerações contra uma cultura tóxica, discriminatória em relação às minorias. A relação pedagógica pouco a pouco se inverterá, sobretudo porque, ao longo dos anos, se apostará na escola para inculcar os valores oriundos da contracultura. O que se pode vislumbrar no horizonte é evidentemente a nova ética da autenticidade, chamada a irrigar o princípio democrático e a prática que o acompanha – o indivíduo, reduzido à sua verdade original, antes de todas as determinações sociais e culturais, pode finalmente ceder à fantasia do autoengendramento. O que já se perfila é a figura do indivíduo autorreferencial, sem raízes, liberado de toda relação de filiação, e que não reconhece nenhuma dívida para com a herança recebida e a comunidade política em que habita. A autenticidade será apresentada e concebida como uma crítica à alienação gerada não apenas pelo capitalismo, mas, sobretudo, pelos processos de homogeneização cultural da civilização ocidental.

Os *novos movimentos sociais* identificados desde a década de 1970 por Alain Touraine – posteriormente se falará, num mesmo espírito, das *novas radicalidades* –, ao politizar de modo inesperado a dimensão social, permitem limitar sua pacificação e assim a sociedade pode ser mantida, ao menos em baixa intensidade, em estado permanente de "guerra civil". A vocação principal desses movimentos é tornar visível o "trabalho da sociedade em relação a si mesma", atualizar incessantemente as práticas emancipatórias. Eles teriam a virtude de revelar as contradições de que a ordem social é portadora, e que permitiriam atualizar a busca de uma igualdade social maior. Em outras palavras, a vocação desses novos movimentos sociais é fornecer um sujeito revolucionário plural, inesperado, que se recompõe ao ritmo da demanda social, sem que se possa prejulgar o conteúdo de suas reivindicações. Alain Touraine logo identificará nessas novas lutas a herança mais frutífera de Maio de 1968, definindo-as como "novas formas de desprendimento de um passado esgotado ou medíocre"⁹⁶. O movimento dos "imigrantes", o das "mulheres", o dos "homossexuais", o dos "detentos", o dos "pacientes psiquiátricos" – todos esses movimentos que, em si mesmos, têm poucas coisas em comum, são chamados a fecundar a ação política, retirando seu foco das instituições predominantes e abrindo o âmbito público à expressão de uma diversidade inédita de formas de vida, uma teorização cujo ponto culminante se encontra nos *queer studies*. O marxismo passaria a ser culpado de reducionismo econômico: a referência à alienação já não deveria se reduzir àquela gerada pelas relações de classe. Os conflitos sociais serão multiplicados. Como a politização exclusiva da questão operária já não é capaz de opor suficientemente os diferentes atores, a esquerda radical formulará novas perguntas, "lançando na luta política toda uma gama de necessidades distintas das meramente materiais"⁹⁷. A teoria revolucionária terá de identificar "o surgimento de um grupo histórico" capaz de arrastar os outros numa contestação radical da sociedade que seja suscetível de provocar a explosão das tensões sociais, radicalizando as contradições que aí se manifestam "antes que as tendências à normalização e à integração prevaleçam"⁹⁸. O operário, desclassificado em razão de sua obstinação não revolucionária, será substituído pelo *marginal*, embora este último possa ter vários perfis, segundo as circunstâncias. Marcuse escreverá também que

> abaixo das classes populares conservadoras, existe o substrato dos párias e dos 'outsiders', as outras raças, as outras cores, as classes exploradas e perseguidas, os desempregados e os que não podem ser empregados. Eles se situam no exterior do processo democrático; sua vida expressa a necessidade mais imediata e mais real de pôr

---

⁹⁶ Alain Touraine, *Mort d'une Gauche*. Paris, Galilée, 1979, p. 206.

⁹⁷ Herbert Marcuse, *Contre-révolution et Révolte*. Paris, Seuil, 1973, p. 161.

⁹⁸ Frédéric Bon, Michel-Antoine Burnier, *Classe Ouvrière et Révolution*. Paris, Seuil, 1971, p. 152-53.

fim às condições e às instituições intoleráveis. Assim, a oposição por parte deles é revolucionária, ainda que a consciência deles não o seja. A oposição por parte deles golpeia o sistema a partir do exterior e, por isso, o sistema não pode integrá-la; ela é uma força elementar que viola as regras do jogo e, ao fazê-lo, mostra que se trata de um jogo deturpado[99].

Em suma, os "excluídos" fornecerão os soldados de infantaria necessários a esse ataque permanente contra a ordem social. Os "sem-partes"[100] estarão lá para fundar, na prática, uma epistemologia so-

---

[99] Herbert Marcuse, *L'Homme Unidimensionnel*. Paris, Mille et Une Nuits, p. 280. Na realidade, percebe-se desde os anos 1950 uma primeira tentativa de ampliação ou de substituição do sujeito revolucionário, com o envolvimento de boa parte da classe intelectual, no movimento da descolonização, o que foi observado por Lucio Colletti, quando este assinalou que "o sujeito da revolução já não era a classe operária, o proletariado da fábrica. O deslocamento do epicentro revolucionário dos países industrializados para os novos países subdesenvolvidos havia propiciado o surgimento de um novo sujeito: os camponeses, as plebes rurais; um sujeito que não apenas era estranho à tradição marxista, mas, além disso, ao qual o marxismo 'clássico' não raro se havia mostrado hostil". Lucio Colletti, *Le Déclin du Marxisme*. Paris, PUF, 1982, p. 9. A onda da descolonização chegará a criar a tendência do "turismo proletário", na medida em que, de uma revolução socialista a outra nos países do Terceiro Mundo, os intelectuais de esquerda migravam de uma revolução a outra; a América do Sul e a China representaram, no entanto, o destino preferido da fantasia progressista, a primeira porque nela se multiplicaram os focos revolucionários, e a segunda porque o maoísmo e a Revolução Cultural representaram com certeza a expressão mais radical do mito da revolução permanente, centrada numa transformação radical do homem, em sua desprogramação integral da cultura burguesa que o alienaria.

[100] Em francês, *les sans-parts*. A palavra composta *sans-parts* remete a outras do mesmo gênero: *les sans-domicile-fixe* (os "sem domicílio fixo" ou "sem-teto"), *les sans-papiers* (os "sem-documentos", imigrantes ilegais que não possuem documentos franceses). O termo *sans-parts* foi cunhado pelo filósofo francês Jacques Rancière em seu livro *Mésentente*, de 1995, em que ele delineia uma concepção de política relacionada à repartição dos espaços e dos tempos. Para Rancière, a política só existiria de fato quando os "sem-partes", os que não receberam seu quinhão do bem comum, saem de sua invisibilidade e expõem a composição real e desigual da estrutura sociopolítica. (N. T.)

cial descentrada das instituições dominantes pela apresentação de um discurso e de uma política vitimária em que as pretensões da coletividade de se fundamentar tradicionalmente ou filosoficamente são sempre reduzidas pelas minorias a puras relações de dominação. Embora, é claro, elas não tenham exatamente se oferecido como voluntárias para fazê-lo, sendo antes recrutadas pela teoria à força.

A DEMOCRACIA RADICAL E A SACRALIZAÇÃO DA DIVERSIDADE (1980-1990)

Numa obra relevante publicada no início da década de 1980, *Hegemony and Socialist Strategy. Towards a Radical Democratic Politics*, que marcou o nascimento da corrente "radical-democrática" e recapitulou o percurso da nova esquerda para dele depreender um quadro estratégico – e que será considerada como um texto fundador para boa parte dos intelectuais progressistas –, Chantal Mouffe e Ernesto Laclau observaram que, ao se posicionar na perspectiva de um "reformismo radical", a nova esquerda poderia se apropriar do imaginário democrático propondo uma reinterpretação de seus princípios diretivos. Estando a democracia a ponto de triunfar sobre o contramodelo socialista, era preciso que a nova esquerda se apoderasse dela, a redefinisse e reinventasse. A democracia liberal, que os marxistas assimilavam a uma democracia burguesa, já não será concebida como um regime político que limita em sua própria definição o imaginário do radicalismo, mas antes como um "princípio" de transformação das relações sociais. Acima de tudo, a democracia radical proporá uma reinterpretação do princípio revolucionário e uma nova teoria da mudança social, desprendendo-se da ficção da grande noite para apostar na ideia de uma transformação radical constante. Serão cerzidos os elos entre o socialismo pós-marxista e a democracia transformada em campo de batalha para a promoção das diferentes lutas identitárias. É preciso ver bem, aliás, que nesse momento a esquerda radical se apropria da referência à democracia, transpondo suas reivindicações para ela a partir daí. A democracia já não se apresentará, evidentemente, como a expressão adequada da vontade popular de uma comunidade historicamente circunscrita e politicamente instituída numa cidadania formalmente igualitária, mas como possibilidade, para uma sociedade, de manter-se à distância de si mesma numa empreitada permanente de desconstrução. A esquerda pós-marxista já não adia a revolução para um momento próximo da história da coletividade, mas concebe-a como uma postura permanente de hostilidade para com a ordem estabelecida. Isso não deveria desesperar os progressistas, visto que a passagem da "luta final" à "revolução permanente" abre uma tarefa política infinitamente mais vasta que aquela pendurada à lua utópica da grande noite[101]. Trata-se de maximizar as relações igualitárias numa cultura chamada a se reinventar, desprendendo-se não apenas da tradição, mas da própria ideia de tradição.

Passa-se da anacrônica luta de classes a um novo modelo, capaz de articular as lutas sociais: a política das identidades. As classes populares desertaram a guerra revolucionária? O povo já não está à esquerda? Uma série de pequenos povos substitutos será fabricada. "Perde-se um povo, encontram-se dez", escreverá Éric Conan, especificando que a esquerda se definirá a partir daí por aquele "imperativo dominante da transgressão obrigatória e radiosa"[102]. Se o exotismo da contracultura voltou às margens do social, para o meio dos adoradores das práticas xamânicas, ou ainda, se ela sobrevive

---

[101] Mouffe e Laclau o expressariam claramente: "[marxism] maintain the postulation of one foundational moment of rupture, and of a unique space in which the political is constitued". Seria preciso fragmentar e multiplicar os espaços de desdobramento da dimensão política. Chantal Moufe Ernesto Laclau, *Hegemony and Socialist Strategy. Towards a Radical Democratic Politics.* New York, Verso, 2001, p. 152.

[102] Éric Conan, *La Gauche sans le Peuple*. Paris, Fayard, 2004, p. 71.

no kitsch da espiritualidade *new age*, nem por isso deixa de ser verdade que sua carga normativa transformou a esquerda, que finalmente encontrou na desconstrução dos valores e das instituições seu novo programa. Mouffe e Laclau foram alguns dos primeiros a teorizar a mutação ideológica que será, a partir daí, própria da esquerda pós-marxista: a pluralidade das reivindicações identitárias se conjugará na figura da *diversidade*. É a diversidade ou, se assim se preferir, a multiplicidade conjugada das identidades subordinadas à hegemonia do *homem branco ocidental* que se constituirá à maneira de um sujeito revolucionário. A fragmentação das lutas, que muitos com frequência lamentaram, ao falar de uma sociedade em que cada grupo se deixaria levar pelo retraimento identitário e corporativista, representará para essa esquerda apenas um momento na história do projeto progressista. A esquerda pós-marxista trabalhará para a convergência das novas lutas, que se articularão umas às outras, algo que Mouffe e Laclau denominarão "uma corrente de equivalência entre as lutas democráticas"[103], o que, aliás, nos é sugerido pela sociologia contemporânea, em sua convocação sistemática à conjugação das lutas contra as discriminações. A extensão do princípio igualitário pelo reconhecimento das diferenças se torna o horizonte da política. A figura do Outro que virá a predominar, a quem deveríamos nos abrir, será paramentada de todas as virtudes: é que o Outro teria a imensa vantagem de *não ser nós*. O Outro será o novo ponto de apoio a partir do qual se exercerá uma crítica incessantemente retomada à civilização ocidental, a fim de fazê-la ir ainda mais longe em sua autocrítica e convertê-la à autodestruição. Um novo mal virá se sobrepor a todos os outros, o racismo, que se tornará o inimigo proteiforme contra o qual as forças progressistas deverão se coligar.

---

[103] Chantal Mouffe, Ernesto Laclau, *Hegemony and Socialist Strategy. Towards a Radical Democratic Politics*. New York, Verso, 2001, p. XVIII.

A partir daí, o importante será ampliar incessantemente os limites que definem a comunidade política, para admitir em seu seio novas formas de participação; a dimensão identitária permitirá que vários grupos se constituam politicamente e reivindiquem um reajustamento das relações sociais em seu próprio favor, a fim de que parem de sofrer ou tolerar a discriminação direta ou indireta da qual seriam vítimas. Na medida em que, a partir de agora, a cultura é o âmbito principal de formação da subjetividade, será preciso transformar a ação pública para levá-la a reconstruir a cultura segundo uma perspectiva igualitária – a sociologia das margens se reformula à maneira de uma sociologia vitimária. É o multiculturalismo que se desenha como nova figura da comunidade política e, com ele, reivindicações identitárias cada vez mais numerosas, que querem se ver atendidas dentro da comunidade política. A diversidade é o termo lógico das reivindicações identitárias postas em radical equivalência democrática. É sob o signo da diversidade que tais reivindicações se reúnem, se reconhecem. Em certo sentido, e é preciso redizê-lo, é a própria diversidade que se impõe, à maneira de um sujeito revolucionário de substituição. Essa aposta nos excluídos passará pela desmontagem das instituições que os mantêm à margem do pleno exercício de sua cidadania "real" a partir de uma "discriminação sistêmica" que estrutura as relações sociais de maneira hierárquica. A luta contra as discriminações, que politiza a proclamação de um direito à igualdade real filosoficamente deduzido do socialismo, serve de matriz para a reconfiguração das políticas públicas numa sociedade contemporânea que se descobre culpada de discriminações sistêmicas. A cidadania ocidental será fundada uma vez mais, superando a igualdade de direito entre todos os cidadãos para considerar a igualdade de direito entre os grupos, entre os incluídos e os excluídos, para desconstruir as lógicas discriminatórias visíveis ou invisíveis, recusando-se sistematicamente a estabelecer uma norma que se imponha a todos a partir do centro da sociedade.

A TERCEIRA VIA *(THIRD WAY)*, A NORMALIZAÇÃO GERENCIAL DO RADICALISMO E A ESTRATÉGIA DOS VALORES

Era necessária uma clara mudança de época para permitir que essa profunda mutação ideológica se consumasse politicamente – ainda que, da tentativa McGovern em 1972 aos ecologistas alemães da década de 1980, passando pela segunda esquerda francesa da década de 1970 e pela mutação do socialismo miterrandiano após seu desastre econômico, ela se instaure pouco a pouco na vida política ocidental. O fim da Guerra Fria, a queda do muro de Berlim e a entrada numa nova época – da qual se esperava que impelisse a modernidade ainda mais longe – permitiriam uma renovação dos desafios no cerne da vida política. O socialismo clássico estava definitivamente vencido, a esquerda tinha de especificar claramente seu novo projeto, que ela associará a um programa de *modernização* cultural e identitária das sociedades ocidentais. No entanto, é a partir da década de 1990 que ela será preponderante nos partidos políticos e que, mais amplamente, ela virá a exercer uma hegemonia ideológica no conjunto do espaço público.

Essa mutação política será associada ao que se chamou de "terceira via", *third way*. A terceira via dispôs-se a pilotar essa modernização da identidade cultural e das práticas sociais[104]. Estranhamente, ela não raro será acusada de representar uma virada à direita da esquerda europeia, na medida em que, quanto ao essencial, aderiu à economia liberal e, mais amplamente, às exigências da globalização. No entanto, isso seria esquecer que suas convicções fundamentais são menos econômicas que societais. Os cínicos talvez o expressem de outro modo: na medida em que ela aderiu globalmente às exigências da economia liberal, deve a partir de agora diferenciar-se da direita quanto às questões culturais e sociais. A subdivisão dos papéis será

---

[104] Anthony Giddens, *Modernity and Self Identity. Self and Society in the Late Modern Age*. Stanford, Stanford University Press, 1991.

então a seguinte: a esquerda passa a ser o partido da modernização pluralista da sociedade ocidental; a direita, o da contração identitária. A igualdade em que a terceira via se empenhará não será a igualdade entre os indivíduos que consentem na privatização de suas respectivas identidades pessoais, mas antes a igualdade entre os grupos, reconhecidos como tais na constituição de uma cidadania pluralista. A luta contra as discriminações e pelo reconhecimento da diversidade tornar-se-á o grande horizonte da política democrática e será normalizada na construção do Estado diversitário.

Para acompanhar a evolução doutrinária da terceira via, podemos nos voltar para seu melhor teórico, o britânico Anthony Giddens[105]. Na origem, encontramos a seguinte constatação: a política de emancipação que melhor caracteriza o progressismo encalhou na criminalidade soviética, *mas também* na burocratização das relações sociais próprias do Estado social, do Estado-providência. Seria necessário repensar o radicalismo sem renegar suas finalidades nem seus objetivos: a emancipação das classes sociais subordinadas ou, mais exatamente, no vocabulário político contemporâneo, dos grupos culturais ou identitários discriminados. Com Giddens se compreende o alcance da teoria da emancipação numa sociedade que já não encara a revolução como um horizonte historicamente marcado, mas como um processo perpétuo de recomposição do vínculo social. Eis como ele formulava a questão: "O que significa, nos dias atuais, ser politicamente radical?"[106]. Não se tratava, portanto, de renegar o radicalismo, mas de imaginá-lo de outro modo. O projeto da terceira via consistiria em radicalizar as práticas democráticas em todos os âmbitos da

---

[105] Anthony Giddens, *Beyond Left and Right: the Future of Radical Politics*. Stanford, Stanford University Press, 1994; Anthony Giddens, *The Third Way: the Renewal of Social Democracy*. Cambridge, Polity Press, 1998. Consulte-se também Anthony Giddens (ed.), *The Global Third Way Debate*. Cambridge, Polity Press, 2001.

[106] Idem, *Beyond Left and Right: the Future of Radical Politics*. Stanford, Stanford University Press, 1994, p. 1.

existência, o que passaria principalmente pela reformulação dos problemas da exclusão na linguagem da luta contra as discriminações. Tratar-se-ia, na prática, de "democratizar a democracia"[107]. Exige-se o planejamento administrativo de todos os aspectos da sociedade, para impedir a reprodução de estruturas de dominação herdadas de um antigo mundo que perduraria, não obstante a interdição que incidiria sobre ele. Trata-se de reprogramar os processos de socialização para "fazer as mentalidades evoluírem", uma tarefa que será exercida pelas numerosas agências e instituições ligadas à mutação terapêutica do Estado social. O homem novo será politicamente fabricado por meio de sua socialização desde a infância e ao longo de toda a sua vida, de acordo com a nova cultura progressista da "onitolerância antipreconceitos"[108]. O individualismo libertário arranja uma maneira de se conjugar com o gerencialismo estatal. Seria possível falar da normalização gerencial do radicalismo, transformado em técnica de adaptação da sociedade às exigências da diversidade[109].

Esse modelo se generalizou por meio de uma modernização do progressismo europeu. Embora uma parcela da esquerda radical não tenha abandonado a crítica ao capitalismo e ainda milite por um socialismo centrado primeiramente nas questões econômicas, o fato é que a tendência pesada do progressismo nos últimos cinquenta anos o leva a concentrar seu programa nas questões societais, mais que nas questões econômicas. Essa mutação estratégica e ideológica se confirma na atualidade, principalmente quando a esquerda constata a deserção das classes populares na direção dos "valores culturais da direita". Foi o que vimos na primavera de 2011, na França, quando a Fondation Terra Nova propôs explicitamente ao Partido Socialista que assumisse sua mudança de base eleitoral, sacrificando as classes

---

[107] Ibidem, p. 16.
[108] Marc Crapez, *Naissance de la Gauche*. Paris, Éditions Michalon, 2011.
[109] Jean-Pierre Le Goff, *La Gauche à l'Épreuve*. Paris, Tempus, 2011.

populares, que se haviam tornado conservadoras, para apostar a partir dali nos executivos, nos burgueses não convencionais, nos marginais culturais e nos imigrantes. O radicalismo arranja aqui um modo de se traduzir em sociologia eleitoral[110]. As forças sociais portadoras de modernização já não seriam as camadas populares, mas as elites sociais e as minorias identitárias promovidas pelo novo modelo democrático pós-1968. Uma coisa é certa: da estratégia de "classe" à "estratégia dos valores", pode-se também notar uma passagem da luta de classes à política das identidades. Isso porque uma política centrada nas classes populares seria, segundo as figuras dominantes da esquerda intelectual, uma política conservadora. Compreende-se daí que a esquerda terra-novista privilegie os desafios societais: eles estão no cerne de um projeto fundado na busca de igualitarismo identitário. Desse ponto de vista, o terra-novismo da esquerda francesa não é uma estratégia entre outras possíveis, mas o remate quase natural de uma filosofia política desejosa de transformar em profundidade a visão dominante da sociedade ocidental.

* * *

A história da esquerda ideológica nos conduz de um paraíso terrestre a outro: da sociedade sem classes, em que as relações de dominação estariam abolidas, passamos à sociedade diversitária, em que as identidades circulariam livremente sem que nenhuma se erigisse como norma de convergência, sem que nenhuma fosse designada por uma instituição que pretendesse modelar a subjetividade dos atores. As diferenças se reconciliariam umas com as outras sem jamais se contradizer, numa sociedade que se consagraria de modo unânime ao culto dos direitos humanos. No entanto, de um paraíso terrestre a

---

[110] Bruno Jeanbart, Olivier Ferrand, *Gauche. Quelle Majorité Electorale pour 2012?* Paris, Fondation Terra Nova, projet 2012. 82 p.

outro, é a mesma estrutura de pensamento que permanece: para que advenha uma sociedade sem autoridade, nem instituição, nem verticalidade, uma sociedade absolutamente autônoma, emancipada das contradições humanas, libertada das tensões que constituiriam desde sempre a história das civilizações, seria necessário passar previamente por uma politização intensa de todas as relações sociais, para reconstruir a existência humana em todas as suas facetas, sem deixar nada intacto. Em outras palavras, o advento da sociedade absolutamente livre será precedido por um momento autoritário, o do Estado esclarecido pela boa doutrina – o Estado multiculturalista é um Estado ideocrático. O Estado absorverá a sociedade por completo, para reconstruí-la de acordo com sua maquete ideológica: o ideal diversitário deverá ser aplicado em toda parte, por meio do modelo da luta contra as discriminações. Ao abraçar no multiculturalismo uma nova utopia expiatória, ele inicia a marcha para um mundo em que a política se harmonizará com a moral, em que a cidadania se harmonizará com a humanidade. A civilização ocidental, por fim emancipada de si mesma, poderá se confundir, a partir daí, com a humanidade.

No entanto, vários ficaram tentados a reconhecer nessa mutação uma saída do radicalismo, um alinhamento da esquerda com a direita. Pierre-André Taguieff reconhecerá na terceira via um reformismo diluído que teria desistido de transformar a sociedade, uma acusação que pesaria sobre François Miterrand, em especial, desde o início da década de 1980:

> A esquerda se aliou ao modelo comercial e técnico. Como o modelo revolucionário deixou de ser credível, nada mais subsiste no horizonte ideológico, exceto o discurso neocaritativo e miserabilista sobre a exclusão[111].

Não é garantido, porém, que essa perspectiva seja a mais esclarecida. No momento do 40º aniversário de Maio de 1968, sua principal

---

[111] Pierre-André Taguieff, *La République Menacée*. Paris, Textuel, 1996, p. 102.

figura inspiradora, Daniel Cohn-Bendit reexaminou os acontecimentos escrevendo que "1968 é o fim do mito revolucionário, o fim da revolução e o início dos movimentos de libertação que prosseguirão nas décadas de 1970, 1980, até hoje"[112]. Ele acrescentará que Maio de 1968 abre a marcha das sociedades ocidentais para o paradigma diversitário: "será o início, para mim, de toda a reflexão sobre a diferença e a aceitação das diferenças como fatores que unem. O reconhecimento da diferença pode nos unir e conferir uma força à sociedade. E 1968 é isso também"[113]. Embora pudéssemos discutir um pouco com Daniel Cohn-Bendit quanto aos termos empregados, o fato é que ele analisa bem a mutação do projeto da esquerda. A evolução do pensamento de Cohn-Bendit sobre essas questões é emblemática da mutação da esquerda, da qual ele representou durante algumas décadas o aguilhão modernista. Piotr Rawicz, em seu diário dos acontecimentos de Maio de 1968, confessava essa intuição:

> Daqui a cinquenta anos haverá talvez, em Paris, uma estação de metrô "Cohn-Bendit", uma praça Cohn-Bendit, uma rua Cohn-Bendit, assim como existe a rua Étienne Marcel. A pegadinha na prova escolar da garotada será sobre o dia 22 de março[114].

Uma coisa é certa: o percurso da figura icônica de Maio de 1968 representa bem o percurso da esquerda desde a segunda metade do século XX.

Que a nova esquerda não tenha agradado a todos ao deslocar sua atenção do capitalismo para a cultura, disso ninguém duvida. A querela é conhecida: entre os que consideram que os progressistas se esgotam em tarefas vãs, por não concentrarem sua crítica no capitalismo globalizado, e os outros, que aceitaram – tática

---

[112] Daniel Cohn-Bendit, *Forget 68*. Paris, Éditions de l'Aube, 2008, p. 59.

[113] Ibidem, p. 36.

[114] Piotr Rawicz, *Bloc-notes d'un Contre-révolutionnaire*. Paris, Gallimard, 1969, p. 37.

ou fundamentalmente – mudar o terreno da sociologia crítica para focalizá-la a partir de agora no social, na cultura. Recuo cultural do marxismo ou reciclagem conceitual significativa? A pergunta importa pouco, exceto para os que rezam na capela revolucionária e que, em seitas de obediências distintas, concebem conceitos diferentes do que seria a desalienação do homem. Seria possível dizer que já não vemos a revolução no horizonte porque ela está atrás de nós. A esquerda ocidental não saiu do imaginário revolucionário, mas antes conseguiu institucionalizá-lo. A esquerda, atualmente, passou do Estado socialista ao Estado diversitário.

Capítulo 3 | A grande escuridão ocidental ou a história como expiação

Ora, bem sabemos que, quando uma nação fica com a consciência pesada, está pronta para desmoronar.
Jacques Ellul, *Trahison de l'Occident*

Em sua obra *Chroniques de Guerre* [Crônicas de Guerra], e com a admirável lucidez que lhe era costumeira, Raymond Aron observou que um "regime novo fica sempre impaciente de firmar sua autoridade por meio da destruição do regime antigo". Essa reflexão esclarece, com toda certeza, aquela estranha tendência que nossa época costuma chamar de mania penitencial. Passou a ser um rito, ou quase isso: de uma nação a outra, figuras ilustres ou esquecidas são exumadas do passado, sendo então submetidas a um processo implacável: não teriam previsto a sociedade atual, não se teriam curvado antecipadamente aos valores que nos são caros. Chegariam até a dar mostras de outra relação com o mundo, uma relação que nos é absolutamente incompreensível. Deixa-se de lado aquilo que, conforme se acredita, foram seus feitos ou seus méritos, e busca-se ver como eles pecaram de uma maneira ou de outra contra a diversidade. De fato, essa é a única pergunta que lhes será feita: será que haviam compreendido ou não a importância vital da luta contra as discriminações? Será que haviam iniciado a luta em nome das minorias dominadas? É o que geralmente se chama de arrependimento, algo bem cotado em todo lugar, quer se trate de desistir de celebrar Austerlitz, na França, de acusar de sexismo o movimento patriótico do século XIX, no Baixo Canadá, ou de desmontar as estátuas que, em Londres, relembram demasiadamente a memória do Império Britânico. Essa é a paixão mórbida da comemoração negativa: já não se toleram, no imaginário coletivo, homens que de uma maneira ou de outra contradizem o presente e fazem crer que a humanidade pôde viver de outra maneira, venerando outros deuses ou outros valores. O novo regime diversitário celebrará apenas e tão somente os que o anunciam, e denegrirá a todo custo os que não entram naturalmente em seu panteão ideológico.

Essa cultura do arrependimento constitui certamente uma das principais heranças da dinâmica ideológica dos *radical sixties*. Na medida em que os anos 1960 são percebidos como portadores de uma mutação identitária radical, eles geraram uma narrativa histórica que vem fundamentar essa pretensão. De fato, a sociedade inteira precisa de uma narrativa que estruture seu imaginário e venha concretizar a necessidade, para o homem, de pertencer a uma comunidade que se insere no tempo. A singularidade da memória contemporânea consiste, todavia, em ser uma memória do desprendimento: não pretende estabelecer um vínculo com o passado, mas, justamente, desfazê-lo. Ainda que a coisa já estivesse presente antes, tornou-se visível no início da década de 1980, como notou Pascal Bruckner, que fez disso uma severa crítica, ao denunciar "o autocanibalismo" e "a cultura do pedido de desculpas", "o sistematismo da expiação", "a avalanche penitencial".

> Uma parte do mundo, a nossa, está obsessivamente ocupada, portanto, em fazer a lista de seus erros e forjar de si mesma a estátua altiva de um carrasco. Desde a infância, somos treinados na pedagogia da autorreprovação. [...] Causa-nos repulsa, portanto, defender nossas sociedades: antes nos abolirmos a manifestar em relação a elas o menor traço de afeição[1].

---

[1] Pascal Bruckner, *Le Sanglot de l'Homme Blanc*. Paris, Seuil, 1983; Idem, *La Tyrannie de la Pénitence. Essai sur le Masochisme Occidental*. Paris, Grasset-Fasquelle, 2006.

As sociedades ocidentais aprenderam a se envergonhar de sua história. Acreditam-na maculada por um erro grave, indelével, como se a tradição estivesse definitivamente conspurcada. Tais querelas, evidentemente, não dizem respeito apenas aos historiadores. Essa mania do arrependimento, que Jean Sévillia denominou "o historicamente correto", e que outros assimilam a uma ideologia penitencial, suscitou desde o início dos anos 2000 a irritação de vários historiadores e intelectuais que criticaram isso, não raro sustentando que essa tendência repousava numa memória fantasiosa sobrecarregada de acusações revanchistas[2]. No entanto, a crítica dessa tendência ainda é minoritária e se insere na contracorrente de um discurso hegemônico sobre a memória coletiva das sociedades ocidentais.

---

[2] Jean Sévillia, *Historiquement Correct. Pour en Finir avec le Passé Unique*. Paris, Perrin, 2003. No âmbito do debate francês sobre a memória da colonização, que tomou forma por meio da perspectiva própria do paradigma pós-colonial, Daniel Lefeuvre levou a cabo uma crítica muito severa da criminalização da colonização. Lefeuvre sustentou, em especial, que a mitologia do arrependimento colonial repousava numa memória artificial, fruto da fantasia. "Assim como as sangrias de Diafoirus demonstravam a incapacidade do bom doutor de formular um diagnóstico exato da doença, a pregação dos adeptos do arrependimento colonial repousa numa sequência de ignorâncias, ocultações e erros, e mesmo de contraverdades. O dever da memória que eles buscam impor é o de uma memória artificial, construída para as necessidades de sua causa, e que produz, na realidade, uma perda de saber real, ao mesmo tempo em que mostra uma negação da história [...]". Daniel Lefeuvre, *Pour en Finir avec la Repentance Coloniale*. Paris, Flammarion, 2006, p. 12. Olivier Petré-Grenouilleau relembrou, por sua vez, que a civilização ocidental não teve o monopólio da escravidão e do tráfico negreiro, devendo este último ser concebido apenas no plural e na perspectiva mais ampla de uma história do mundo. Olivier Petré-Grenouilleau, *Les Traites Négrières. Essai d'Histoire Globale*. Paris, Gallimard, 2004. Evoquemos, por fim, Sylvain Gouguenheim, que pôs novamente em questão o papel da ciência muçulmana na fundação intelectual da Europa moderna, relembrando que esta última não devia unicamente a fontes exteriores a sua própria dinâmica histórica a transmissão da herança da Antiguidade. Sylvain Goughenheim, *Aristote au Mont Saint-Michel. Les Racines Grecques de l'Europe Chrétienne*. Paris, Seuil, 2008.

Essa mania penitencial é normalmente assimilada a um "arrependimento da consciência moderna quanto a si mesma", como sugeriu Alain Renaut num trabalho que buscava introduzir positivamente na filosofia política francesa a questão do multiculturalismo[3]. A propósito disso, Renaut falava de um "humanismo da diversidade". Aliás, ele descreve bem o estado de espírito dos que reconhecem uma virtude pedagógica na ideologia penitencial e que praticam a "culpabilização retrospectiva".

> Basta perceber [que esse arrependimento] procede, ao que tudo indica, do sentimento de que algumas escolhas de valores, ligadas à maneira como os homens modernos compreenderam durante muito tempo o sentido do humanismo, transformaram-se parcialmente em seu contrário. Lá onde se tratava, em particular para o componente republicano da modernidade, de desconsiderar as diferenças para integrar toda a variedade dos perfis humanos – individuais ou coletivos – num mundo comum, as representações que se desenvolveram das condições de possibilidade desse mundo comum contribuíram e contribuem ainda, com demasiada frequência, para excluir aqueles e aquelas que não correspondem a certos padrões[4].

O arrependimento estaria inserido no desdobramento da identidade moderna, que passou da alteridade substancial pré-moderna à igualdade indiferenciadora moderna, e que atualmente se abriria para a igualdade diferenciada, ligada a um exame retrospectivo, por parte da modernidade, dos processos de exclusão que ela teria legitimado. Em outras palavras, hoje a história da identidade exigiria uma "abertura ao outro" indissociável de um reexame das condições e dos discursos que haviam legitimado sua exclusão. Do universalismo do mesmo, passaríamos ao universalismo plural. Nesse sentido, o aprendizado da culpa seria, para as sociedades modernas, uma maneira

---

[3] Alain Renaut, *Un Humanisme de la Diversité. Essai sur la Décolonisation des Identités*. Paris, Flammarion, 2009, p. 15 (e, mais geralmente, p. 14-19).

[4] Ibidem, p. 14-16.

de honrar sua fidelidade a seus ideais. O arrependimento seria uma forma superior de fidelidade a si mesmo.

No entanto, precisamos nos distanciar dessa explicação convencional, a de uma sociedade ocidental que encontra no arrependimento uma maneira de rever seu passado com inaudita modéstia, estando agora informada de seus crimes e erros. Evidentemente, a sensibilidade histórica das sociedades evolui, transforma-se, transmuta-se, se assim se preferir, mas uma inversão tão completa da relação com o passado não poderia explicar-se por si mesma. O passado, como sabemos, não aparece sem mediação na consciência dos homens: ele é objeto de interpretações múltiplas e concorrentes. Esse é um desafio político, talvez até o primeiro. "Quem controla o passado controla o futuro", escrevia Orwell. E "quem controla o presente controla o passado", completava, numa formulação não só exata, como incisiva. A narrativa histórica é indispensável à construção da legitimidade política. Para seus promotores, que acreditam ensinar a verdade por fim desnudada, a "consciência histórica pesada" teria a virtude de uma pedagogia necessária para enfraquecer o sistema imunitário das sociedades ocidentais e levá-las a consentir numa transformação radical de si mesmas. Quanto mais o presente for herdeiro de um passado culpado, mais ele deverá ser transformado. A ideologia penitencial não pertence apenas a uma história da consciência democrática da modernidade, mas a uma função estratégica no dispositivo ideológico do multiculturalismo. O passado reinterpretado se tornou um recurso político e ideológico na luta em favor do regime diversitário, como observa Shmuel Trigano, que sustenta que "os reputados conflitos de memória apenas traduzem, no plano ideológico, o fato de que grupos sociais militam no palco da opinião pública para conquistar um lugar ao sol"[5]. Olivier Mongin fala antes de uma "concepção penitencial e

---

[5] Shmuel Trigano, "Abus de Mémoire et Concurrence des Victimes, une Dépolitisation des Problèmes", *Controverses*, n. 2, junho de 2006, p. 41.

reparadora da história"⁶. Fala-se de historiografia vitimária, pois ela se configura antes de tudo em sua pretensão de revelar a sociedade moderna pelas margens, passando a contar sua história "do ponto de vista dos que a sofreram", segundo a formulação de Alain Touraine, para então tomar o partido deles e fornecer-lhes uma visibilidade histórica sem a qual não poderiam, coletivamente, conscientizar-se de sua situação de dominação. Assim desprendidos da hegemonia daquilo a que se chama, com frequência crescente, a memória majoritária, os grupos discriminados, tendo conseguido reconstituir certa densidade existencial, disporão dos recursos identitários necessários para justificar suas acusações, suas reivindicações, suas exigências.

DA INEXISTÊNCIA À EXISTÊNCIA: O ADVENTO DOS "DOMINADOS" NO PALCO DA HISTÓRIA

A história, em suma, não é uma investigação neutra: ela está no cerne da construção da legitimidade política. O discurso que proferimos sobre uma sociedade modela-a intimamente, delimita o possível e o pensável. A historiografia vitimária revela o percurso dos grupos sociais ou identitários, cuja existência havia sido absorvida na consciência histórica nacional, sobretudo em seu processo de universalização, processo este que agora se trata de desmascarar, para tornar visíveis os grupos discriminados e dominados. A memória se torna, assim, um campo de batalha em que os dominados de ontem tiram sua desforra e fundam, na apresentação de seu percurso histórico, a legitimidade de suas reivindicações. É preciso doravante abrir a consciência histórica, para revisitá-la por suas margens e arrebatar a figura sobrepujante de uma nação que teria esmagado tudo – e, mais

---

⁶ Olivier Mongin, "Une Précipitation à Retardement: quelques Perplexités sur le Consensus Historien", *Esprit*, fevereiro de 2006, p. 149.

amplamente, para lançar por terra todas as grandes figuras identitárias culpadas de haverem sufocado a diversidade. E isso passa pela desconstrução das lendas oficiais que sustêm a legitimidade política. As relações sociais seriam antes de tudo relações de dominação, exclusão e discriminação, e cumpriria ao historiador buscar decodificá-las para então as revelar publicamente, construindo assim um programa de reparação social.

A partir de agora, a história deveria revelar e explicitar as estruturas discriminatórias, as práticas "excludentes". Seria preciso mostrar como, por trás da ficção unitária de uma sociedade permeada por um mesmo destino, encontraríamos grupos em guerra uns contra os outros. No entanto, não será suficiente, para tanto, seguir as lições do realismo mais elementar, que analisa os conflitos sociais e as relações de poder: tomar-se-á partido, acusando uns e dando razão a outros. Reconstruir a consciência histórica para abri-la ao outro consistiria justamente em descentrar a narrativa histórica do grupo majoritário da nação ou de seu corpo histórico e em contestar a legitimidade de sua soberania, para levá-lo a reconhecer seus crimes, reais ou imaginários, e, ao mesmo tempo, integrar na narrativa coletiva uma diversidade sem centro de gravidade, para garantir que cada grupo possa aí perceber-se no reconhecimento de suas acusações legítimas. O reconhecimento das narrativas históricas marginais seria o primeiro sinal de uma terapia identitária destinada aos grupos historicamente subordinados, quer se trate de certas comunidades culturais, quer de minorias sexuais[7]. Reabre-se assim o depósito da consciência histórica para descobrir as memórias escondidas, a dos grupos que pagaram caro a majestosa soberania da nação, que se teria construído pisoteando tudo aquilo que ela não era. Esse empreendimento de escavação seria um gesto fundamentalmente democrático e se acompanha do

---

[7] Jean-Michel Chaumont, *La Concurrence des Victimes*. Paris, La Découverte, 2002, p. 319-49; James Nuechterlein, "Radical Historians", *Commentary*, outubro de 1980, p. 56-64.

desenvolvimento de uma sociologia vitimária em grande escala, que pretende desconstruir os fundamentos da nação ocidental.

Seria possível falar de uma mutação vitimária da memória, e mesmo de uma inversão, particularmente exemplificada por uma formulação que se usa na França: há um interesse cada vez menor pelos que *morreram pela França* e cada vez maior pelos que *morreram por causa dela*. Já não se deveria ficar alguns instantes em recolhimento diante da tumba do soldado desconhecido, mas sim diante da do "escravo desconhecido", pois a grandeza de uma nação deixou de ser observada na "glorificação" de sua história, e reside agora em sua capacidade de reconhecer os próprios crimes e erros[8]. A historiografia vitimária designa os grupos que têm o direito de requerer uma reparação histórica e exigir uma correção da sociedade para com eles[9]. Em outras palavras, a nova história existe em primeiro lugar para fundamentar o direito das vítimas. É somente desse ponto de vista, aliás, que se compreenderá a importância do paradigma antidiscriminatório em história, centrado na "raça", no "gênero" e na "classe", na medida em que sua função é justamente revelar processos de dominação que se teriam mascarado nas aparências de uma cultura despolitizada. Aliás, a renovação das ciências sociais no âmbito dos *subaltern studies* teve a função de revelar os grupos subordinados na história da sociedade liberal ocidental, de transformá-los em atores históricos suscetíveis de exercer a própria estratégia de integração social a partir de reivindicações que lhes seriam próprias[10]. Paul Hollander fala duramente dos "self-study fields", cuja vocação principal seria legitimar as reivindicações mais radicais dos grupos minoritários na linguagem das ciências sociais.

---

[8] Claude Ribbe, "À l'Esclave Inconnu", *Le Monde*, 23 de dezembro de 2005.

[9] Sandrine Lefranc, Lilian Mathieu, Johanna Siméant, "Les Victimes Ecrivent leur Histoire. Introduction", *Raisons Politiques*, 2008/02, n. 30, p. 5-19.

[10] Paul Hollander, *Discontents. Postmodern & Postcommunist*. New Brunswick, Transaction Publishers, 2002, p. XXI.

A HISTÓRIA SOCIAL OU A DESESTATIZAÇÃO DO ÂMBITO POLÍTICO

Essa dinâmica vitimária na relação com o passado não é própria apenas das associações militantes: impôs-se igualmente na pesquisa histórica, na pesquisa acadêmica. Uma parte da história acadêmica, não obstante sua pretensão de ser científica e de manter-se ao abrigo das controvérsias – e ainda que seus trabalhos não possam ser reduzidos a uma pura produção ideológica –, retransmitiu com frequência a memória militante de um grupo ou outro: ela é particularmente reconhecível no grande canteiro de obras da desconstrução. Na realidade, o surgimento de um novo paradigma, que convidou a pesquisa histórica a se descentrar das instituições tradicionalmente associadas à ação coletiva, correspondeu ao desvelamento de um espaço em que as reivindicações memoriais podiam a partir daí investir-se. E é por meio do paradigma da história social, tal como usado pela esquerda radical, que assistiremos em grande medida a essa mudança da relação com o âmbito político e de sua representação ao longo da história ocidental. Essa nova maneira de fazer a história correspondeu não apenas à herança da revista *Annales*, que jamais poderia ser tolamente reduzida a um simples empreendimento ideológico, mas também à mudança, nos anos 1970, da representação do âmbito político dentro da sociologia da dominação. Isso porque, embora a revista *Annales* negligenciasse a dimensão política ou, no mínimo, relativizasse sua importância, a história social, tal como redefinida na década de 1970, não chegou a negar a dimensão política, mas antes transformou por completo sua representação do poder.

Seja como for, as reivindicações memoriais dispunham, assim, de um espaço de validação científica cada vez menos aberto às formas mais clássicas da história nacional, deportadas para o âmbito exclusivo das ideologias regressivas. Escrever a história de um povo ou de uma nação tornar-se-á praticamente impossível no espaço acadêmico

– de fato, a história nacional será praticamente banida, exceto quando se tratar de acusá-la. A nova história social, dominante na prática historiográfica, e a história pós-colonial, que veio renová-la a partir dos anos 1990, buscaram se desprender das instituições de legitimação por excelência – as instituições políticas –, para desvelar atores que teriam sido neutralizados nas categorias do Estado moderno, aos quais seria preciso praticamente devolver a memória, a fim de restituir-lhes uma capacidade de ação coletiva, não mais à maneira de uma fração negligenciável da soberania geral. A história político-nacional centrada no Estado teria servido para mascarar, na linguagem do interesse geral ou do bem comum, a dominação de um grupo hegemônico. Seria preciso, portanto, conceituar a sociedade de outra maneira, deixando de reconhecer a legitimidade de sua representação oficial, herdada de sua experiência histórica e constituída nas instituições próprias do poder público. Faz-se necessário desconstruir as representações históricas que legitimam o poder dos dominantes. A história pós-colonial permitia ver o âmbito político não apenas do ponto de vista estatal, o das maiorias hegemônicas, mas justamente do ponto de vista dos grupos que não dispunham das instituições públicas para formular sua estratégia de reivindicação social e identitária, ao inverter a perspectiva a respeito da dimensão política para nela reconhecer uma dinâmica emancipatória, a dos grupos subordinados ou neutralizados nas categorias administrativas do Estado moderno. Passa-se a reconhecer na transgressão jurídica ou social das normas coletivas uma forma de luta, travada pelos grupos, contra um sistema excludente constituído contra eles – o que, em sua configuração extrema, significou dizer, sobre o delinquente, seja quem for, que ele vem a ser um resistente.

A democratização do âmbito político consistirá justamente em percebê-lo ou, mais ainda, em torná-lo visível fora das instituições investidas pela legitimidade dominante, reconhecendo assim a legitimidade dos grupos minoritários que não teriam disposto das instituições do Estado para se afirmarem e se reproduzirem. Ao deslocar as linhas do público e do privado, certos grupos fracionados e privatizados pelo individualismo liberal viriam à existência coletiva e poderiam então politizar suas reivindicações. Em outras palavras, a nova história seria portadora de uma nova cartografia mental das sociedades ocidentais, ao permitir que fossem vistas do exterior, do ponto de vista daqueles que estão submetidos a elas – uma postura que caracterizava o marxismo e também o multiculturalismo, sendo o estigma da exclusão aparentemente necessário para que a sociedade seja vislumbrada longe de sua lenda oficial.

O APRENDIZADO DA CULPA OU A CULPABILIZAÇÃO RETROSPECTIVA DO PASSADO NACIONAL: A MEMÓRIA À LUZ DA SHOAH

A emancipação dos grupos subordinados às instituições associadas à modernidade ocidental e aos sistemas normativos tradicionais de que ela se havia apropriado passa necessariamente pela designação de culpados, ao menos numa primeira etapa. Já não existe história instrutiva, acumulativa, mas uma história cuja soma é zero. A história deixou de ser uma escola que educa ao patriotismo ou inculca a virtude da gratidão. A história já não ensina a continuidade nem poderia incitar a cultivar um senso de enraizamento ou de pertencimento a uma nação. A história deixou de transmitir aos homens um patrimônio precioso e frágil, do qual eles deveriam se sentir herdeiros. É a própria lógica da transmissão que deve ser emperrada. Estudar a história é aprender a livrar-se dela. Afinal, o que reter de um mundo que se edificou esmagando a diferença? Em sua formulação mais grosseira e caricata, a historiografia vitimária acaba sempre por designar à vendeta pública *o homem branco heterossexual*, culpado de uma sociedade que ele teria construído para sua exclusiva vantagem – que assume o antigo lugar do burguês, com sua pança e sua cartola[11]. Ela pode até nos fazer passar da luta de classes à luta de raças. E não se deve subestimar o poder retórico dessa caricatura, na medida em que ela se difundiu socialmente e em várias agências tecnocráticas, a tal ponto que a construção das categorias administrativas necessárias à identificação dos grupos subordinados passa com frequência pelo estabelecimento de um contraste radical com a categoria do *homem branco ocidental*.

No entanto, o verdadeiro alvo dessa historiografia vitimária é a nação, que em sua construção histórica teria esmagado uma diversidade identitária muito complexa, por meio de práticas estatais características do racismo mais batido, por exemplo buscando explicitamente assimilar as populações imigrantes ao cadinho nacional pelo uso de práticas mais ou menos coercitivas[12]. Não existe nação que tenha sido poupada da síndrome do arrependimento. No fim das contas, a nação não passaria de uma ficção cultivada em benefício das classes dirigentes ou de uma maioria étnica que encontraria os meios de apagar, em sua celebração enfática do destino coletivo, as divergências de classe, a diversidade das identidades e a pluralidade dos interesses categoriais que se entrechocam. A referência à nação disfarçaria mais ou menos grosseiramente, segundo as épocas, os interesses

---

[11] Para um exemplo caricato dessa nova historiografia que traduz a velha luta de classes em luta de raças, principalmente contra a dominação branca, consulte-se Sadri Khiari, *La Contre-révolution Coloniale en France. De De Gaulle à Sarkozy*. Paris, Éditions La Fabrique, 2009. Nessa obra, associada ao movimento Indigènes de la République, Khirai ataca o poder branco, que se teria desdobrado primeiramente na colonização e que hoje se reconstituiria num *apartheid* metropolitano a serviço exclusivo de um grupo hegemônico, que constitui uma cidadania de dois pesos e duas medidas, institucionalizando um sistema discriminatório em detrimento das antigas populações coloniais que se transplantaram para a França em numerosas ondas migratórias.

[12] Gérard Noiriel, *État, Nation et Immigration*. Paris, Gallimard/Folio, 2001.

exclusivos das camadas superiores da sociedade[13]. A esquerda pós--marxista volta às origens da nação para aí detectar o sinal primordial de uma violência ilegítima, que a historiografia teria jutificado, mas que uma sociedade que se renova pela abertura ao outro não poderia tolerar de maneira alguma. Segundo a formulação de Étienne Balibar e de Immanuel Wallerstein, "o racismo está ancorado nas estruturas materiais (inclusive as estruturas físicas e sociopolíticas) de longa duração, que aderem ao que se chama identidade nacional"[14]. A identidade nacional seria racista.

O debate sobre a história nacional – ao menos no espaço público – suscita, portanto, implícita ou explicitamente segundo os contextos, a questão da perpetuação da identidade nacional e da manutenção da soberania nacional. Em vários contextos políticos nacionais, pôde-se ver muito claramente o alcance ideológico da controvérsia em torno da história nacional, em torno dos desafios ligados à memória. Não foi à toa que Ilan Greilsammer escreveu, no âmbito do debate israelense: "está claro que essas teorias antiestablishment se inspiram fortemente nos sociólogos da Nova Esquerda dos anos 1970 e 1980 nos Estados Unidos. Os jovens pesquisadores israelenses aceitaram com entusiasmo tais concepções corrosivas. Para eles já não há coletividade judaico-israelense [...]: há uma sociedade em que grupos dominantes reprimiram os grupos periféricos"[15]. São os fundamentos do Estado que estão em questão. Para Greilsammer, "repensar a história de Israel é, portanto, remodelar o presente da sociedade israelense e, principalmente, contribuir para seu futuro na região,

---

[13] Suzanne Citron, *Le Mythe National. L'Histoire de France en Question*. Paris, Les Éditions Ouvrières/Études et Documentation Internationales, 1987; David Horowitz, *Left Illusion*. Dallas, Spencer Publishing, 2003, p. 198.

[14] Immanuel Wallerstein, Étienne Balibar, *Race, Nation, Classe. Les Identités Ambiguës*. Paris, La Découverte, 1997, p. 291.

[15] Ilan Greilsammer, *La Nouvelle Histoire d'Israël. Essai sur Une Identité Nationale*. Paris, Gallimard, 1998, p. 26-27.

entre seus vizinhos"[16]. E cada nação é convidada a se voltar para as zonas sombrias de sua experiência histórica, a fim de garantir que esta seja apresentada segundo uma paradoxal valorização negativa, concentrada no orgulho de uma culpa plenamente assumida. A cada nação, seu pecado original e sua maneira de traduzir a própria história na linguagem da culpa ocidental. A cada nação, o aprendizado de como se ver negativamente e se reconhecer num programa de expiação. Tudo passa a ser uma questão de interpretação, de apresentação histórica dos acontecimentos, aos quais se atribui a um só tempo um alcance traumático e fundador.

Conhece-se o alcance do traumatismo associado à Shoah. Várias pessoas observaram que, a partir dos anos 1970 e, mais ainda, dos anos 1980, ela se tornou a referência para a reflexão mais ampla sobre a culpa ocidental. A memória do Holocausto desempenha um papel central no imaginário político da esquerda multicultural, que tende a associar seus adversários aos dias mais sombrios do século XX, mobilizando contra eles a retórica do antifascismo. Essa tendência é reforçada pela dinâmica da concorrência vitimária, na medida em que o reconhecimento do horror supremo no Holocausto faz agora com que cada grupo vitimizado compare suas infelicidades às do povo judeu e exija, consequentemente, uma igualdade de tratamento simbólico. O sofrimento daqueles equivale sempre ao sofrimento destes, o que acarreta uma assimilação de cada sofrimento ou de cada discriminação àquela a que o povo judeu foi submetido no momento da Shoah[17]. Os crimes do nazismo se tornam, retrospectivamente, o ponto de convergência a partir do qual redesdobram-se as histórias nacionais, e o vocabulário associado a ele é instrumentalizado para descrever as tensões interétnicas ou simplesmente a defesa das identidades nacionais. É preciso pensar a exclusão a partir do nazismo e

---

[16] Ibidem.

[17] Jean-Michel Chaumont, *La Concurrence des Victimes*. Paris, La Dévouverte, 2002.

fazer deste último o ponto de consumação de toda exclusão. Como escreveu Jürgen Habermas após a querela dos historiadores na RFA, em meados da década de 1980, a Shoah teria a partir daí uma vocação pedagógica universal para sociedades que buscam o caminho rumo à democracia pós-nacional[18]. A querela dos historiadores tinha sobretudo a vocação, segundo Habermas, de refocalizar a identidade alemã num patriotismo constitucional exclusivamente definido por uma adesão ao universalismo democrático. Em outras palavras, o objetivo era reajustar a memória alemã à memória do Holocausto, a fim de chegar, por efeito de contraste, à instauração de um patriotismo constitucional que definisse o pertencimento à sociedade alemã por sua simples adesão aos valores universalistas contidos em sua lei fundamental. "A hipermnesia dos crimes do nazismo", segundo a formulação de Stéphane Courtois, permite, assim, que a história nacional seja sempre reduzida a uma mesma trama, apresentada à maneira de um nacionalismo que transborda seus limites, animado por uma pulsão criminosa potencialmente genocida; a exclusão se torna a categoria precípua a partir da qual a história coletiva será revista, para trazer à luz as vítimas necessárias à sua acusação[19].

Os crimes do nazismo não seriam em absoluto exclusivos dele, mas sintomáticos da alergia ocidental à diferença. O pluralismo identitário surgiria, no fim das contas, apenas à maneira de uma desforra dos dominados, possibilitada por uma civilização que leva o crime contra a diferença até o genocídio. Chega-se a ver um número crescente de intelectuais que mobilizam a memória do antissemitismo na denúncia da islamofobia que o teria substituído. Quando se suscita

---

[18] Jürgen Habermas, *L'Intégration Républicaine*. Paris, Fayard, 1999. Sobre a querela dos historiadores, consulte-se a obra coletiva *Devant l'Histoire*. Paris, Cerf, 1988. Para uma crítica da demonização da Alemanha pela nazificação substancial de sua experiência histórica, consulte-se Alexander J. Groth, "Demonizing the Germans: Goldhagen and Gellately on Nazism", *Political Science Reviewer*, outono de 2003, v. 32, n. 1, p. 118-58.

[19] Stéphane Courtois, *Communisme et Totalitarisme*. Paris, Tempus, 2009.

no espaço público a questão da exclusão, em especial a que diz respeito às populações oriundas da imigração, a referência ao nazismo nunca está distante, principalmente quando chega a hora de designar a política proposta pelos partidos populistas ou, ainda, quando chega a hora de denunciar as políticas da direita governamental, caso esta se comprometa com a instauração de uma política da identidade nacional. Essa mobilização da memória da estigmatização dos judeus sob o nazismo foi visível durante o debate do fim de 2009, organizado por Éric Besson, sobre a "identidade nacional" na França, quando vários intelectuais renomados fizeram uma aproximação entre a política francesa contemporânea e aquela aplicada pelo Terceiro Reich.

> O que ocorre na França desde a abertura do debate sobre a identidade nacional é insuportável. O que se perfila é o aumento do ostracismo contra toda população cuja religião, cuja cor de pele, cuja língua ou vestimenta, e mesmo cuja idade sejam suscetíveis de preocupar os franceses ou, ao menos, uma parte deles que se arroga o monopólio da identidade nacional. [...] Justamente em razão da ideia que temos da dignidade humana, em razão do fato de que a liberdade religiosa e a liberdade de consciência são direitos humanos fundamentais, solicitamos que se ponha um ponto-final em tudo o que pode alimentar ou parecer justificar os desvios atuais, a começar por esse "diabólico" debate sobre a identidade nacional, que apenas semeia divisão. Depois da estrela amarela, será que um dia se terá de usar uma estrela verde?[20]

Essa nazificação implícita do adversário a partir da mobilização da memória do Terceiro Reich mostra bem, por outro lado, como a memória ocupa aqui uma função de intimidação ideológica que delimita os contornos do que se pode pensar numa democracia multicultural – haveria no cerne da civilização ocidental um desejo de perseguição do minoritário que se teria dirigido contra os judeus, no passado, e que hoje se reorientaria para os muçulmanos. O mundo do passado

---

[20] Collectif, "Après l'Etoile Jaune, Faudra-t-il un Jour Porter l'Etoile Verte?" *Le Monde*, 22 de dezembro de 2009.

culminou no nazismo; portanto, sair em defesa do primeiro consistiria em apresentar-se como colaborador consciente ou inconsciente do segundo. Mesmo em Israel, os novos historiadores têm assim revisitado de maneira hipercrítica a guerra de independência, criando certo efeito de espelho entre a destruição dos judeus da Europa e a "expulsão" das populações árabes que ela acarretou, dando a entender por aí que, a um genocídio, outro genocídio teria correspondido, sem, no entanto, ser designado assim, sendo esse obrigatoriamente o caso na história dos vencedores. A história do Estado judeu representaria aqui a última manifestação do colonialismo ocidental conquistador no dia seguinte à Segunda Guerra Mundial[21]. O essencial é ter as mesmas razões de autorrecriminação que os outros têm.

Nos Estados Unidos, é a escravidão que desempenha o papel de lembrança fundadora para a reflexão sobre uma memória da diversidade. Assim, no momento do mês da história dos Negros, em fevereiro de 2009, Éric Holder, procurador-geral da administração Obama, convidou o país a revisitar a história de suas relações inter-raciais, reconhecendo na escravidão o pecado original da nação americana, o que atualmente deveria levá-la a se abrir à diversidade, para não cometer de novo um crime de exclusão[22]. Foi ao interiorizar plenamente o crime escravagista na consciência histórica do país que os Estados Unidos aprenderam de fato a necessidade de uma sociedade multicultural, capaz de inspirar as outras sociedades ocidentais a reordenar as próprias instituições a fim de se abrirem às suas minorias. A originalidade da situação estadunidense, segundo Michael Lind, será a de transformar a comunidade negra em equivalente moral, para

---

[21] Ilan Greilsammer, *La Nouvelle Histoire d'Israel. Essai sur une Identité Nationale*. Paris, Gallimard, 1998.

[22] Éric Holder, "Attorney General Eric Holder at the Department of Justice African American History Month Program", discurso proferido em 18 de fevereiro de 2009. Disponível em: <http://www.justice.gov/ag/speeches/2009/ag-speech-090218.html>.

a América do Norte, da comunidade judaica da Europa, para então fazê-la de estalão de medida de todas as situações discriminatórias que a sociedade estadunidense foi capaz de provocar; cada grupo cultural ou sexual reivindicaria, por fim, sua parte de estigmas herdada do pecado original norte-americano[23] – a cada vez se abole, assim, a originalidade de cada perseguição, para reduzi-la a uma manifestação mais ou menos brutal do sistema excludente ocidental. De maneira mais geral, é toda a história da expansão europeia que é reescrita, para fazer do racismo sua trama dominante. A história do Estado-nação seria a de uma comunidade política institucionalizada com base no próprio fato do racismo, na medida em que ela distinguiria um interior e um exterior da comunidade política; a distinção daí resultante entre cidadãos e estrangeiros acarretaria necessariamente uma criminalização da diversidade, que culminaria uma vez mais, segundo eles, na Shoah.

É a distinção entre quem é cidadão e quem não é o que se questiona por meio da reescrita culpabilizadora da história sob o signo daquilo que Finkielkraut denominou "a religião da humanidade", que consiste em buscar resgatar a unidade primordial do gênero humano. Esse processo também é movido contra a civilização ocidental em seu conjunto, principalmente por meio de uma revisão hipercrítica da colonização e da expansão dos impérios europeus. O balanço da colonização seria escrito com a mesma tinta que o do comunismo ou o do nazismo – é a partir de tal leitura da colonização que foi possível realizar a conferência

---

[23] Extremamente crítico em relação a essa historiografia multicultural – que, no contexto estadunidense, repousa num universalismo vitimário paradoxal, que funciona em comparação com a história da comunidade negra, transformada em vítima exemplar para o embasamento da reflexão sobre a condição dos outros grupos marginalizados –, Michael Lind criticou, assim, "the perversion of our political culture by victimology", afirmando que ela seria causada por "this effort do deny uniqueness of the black experience with segregation, and to generalize it as a model for all struggles of value or interest, no matter how minor". Michael Lind, *The Next American Revolution*. New York, The Free Press, 1995, p. 351. Consulte-se, de modo mais geral, todo o capítulo dedicado à reescrita da história americana (p. 349-88).

de Durban, 1 e 2, fazendo da configuração Estado-nacional o resultado de um colonialismo racista, que também exigiria reparações maciças aos povos do Terceiro Mundo. A nação se teria constituído no âmbito da história da colonização, da expansão europeia. A descolonização das sociedades ocidentais só será completa quando elas se tiverem convertido, cultural e institucionalmente, ao multiculturalismo. A partir da historiografia vitimária, arranjou-se até uma maneira de criminalizar a descoberta da América pelos navegadores e exploradores europeus, dos quais o mais célebre, Cristovão Colombo, é de tempos em tempos apresentado como primeiro dos genocidas ocidentais[24]. Na realidade, a questão da descoberta da América – embora esteja um pouco murcha e sem viço e já não se faça presente nas comemorações – ocupa o cerne do imaginário multiculturalista, na medida em que ela seria o ato genocidário inaugural do imperialismo ocidental. A expansão ocidental é transformada em empreendimento predatório desprovido de qualquer legitimidade, e os genocídios se acumulariam numa experiência que se radicaliza de um século a outro. É a própria história do desenvolvimento da civilização ocidental que passa a ser classificada na categoria dos crimes contra a humanidade. A civilização ocidental teria organizado o mundo em torno de si mesma, hierarquizando-o em benefício próprio. Deveria, consequentemente, ser a primeira a se dissolver. O arrependimento representaria o ritual expiatório pelo qual ela se libertaria de uma tradição esmagadora e renasceria na abertura ao outro e no culto à humanidade reconciliada. Ela deveria dar o exemplo, de certa forma, de uma civilização que busca a partir de agora identificar-se com a humanidade em seu conjunto, renunciando às fronteiras culturais e políticas que a definiriam.

O debate público francês em torno da história permitiu que se percebesse, desde o início dos anos 2000, o alcance dessa reconstrução

---

[24] Robert Royal, "1492 and Multiculturalism", *The Intercollegiate Review*, primavera de 1992, p. 3-10.

da memória ocidental em torno dos crimes do nazismo, transformado a um só tempo em revelador da experiência histórica ocidental e em ponto de comparação ao qual devem ser reduzidas, de maneira bastante geral, as tensões interétnicas ou intercomunitárias. Como se sabe, graças à genialidade política do general De Gaulle, a França saiu da Segunda Guerra Mundial do lado dos vencedores, com uma memória centrada na epopeia da França livre e da Resistência[25]. Essa memória, não obstante seus exageros e seus limites, não deixava de corresponder à mais natural disposição identitária que pode existir numa nação: tecer, no tumulto dos acontecimentos, uma narrativa vitoriosa e edificante. No entanto, a memória gloriosa do reerguimento nacional cedeu lugar a uma memória reconstruída na interiorização do mito da "ideologia francesa", que julgava encontrar na histórica francesa do século XX uma profunda tentação fascista, feita de nostalgia comunitária e desejo de pureza racial[26]. Ainda que o general De Gaulle tenha reerguido a França do desastre com um culto inegável à nação, cujo particularismo identitário ele não contestou em momento algum[27], definindo a França como uma realidade histórica enraizada, irredutível às outras nações, o patriotismo comum será cada vez mais associado à memória exclusiva de Vichy: a acusação de petainismo passou a qualificar uma proposta que visa reconhecer na identidade francesa uma densidade histórica e cultural que não se limita à sacralização do universalismo republicano. No entanto, se, por um lado, a memória da Segunda Guerra Mundial determinou os anos 1980 e 1990, foi antes a da colonização que se impôs desde o início dos anos 2000, sobretudo porque os movimentos sociais oriundos da imigração, como o Indigènes de la République, reivindicaram sua relação com a história colonial para fundamentar seus ataques mais virulentos

---

[25] Régis Debray, *À Demain De Gaulle*. Paris, Gallimard, 1996.

[26] Bernard-Henri Lévy, *L'Idéologie Française*. Paris, Grasset, 1981.

[27] Daniel Mahoney, *De Gaulle: Statemanship. Grandeur and Modern Democracy*. Westport, Praeger, 1996.

contra a sociedade francesa, reinterpretando-a justamente na matriz do antifascismo, como se a colonização prefigurasse o nazismo e a exterminação dos judeus da Europa – Paul Yonnet falou severamente "de uma esquerda para a qual a colonização se tornou uma espécie de noite absoluta, cuja marca indelével a França deveria carregar e cujas dívidas deveria pagar"[28]. A aventura colonial francesa, principalmente na Argélia, foi apresentada, assim, como um empreendimento de "exterminação" que anteciparia o totalitarismo nazista e a solução final[29]. É toda uma historiografia da "fratura colonial"[30] que se desdobrará, para assim revelar a dimensão criminosa da história francesa, tanto mais que a fratura colonial se reproduziria atualmente na crise das periferias francesas. Os historiadores principais desse movimento, que praticam o revisionismo vitimário, afirmam, assim, que

> a história colonial e as memórias que a constroem socialmente tocam a França em sua própria identidade coletiva, pondo em questão as maneiras de representar nossa história nacional; mas também, em parte, a mitologia da suposta especificidade do 'gênio francês', composto de valores revolucionários e missão universal, de retidão republicana e tolerância indiferenciada ao Outro, de 'missão civilizatória' e medo da diferença[31].

---

[28] Paul Yonnet, *François Mitterand, le Phénix*. Paris, De Fallois, 2003, p. 54.

[29] Olivier Le Cour Grandmaison, *Coloniser, Exterminer. Sur la Guerre et l'État Colonial*. Paris. Fayard, 2005.

[30] A expressão "fracture coloniale" evoca outra formulação, "fracture sociale" [fratura social], cunhada pelo filósofo francês Marcel Gauchet em sua obra *Le Désenchantement du Monde*, 1985; nessa obra, designa uma condição de desigualdade radical entre a França das elites e a França da população comum. A ideia de um abismo quase intransponível entre duas parcelas da população, implícita na expressão original, serviu depois para caracterizar outros tipos de desigualdade – por exemplo, entre os que dispõem e os que não dispõem de acesso à internet, designada na França como "fracture numérique" [fratura digital]. (N. T.)

[31] Pascal Blanchard, Nicolas Bancel, Sandrine Lemaire, "La Fracture Coloniale, une Crise Française". In: Ibidem (dir.), *La Fracture Coloniale*. Paris, La Découverte, 2006, p. 11.

A missão da historiografia vitimária à moda francesa realmente não dá margem a dúvidas: sua tarefa é fragilizar a identidade francesa, derrubar os mitos, desmontar as estátuas. Foi o que vimos com a apresentação de um processo sistemático contra Napoleão, que será reduzido a sua decisão de restaurar a escravidão, a tal ponto que já não serão toleradas as comemorações nacionais que celebram suas vitórias, particularmente a de Austerlitz, visto que Claude Ribbe, numa estratégia retórica atualmente bastante conhecida, nazifica o imperador, apresentando-o como um experimentador precoce da solução final[32]. Evidentemente, não é necessário que nos detenhamos por muito tempo no exemplo francês para compreendermos a dinâmica de nazificação retrospectiva da memória à qual assistimos, até porque ela é reconhecível em todas as sociedades ocidentais, com algumas variantes, naturalmente.

A ERA DOS PEDIDOS DE DESCULPAS OU A COMEMORAÇÃO PENITENCIAL (OU O ENSINO DA PENITÊNCIA)

Essa memória pesada deve ser consagrada publicamente. Deve-se instituir um ritual penitencial. A gestão pública da memória faz parte, assim, de um dispositivo comemorativo que visa acima de tudo a moldar uma memória política útil ao Estado diversitário: o passado será relembrado na medida em que isso permita desprender-se dele. Assim, a memória se tornou um objeto de política pública, na perspectiva de uma desnacionalização da consciência histórica; os

---

[32] Foi com estas palavras que Ribbe resumiu a obra histórica de Napoleão: "Cento e quarenta anos antes da Shoah, Napoleão usou gases para exterminar a população civil das Antilhas. Entregou milhares de antilhanos vivos como comida aos cães. Napoleão criou campos de concentração na Córsega e na Ilha de Elba, onde morreram milhares de franceses do ultramar". Claude Ribbe, *Le Crime de Napoléon*. Paris, Éditions Privé, 2005.

governos devem construir publicamente uma memória "inclusiva", capaz de assegurar visibilidade histórica aos grupos marginalizados. É assim que os meses consagrados às minorias marginalizadas se multiplicam e os museus são convidados a expor uma nova visão da história, que tenha interiorizado plenamente o imperativo diversitário[33]. Theodore Dalrymple mostrou como, na Grã-Bretanha no início dos anos 2000, buscou-se condicionar o financiamento dos museus a sua capacidade de atrair uma clientela proveniente das minorias étnicas e culturais. Pressupunha-se, é claro, que, para tanto, seria necessário transformar o conteúdo e a apresentação das exposições, de modo que viessem a participar plenamente da reconstrução

---

[33] Theodore Dalrymple, "Multicultis Museums – Or Else", *City Journal*, verão de 2000. Sean Gabb também mostrou como a política dos museus britânicos passou a seguir um imperativo multicultural na apresentação das exposições. Sean Gabb, *Cultural Revolution, Culture War: How Conservatives Lost England and How to Get it back*. London, The Hampden Press, 2007, p. 9-11. Essa tendência se radicalizou quando Ken Livingstone, ex-prefeito de Londres, empenhou-se em desmontar a estatuária imperial, que seria vexatória para as minorias oriundas das antigas colônias. Andreas Whittam Smith, "But will They ever Put up a Statue of Ken Livingstone?" *The Independant*, 23 de outubro de 2000. Disponível em: <http://www.independent.co.uk/opinion/commentators/andreas-whittam-smith/but-will-they-ever-put-up-a-statue-of-ken-livingstone-637803.html>. Essa multiculturalização do universo dos museus também é visível na França, onde Jacques Chirac se propôs deixar como herança o museu do Quai Branly, dedicado à exposição e à celebração das artes primitivas, um museu que ele apresentou explicitamente numa perspectiva multicultural, e cujo destino era substituir o Museu das Artes Populares, muito ao estilo da velha França. Ao contrário, quando Nicolas Sarkozy anunciou sua intenção de criar um museu dedicado à história da França, foi recriminado pela comunidade dos historiadores, sobretudo sua ala progressista, por privilegiar uma visão da história nacional que restauraria os privilégios da França majoritária. "O Museu de História da França ou o retorno da ameaça-fantasma." Para uma crítica substancial do Museu da História da França, explicitamente motivada por uma recusa do nacionalismo e da identidade nacional, consulte-se Anne-Marie Thiesse, "L'Histoire de France en Musée. Patrimoine Collectif et Stratégies Politiques", *Raisons Politiques*, n. 37, fevereiro de 2010, p. 103-18. Os debates em torno do Museu de História da França tiveram o mesmo teor.

multicultural do imaginário e da identidade britânica. A apresentação da culpa ocidental está no programa. Aí se encontra a explicação que permite compreender a multiplicação dos pedidos de desculpas por parte das autoridades públicas, que acreditam ser necessário resgatar seus crimes passados emendando-se simbolicamente no tempo presente, o que não raro implica uma prática de engenharia identitária na consciência coletiva, a fim de transformar as representações que ainda causariam sofrimento psíquico a grupos que as associam, com frequência por razões nascidas de uma fantasia, a episódios históricos traumáticos. Como escreve Yaël Tamir com certa satisfação, é preciso reconhecer que "a onda atual de pedidos de desculpas [...] atesta a morte de um velho paradigma político e o nascimento de um novo, o do Estado diversitário"[34]. Foi, portanto, em nome de uma memória multicultural que o governo canadense formulou seu pedido de desculpas, nestes últimos anos, dirigido aos grupos que não teriam disposto, em certo momento da história, das plenas vantagens da cidadania[35], e foi de acordo com essa mesma lógica que o Partido

---

[34] Yaël Tamir, "L'Ere des Excuses: l'Emergence d'un Nouveau Paradigme Politique". In: Michel Seymour (dir.), *Nationalité, Citoyenneté et Solidarité*. Montréal, Liber, 1999, p. 421.

[35] Por exemplo, a propósito das nações autóctones, "Ottawa Demande Pardon", Radio-Canada, 11 de junho de 2008; ou ainda, a propósito dos imigrantes chineses, aos quais se impôs uma taxa de entrada no Canadá que, de 1923 a 1947, fechou o país à imigração chinesa. O governo canadense escreveu, assim, que "a taxa de entrada era conforme à lei da época, como reconheceram os tribunais canadenses. No entanto, o governo do Canadá reconhece que a taxa de entrada era fundada na raça e contrária aos valores canadenses atuais". "Le Premier Ministre Harper Offre des Excuses aux Chinoises et aux Chinois", disponível em: <http://www.pm.gc.ca/fra/media.asp?category=1&id=1219>. Não se trata, evidentemente, de endossar tais práticas historicamente lamentáveis, mas de notar que elas abrem as portas para uma radicalização da expiação histórica. Em outras palavras, o governo é chamado a multiplicar os pedidos de desculpas para com os grupos que foram discriminados ou vitimizados do ponto de vista do multiculturalismo canadense contemporâneo, agora constitucionalizado.

Socialista espanhol convidou a Espanha a formular seu pedido de desculpas aos *Moriscos*[36, 37]. Mesmo as instituições mais conservadoras acabam por retomar os discursos de arrependimento, como foi o caso do Vaticano, que, nos últimos anos do pontificado de João Paulo II, fez penitência pelos crimes históricos atribuídos à Igreja Católica[38]. Vimos também inúmeras autoridades governamentais associadas à esquerda ocidental assumirem essa consciência culpada do destino ocidental, entre as quais o presidente americano Bill Clinton, que fez penitência a propósito da história das Cruzadas – e isso no dia seguinte ao 11 de setembro –, interpretando a agressão islamista como uma resposta tardia aos excessos das Cruzadas, ocorridos mil anos antes[39].

---

[36] No original, *Morisque*, palavra francesa derivada do espanhol *morisco*. Designa os muçulmanos da Espanha que, após as campanhas maciças de conversão do fim do século XV e do subsequente decreto de expulsão, se converteram ao catolicismo; designa igualmente seus descendentes. No título da entrevista citada em nota, ao que parece, o termo é empregado como sinônimo de *mouro*. (N. T.)

[37] Ao jornalista que lhe perguntou o sentido de tais pedidos de desculpas, o deputado Jose Antonio Perez Tapias, responsável por esse projeto de declaração, respondeu: "Trata-se de reconhecer que a expulsão maciça dos Mouros da Espanha (por volta de 300 mil) entre 1609, ano do decreto de Philippe III, e 1614 foi uma grande injustiça. E reconhecer essa injustiça continua sendo necessário quatro séculos depois. Ademais, os descendentes desses *moriscos* nos questionam a respeito dessa tragédia vivida por seus ancestrais e esperam de nós ao menos um gesto de reconciliação. A Espanha atual tem um 'dever de memória' para com essas pessoas, como havíamos feito em relação aos descendentes dos judeus sefarditas expulsos da Espanha em 1492". Djamel Belayachi, "Entretien avec José Antonio Perez Tapias: Devoir de Mémoire: l'Espagne s'Excuse pour l'Expulsion des Morisques", Afrik. com, 12 de dezembro de 2009.

[38] Michel de Jaeghere, *La Repentance. Histoire d'une Manipulation*. Paris, Éditions Renaissance Catholique, 2006.

[39] Para citá-lo com exatidão, "Terror – the killing of noncombatants for economic, political, or religious reasons – has a very long history, as long as organized combat itself... Those of us who come from various European lineages are not blameless. Indeed, in the first Crusade, when the Christian soldiers took Jerusalem, they first burned a synagogue with three hundred

A multiplicação das "leis memoriais" corresponde a uma nova prática de pedido de perdão e de arrependimento para livrar a sociedade dominante de sua culpa histórica[40]. O dever de memória que mobilizou boa parte da reflexão histórica nos últimos vinte anos só faz sentido à maneira de um processo perpetuamente renovado contra a nação, que deve emendar-se em relação a todos os que, a partir de agora, se reconhecem num destino discriminado e reivindicam direitos particulares para corrigi-lo[41]. Esse dispositivo comemorativo trabalha para a construção pública de uma memória penitencial, e a história das diferentes minorias perseguidas ao longo do tempo está presente para institucionalizar uma pedagogia crítica da consciência histórica. Busca-se assim transformar substancialmente a identidade coletiva, para fazer nascer um novo povo, que terá interiorizado plenamente o ideal diversitário. O rearranjo simbólico da consciência coletiva permite, assim, forjar uma nova memória da diversidade.

Não é surpreendente, aliás, que o ensino da história tenha se tornado tão determinante na gestão pública da memória e na reconstrução multicultural da identidade coletiva[42]. O ensino da história

---

Jews in it, and proceeded to kill every woman and child who was Muslim on the Temple Mount. The contemporaneous descriptions of the event describe soldiers walking on the Temple Mount, a holy place to Christians, with blood running up to their knees. I can tell that story is still being told today in the Middle East, and we are still paying for it". Citado em Thomas F. Madden, "Clinton's Folly", *American Outlook*, outono de 2001.

[40] Patrick Weil se engajou na defesa dessas leis, atribuindo-lhes a virtude de dessacralizar profundamente a narrativa nacional, ao mesmo tempo em que sacralizava, paralelamente, a nova configuração social multicultural. Patrick Weil, *Liberté, Égalité, Discrimination, l'Identité Nationale au Regard de l'Histoire*. Paris, Grasset, 2008.

[41] Emmanuel Katan, *Penser le Devoir de Mémoire*. Paris, PUF, 2002.

[42] Gary B. Nash, Charlotte Crabtree, Ross E. Dunn, *History on Trial: Culture Wars and the Teaching of the Past*. New York, Knopf, 1997. Para uma crítica dessa obra, que propunha um balanço positivo do projeto dos National Standards, consulte-se: John Fonte, "Book Review of History on Trial: Culture Wars and the Teaching of the Past", *National Review*, 11 de outubro de

reescrita conforme a perspectiva vitimária visa a substituir uma consciência histórica por outra, substituição esta que deve se consumar na conversão estratégica da memória da culpa na memória de "abertura ao outro". Essa conversão no fim dos anos 1960 corresponde a uma tomada de consciência sem precedentes, que leva a sociedade ocidental a se lançar num empreendimento de reconstrução política e social por seu descentramento identitário. Ao fim e ao cabo dessa vergonha haveria o renascimento diversitário da sociedade. Vimos essa conversão estratégica da consciência pesada realizar-se de modo particularmente radical nos Estados Unidos, com a querela dos National Standards, no início dos anos 1990, quando se empreendeu a reescrita da história estadunidense, a um só tempo para desnacionalizá-la e desocidentalizá-la, na medida em que já não se deveria falar de "nação estadunidense", mas de "povos estadunidenses", e já não se deveria situar a experiência histórica do país na continuidade da civilização ocidental, mas antes fazer desta última um elemento entre outros de uma identidade chamada a se recompor no multiculturalismo[43]. Essa controvérsia mostrou como a questão da escrita da história tinha uma dimensão transformativa e visava a originar uma consciência histórica que houvesse interiorizado plenamente uma nova visão da identidade estadunidense. Buscava-se mostrar, assim, como a história do país, para além da escravidão, era marcada por uma culpa fundamental para com as minorias e os grupos marginais, e como todos os sistemas discriminatórios se entrelaçariam num sistema de exclusão mais geral. No entanto, justamente, a história teria de ser relatada como um vasto empreendimento de emancipação dos grupos reprimidos e marginalizados, e essa diversidade sem ponto fixo radicalizaria, assim, a promessa igualitária formulada por ocasião do

---

1997; Walter McDougall, "What Johnny Still Won't Know About History", *Commentary*, julho de 1996, p. 32-36; Lynne V. Chenney, "New History still Attack Our Heritage" *The Wall Street Journal*, 2 de maio de 1996.

[43] Michael Lind, *The Next American Revolution*. New York, Free Press, 1995.

nascimento dos Estados Unidos. A reescrita da história estadunidense tinha a vocação de transformá-la em pedagogia progressista para os tempos presentes, e as jovens gerações aparentemente encontrariam no texto constitucional os meios necessários para contestar o sistema excludente e discriminatório a partir do qual se teria constituído a cidadania norte-americana. A história só seria válida à maneira de uma pedagogia para o futuro, sendo o passado filtrado a partir de um presentismo intransigente que criminaliza as formas sociais e culturais tradicionais consideradas incompatíveis com as novas exigências da emancipação[44].

---

[44] Uma descrição assim era visível, aliás, no relatório da Commissão Bouchard-Taylor, instaurada pelo governo quebequense no momento da crise das composições sensatas de 2006, quando se buscava apresentar a origem da sensibilidade generalizada à diferença cultural nas sociedades ocidentais. O relatório Bouchard-Taylor se tornou, segundo o parecer de um de seus dois coautores, um modelo de reflexão institucional nos meios multiculturalistas ocidentais. "É bom indagar de onde vem essa ideia geral de harmonização. [...] Até bem pouco tempo atrás, [a questão da gestão da diversidade] costumava ser resolvida de modo autoritário: uma cultura, mais poderosa, tentava dominar as outras marginalizando-as, ou suprimindo-as, ou assimilando-as. [...] No entanto, há algumas décadas, principalmente no Ocidente, as mentalidades e o direito mudaram, e as nações democráticas, como já assinalamos, tornaram-se muito mais respeitosas da diversidade. O mundo de gestão da convivência que toma forma a partir de agora é baseado num ideal geral de harmonização intercultural. Em primeiro lugar, essa nova orientação, quanto ao essencial, promove o pluralismo, o que permite a qualquer indivíduo ou grupo desenvolver-se segundo suas escolhas e suas características, ao mesmo tempo em que participa da dinâmica das trocas interculturais. Em segundo lugar, ela visa também à plena integração de todos os indivíduos (ou ao menos os que assim o desejarem) na vida coletiva. Essa evolução internacional, que instaura em quase toda parte o respeito à diversidade, promove uma responsabilidade para todas as instâncias de uma sociedade: o governo e as instituições públicas, as empresas, as Igrejas, as associações voluntárias e o resto. Essa nova visão ou sensibilidade fundamenta o princípio das práticas de harmonização. Constata-se que ela ganhou terreno progressivamente entre as elites intelectuais e políticas, bem como entre os militantes que animaram os grandes movimentos sociais do Ocidente. Segundo modalidades e ritmos diversos, pontuados de sobressaltos, ela agora penetra as culturas nacionais."

A MEMÓRIA DO MULTICULTURALISMO

A historiografia vitimária trabalha para invalidar uma ordem social cuja gênese ela criminaliza sistematicamente. Bernard-Henri Lévy dizia que "ser de esquerda na França deste início do século XXI, considerar que essa história de direita e esquerda não se esvaziou de sentido, significa não ceder nem quanto ao regime de Vichy, nem quanto aos crimes do colonialismo, nem quanto a Maio de 1968, e tampouco, naturalmente, quanto à herança do dreyfusismo"[45]. É pelo fato de ela ser guardiã de um patrimônio paradoxal de más lembranças que a esquerda pós-marxista se dá o direito de conclamar a uma transformação tão radical da sociedade contemporânea. Segundo a formulação de Paul-François Paoli, "a chantagem dos partidários da reparação histórica pode resumir-se assim: se você não concordar com a nossa visão da história, é porque você é do partido dos carrascos contra as vítimas, das quais somos os representantes patenteados"[46]. Essa inversão hipercrítica da consciência histórica desenvolve uma cultura revanchista entre os "fanáticos da dívida histórica", que gostariam de transferir para a coluna dos passivos toda a experiência histórica ocidental[47]. Cada grupo "cultural" usará o pretexto de seu destino ruim para furtar-se à soberania nacional e desfiliar-se da coletividade. A consciência pesada vem justificar um dilaceramento da sociedade entre grupos concorrentes e até inimigos, invalidando, ao mesmo tempo, as instituições políticas e sociais que ainda ontem eram guardiãs da existência coletiva, o que criminaliza antecipadamente toda perspectiva conservadora. Theodore Dalrymple assinala com razão que "o fato de crer que a própria história não contém nada de bom

---

[45] Bernard-Henri Lévy, *Ce Grand Cadavre à la Renverse*. Paris, Grasset, 2007, p. 64.

[46] Paul-François Paoli, *Nous ne Sommes pas Coupables*. Paris, La Table Ronde, 2006, p. 45.

[47] Ibidem, p. 50-51.

ou de válido conduz a sonhos utópicos de um novo começo, ou à incapacidade de resistir a tais sonhos utópicos: em outras palavras, ao fanatismo ou à apatia"[48]. Paul Yonnet assinalava, aliás, com muita perspicácia, que o antirracismo tinha principalmente o "trabalho histórico de desconstruir a ideia de continuidade nacional", e isso em torno "da dupla ideia dos erros inexpiáveis da identidade francesa e da regeneração necessária da sociedade pelo Outro imigrante", a fim de que, com o tempo, "a identidade nacional francesa se dissolva no universalismo pluriétnico"[49].

Assim, nossa consciência pesada ocidental é a narrativa fundadora da sociedade multicultural[50]. Como assinala, em contexto francês, Daniel Lefeuvre: "[a empreitada] alimenta uma campanha de difamação da França e dos próprios franceses. Ao acusar seu passado, é a República, seus valores e suas instituições que se busca atingir, com o objetivo, confesso ou não, de minar seus fundamentos"[51].

Quando a questão pós-colonial surgiu no debate público francês, Pierre Nora criticou severamente a "retroatividade sem limites e a vitimização generalizada do passado", o que ele apresentava como

---

[48] Theodore Dalrymple, *The New Vichy Syndrome. Why Europeans Intellectuals Surrender to Barbarism*. San Francisco, Encounters Books, 2010, p. XI.

[49] Paul Yonnet, *François Mitterand, le Phénix*. Paris, De Fallois, 2003, p. 62-63.

[50] A respeito das leis memoriais francesas, Patrick Weil disse que sua função era sacralizar uma leitura da história fundadora dos direitos fundamentais em contexto diversitário. Patrick Weil escrevia, assim, que a "inserção das leis Gayssot e Taubira numa genealogia das intervenções históricas particulares assinala [...] uma evolução das prioridades nacionais. A unidade dos franceses em torno do regime republicano havia assegurado, no passado, uma intervenção extraordinária da dimensão política. A proteção dos direitos humanos fundamentais e um respeito concreto da igualdade entre os cidadãos se tornaram as prioridades da República". Patrick Weil, *Liberté, Egalité, Discrimination*. Paris, Grasset, 2008.

[51] Daniel Lefeuvre, *Pour en Finir avec la Repentance Coloniale*. Paris, Flammarion, 2006, p. 15.

um desvio duplo cuja consequência era uma "desqualificação radical da França", cultivada e retransmitida pela "escola pública [que] se engolfou na brecha com ardor ainda maior porque, por meio do multiculturalismo, encontrou nesse arrependimento e nesse masoquismo nacional uma nova missão"[52]. No entanto, é no relatório Parekh – redigido no início dos anos 2000 por um filósofo insigne da corrente multiculturalista, o qual desempenhou um papel importante na renovação ideológica do trabalhismo britânico em matéria de diversidade – que encontramos a teorização mais explícita da função de uma memória remanejada no pós-colonialismo[53], pois a revisão hipercrítica da memória obrigaria as sociedades ocidentais a escolher entre "a inclusão e a exclusão".

> Na encruzilhada dos caminhos, as possibilidades se resumem a estático/dinâmico; intolerante/cosmopolita; receoso/generoso; insular/internacionalista; autoritário/democrático; introvertido/extrovertido; punitivo/inclusivo; míope/previdente. É o segundo termo de cada um desses pares que evoca o gênero de Grã-Bretanha que propomos neste relatório. A construção e o desenvolvimento de tal sociedade implicariam desde o início uma reinterpretação do passado.

Estaríamos, segundo a formulação abusivamente empregada, num momento decisivo da história, e a historiografia penitencial, justamente, permitiria captar a significação e o alcance desse momento ao mostrar bem o contraste entre a sociedade de ontem e a de amanhã. "Será que a Grã-Bretanha tentará voltar atrás, soçobrando, defendendo os antigos valores e as hierarquias arcaicas, apoiando-se

---

[52] Pierre Nora, "Malaise dans l'Identité Historique", *Le Débat*, n. 141, setembro-outubro de 2006, p. 49-52.

[53] "Many reforms are needed to convert multicultural drift into a concerted drive toward a Britain with a broad framework of common belonging – one in which all citizens are treated with rigorous and uncompromising equality and social justice, but in which cultural diversity is cherished and celebrated. One prerequisite is to examine Britain's understanding of itself." *The Parekh Report. The Future of Multi-Ethnic Britain*. London, Profile Books, 2002, p. 14-15.

numa definição anglo-centrada e retrógrada de si mesma? Ou aproveitará a ocasião para criar uma autoimagem mais flexível, inclusiva e cosmopolita?"[54] Em seu ponto de consumação, a historiografia penitencial liquida o que poderia restar de legitimidade histórica à comunidade política. A sociedade deve extrair-se de sua experiência histórica. Alain Renaut constata, assim, que "a consciência democrática estaria em condições, por uma espécie de reflexo ou de sobressalto salutar, de inverter certas tendências pesadas do passado"[55]. Compreende-se então que a esquerda multicultural pretenda constituir a sociedade construindo ou reativando, segundo o ponto de vista, a memória das humilhações sofridas pelas vítimas da civilização ocidental. Trata-se de garantir os alicerces simbólicos do novo regime que se instaura. Ao engajar-se naquilo a que se denominou *guerras de memória*, a esquerda multicultural reconheceu a importância vital da interpretação histórica na construção da comunidade política. Ela obriga o homem ao desenraizamento, à ingratidão, impele-o a se livrar da tradição e a desconstruir a própria ideia de continuidade civilizatória.

---

[54] *The Parekh Report. The Future of Multi-Ethnic Britain.* London, Profile Books, 2002, p. 14-15.
[55] Alain Renaut, *Un Humanisme de la Diversité*. Paris, Flammarion, 2009, p. 19.

Capítulo 4 | A sociologia diversitária e a sociologia inclusiva

> *Estudar os dominados já não significa vê-los do alto, mas reconhecer sua experiência, sua revolta, suas representações. Essas especialidades proliferantes assemelham-se, portanto, a muitos detetives que conduzem uma mesma e implacável investigação: o White Male Study, o estudo dos malefícios cometidos, desde que o mundo é mundo, pelos heterossexuais do Ocidente.*
> Alain Finkielkraut, *L'Ingratitude*

Por mais que procuremos, não encontraremos, na vida política contemporânea, partidos políticos aspirantes ao poder ou grandes instituições sociais que não promovam a diversidade ou, ao menos, que não a reconheçam como uma riqueza. De certa maneira, ela representa o prisma de leitura predominante na sociedade: a diversidade seria o horizonte insuperável do nosso tempo. Cumpriria reconhecer seus direitos e talvez até inseri-la na constituição dos países ocidentais, como Nicolas Sarkozy cogitou durante um tempo, em seu mandato presidencial de 2007 a 2012, quando julgou que sobrepujaria a esquerda ao apropriar-se dessa questão, chegando a afirmar que a diversidade estava na base da França. Sarkozy não foi o único, é claro, embora tudo leve a crer que muitos políticos se dobrem a essa exigência diversitária sem saber muito bem o terreno em que entram, acreditando estar simplesmente dando um pouco de espaço aos cidadãos oriundos da imigração. Em geral, imaginam dar provas de pragmatismo ao levar em consideração a complexidade dos pertencimentos na sociedade contemporânea. Essa, ao menos, é a *doxa* diversitária, que não raro se acompanha de um cálculo estatístico maníaco, desejoso, em tese, de garantir que cada grupo esteja representado nas instituições de acordo com sua proporção exata na população: é o programa da luta contra as discriminações, que seria a única maneira de promover verdadeiramente a diversidade. Os grandes relatórios governamentais que promovem a diversidade como novo modelo social são igualmente numerosos, quer se trate, na Grã-Bretanha, do relatório Parekh, no Quebec, do relatório Bouchard-Taylor, ou na França, do relatório Tuot. No entanto, a promoção da diversidade pelas instituições públicas não raro prescinde de tais relatórios, cujo defeito é atrair a atenção da opinião pública para a questão diversitária.

A questão da luta contra a discriminação chegou realmente à política francesa na segunda metade dos anos 2000 – a França, por seu igualitarismo republicano e sua forte cultura nacional havia antes resistido a essa nova grade de leitura. A luta contra as discriminações surgia na França em sua expressão mais contemporânea, sem o pesado antecedente ideológico e histórico que pode caracterizá-la nos Estados Unidos, onde está intimamente ligada à questão da escravidão e da subsequente segregação. No entanto, para empregar a formulação hoje consagrada, a diversidade é o nome de quê? Como abrir-se para a diversidade, e até onde? Poderíamos também nos perguntar quem pertence à diversidade, e quem não? Por muito tempo associada principalmente à esquerda antirracista, a um movimento como o SOS Racisme, a questão da discriminação ampliou-se pouco a pouco no debate público, sob a influência conjugada do discurso midiático, de uma virada progressiva do Partido Socialista Francês para o multiculturalismo e do ativismo das instituições europeias, que lhe forneceram um contexto legal para a promoção de uma agenda antidiscriminatória. O discurso diversitário se apropriou da referência à República, o que, à primeira vista, pareceria contraditório. Era preciso restaurar o mito deteriorado da República, deixando de defini-la no cadinho da cultura nacional e abrindo-a para a diversidade dos pertencimentos e das identidades – vê-se, aliás, esse deslocamento da referência republicana justificar a passagem da assimilação à integração; aquela passa a ter a aparência de um rolo compressor, enquanto esta – aqui se reconhecerá facilmente o jargão – permitiria que a convivência acolhesse plenamente a diversidade; o relatório Tuot, já mencionado, levou essa empreitada até o modelo da sociedade *inclusiva*, em que as minorias oriundas da imigração deveriam definir as condições de sua participação na vida social sem ter de se dobrar às realidades da vida francesa. É a figura consumada da inversão do dever de integração, que caracteriza o multiculturalismo. A França teria muito a ser perdoado no que concerne à diversidade, como sustenta uma esquerda radical fortemente militante, que associa os "dissabores" reais ou imaginários das populações imigrantes à reprodução de um sistema colonial discriminatório na própria França metropolitana[1].

SOCIOLOGIA DA DIVERSIDADE, SOCIOLOGIA DAS IDENTIDADES: IDENTIDADE VITIMÁRIA

No entanto, para além de uma sociedade particular, é preciso ainda compreender o funcionamento do software diversitário e, principalmente, sua maneira de representar a sociedade. Trata-se então, portanto, de transpor o paradigma vitimário para uma sociologia que permita enxergar como se reproduzem atualmente, nos processos complexos de dominação, as estruturas discriminatórias

---

[1] O mundo da empresa se comprometeu em fazer uma promoção ativa da diversidade na contratação, a ponto de a diretora da Areva haver causado polêmica durante algumas semanas ao declarar, no Women's Forum de 2009, que "para níveis iguais de competência, sinto muito, escolheremos a mulher, ou escolheremos a pessoa que vem de outra coisa, não do 'homem branco'".

historicamente identificadas, a fim de saber como melhor desmantelá-las. O surgimento do paradigma diversitário é um dos fenômenos mais importantes nas ciências sociais contemporâneas, ainda mais porque elas são mobilizadas pelos poderes públicos num trabalho permanente de engenharia social e identitária. É no paradigma antidiscriminatório que a questão da diversidade toma forma. Se a história ocidental aparece para a esquerda multicultural como um dispositivo de exclusão sistemática das minorias, é preciso, por consequência, entrar em luta contra as discriminações que afetariam os grupos subordinados reunidos sob o chapéu classificatório da diversidade. É preciso romper as hierarquias da sociedade, desmantelar as estruturas discriminatórias, refazer a ordem social, arrasá-la para melhor reerguê-la, desconstruí-la para melhor reconstruí-la. É preciso imaginar uma nova sociedade que saiba revisitar a democracia como uma ideia autenticamente revolucionária que, por meio da questão da diversidade, ensejaria a criação de uma sociedade sem alienação, autenticamente igualitária. Foi na medida em que ela se constituiu na relação majoritário/minoritário e na relação dominante/dominado que a identidade/diferença se constitui como categoria política. A diversidade surge, assim, num clima de "guerra civil" – a luta política se torna um jogo de soma zero em que os ganhos dos grupos marginalizados implicariam necessariamente uma redução de poder do grupo dominante. A pesquisa sobre as "identidades traumáticas", segundo a formulação de Olivier Pétré-Grenouilleau, está intimamente ligada à pesquisa sobre as estruturas discriminatórias nas quais elas se teriam configurado, à maneira de identidades estigmatizadas, atribuídas a partir de fora, portadoras de alienação.

No entanto, Anne-Marie Le Pourhiet assinala com razão:

> [...] quanto ao assunto das discriminações, existe, de fato, uma forte base ideológica, prima do marxismo, que consiste em analisar sistematicamente as relações humanas ou sociais segundo a dialética dominantes/dominados ou carrascos/vítimas, e que tende a proibir ao

dominante que intervenha nas pesquisas que somente os "mártires" teriam vocação e competência para conduzir[2].

A categorização da sociedade moderna em grupos identitários distintos repousaria primeiramente em sua hierarquização, e a valorização da diversidade corresponde, na realidade, a uma vontade de instrumentalizar as categorias estigmatizantes da modernidade, para convertê-las em categorias de afirmação e emancipação. Sendo assim, a questão da diversidade só se configura verdadeiramente por meio da questão da dominação/emancipação. Como as identidades se constituem publicamente? A partir de qual processo se politizam? Sabemos que, de acordo com a perspectiva progressista, elas já não estão ligadas a um substrato histórico, antropologicamente identificável, mas antes se expressam na linguagem da autenticidade, que corresponde a uma apropriação subjetiva da referência à identidade. A identidade, segundo a perspectiva multiculturalista, não é antes de tudo a expressão de uma cultura histórica, mas o desvelamento de uma relação de dominação. Aliás, Tariq Modood, um dos mais importantes teóricos do multiculturalismo britânico, mostrou bem como a construção da sociedade multicultural pressupõe uma compreensão adequada do sistema discriminatório contra o qual ela é chamada a tomar forma:

> Uma política de reconhecimento da diferença deve começar com o fato sociológico da "diferença" negativa, isto é, a interiorização, a estigmatização, o estereótipo, a exclusão, a discriminação, o racismo, etc., mas também com a identidade que os grupos assim compreendidos têm de si mesmos. Esses dois aspectos compõem os dados básicos do multiculturalismo[3].

---

[2] Anne-Marie Le Pourhiet, "Pour une Analyse Critique de la Discrimination Positive", *Le Débat*, n. 114, março-abril 2001, p. 166-67.

[3] Tariq Modood, "Différence, Multiculturalisme et Egalité". In: Michel Seymour (dir.), *La Reconnaissance dans tous ses Etats*. Montréal, QuébecAmérique, 2009, p. 199.

E, como sugere Patrick Simon, as minorias devem perseguir "uma estratégia de inversão do estigma", o que lhes permitiria "conferir concretude ao sistema de hierarquização etnorracial ou sexuado disfarçado pelo edifício igualitário formal, tornando manifesto o estado real da estratificação social e dos modos de acesso aos direitos e recursos e do exercício de poder nas sociedades multiculturais"[4]. As "identidades traumáticas" devem ser estrategicamente voltadas contra a sociedade que as gerou. Em outras palavras, as vítimas históricas e sociológicas da sociedade moderna, reunidas sob o chapéu classificatório da diversidade, devem assumir a posição que lhes foi reservada e se desprender da ficção da sociedade liberal, que mascararia por trás dos direitos individuais as relações assimétricas entre os grupos. Essa crítica, como se viu, é herdeira da problematização marxista das liberdades individuais, que haviam sido reduzidas à condição de "direitos formais", válidos principalmente para justificar a hegemonia da burguesia. A diversidade toma forma numa matriz dualista clássica – que reproduz os esquemas clássicos do marxismo – entre a cultura dominante e as culturas dominadas, e isso na sociologia da inclusão/exclusão, que esconde, por trás da referência à diversidade, uma acusação da civilização ocidental. O debate sobre a diversidade mascara uma fratura da sociedade, entre os que reconhecem a legitimidade da civilização ocidental e os que trabalham para desconstruí-la, multiplicando os pontos de apoio nas margens – sejam elas étnicas, culturais ou sexuais. A liberdade é indissociável – como já pudemos perceber – da historiografia vitimária em que se apoia.

A teoria antidiscriminatória que estrutura a sociedade numa relação dominante-dominado traz em si uma carga normativa muito forte. Traz em si um chamado ao igualitarismo identitário, social, e

---

[4] Patrick Simon, "L'Ordre Discriminatoire Dévoilé. Statistiques, Reconnaissance et Transformation Sociale", *Multitudes*, 2005/4, n. 23, p. 28-29.

mesmo econômico. Em outras palavras, pressupõe que uma sociedade sem sistema de exclusão seja necessariamente igualitária, o que significa que cada um dos grupos que a compõem seria representado nas instituições de modo exatamente proporcional a sua presença na população – as culturas, em suma, seriam absolutamente intercambiáveis e cada uma, contanto que não fosse entravada em sua expressão, encontraria uma posição igual às outras. Já não poderia haver cultura de referência ou de convergência – haveria exclusivamente culturas dominantes. De acordo com essa perspectiva, a cultura nacional não é nada além de uma cultura majoritária e não deve, portanto, abusar de seus privilégios demográficos para impor-se às outras, devendo até fazer todo o possível para limitar seus privilégios.

A SOCIOLOGIA ANTIDISCRIMINATÓRIA COMO CRÍTICA À DEMOCRACIA LIBERAL

Será então que nossas sociedades, por trás de sua aparência liberal, são imensos sistemas de dominação moralmente inadmissíveis? A sociologia antidiscriminatória renova a crítica à democracia liberal e à economia de mercado, na medida em que, quando se reconhece a liberdade do ator individual que formularia suas preferências econômicas e sociais justamente no contexto de uma cultura permeada por preconceitos discriminatórios, haveria o risco de perpetuar os esquemas discriminatórios que naturalmente se imporiam a ele. A liberdade individual, moldada por uma cultura discriminatória, conduziria à reprodução de uma estrutura social desigualitária. O individualismo liberal ou republicano despolitizaria os problemas de fundo, as relações de poder, e provocaria um mecanismo de perpetuação em profundidade da ordem social. Ele impediria a discussão sobre os fundamentos da existência coletiva, sobre as relações sociais e as relações de poder, reduzindo-os a uma simples questão de preferências individuais. Para lutar contra as discriminações, é preciso assumir uma representação multicomunitária da sociedade e contestar a figura liberal de uma sociedade de indivíduos responsáveis por seus atos, funcionando numa concorrência legítima ou numa competição igual pela promoção social. A cidadania liberal clássica é acusada de haver neutralizado politicamente o apoio às discriminações, enquanto proporciona consciência tranquila aos que delas se beneficiam. A sociedade liberal despolitiza as dominações ao individualizá-las e dissimula, por trás de uma pretensão ao universalismo, a hegemonia de um grupo que se disfarça na neutralidade dos valores do Estado. A cidadania liberal esconderia o caráter sistêmico da dominação na sacralização dos direitos individuais. O individualismo liberal seria o instrumento de uma normalização da dominação, na medida em que ele a despolitiza radicalmente, fazendo as relações entre os grupos desaparecerem do radar público e deslegitimando as reivindicações coletivas, criando a ficção de um progresso social baseado na possibilidade de ascensão individual, sem, no entanto, pôr em questão a estrutura discriminatória em que as relações intercomunitárias se configurariam[5]. O processo contra o liberalismo é também um processo contra o republicanismo à moda francesa.

No cerne da sociologia antidiscriminatória se encontra a vontade de conceber a discriminação não como um ato individual e intencional, mas antes como um sistema excludente. A discriminação contra a qual cumpre lutar não é uma discriminação individual: a sociologia deve revelar à sociedade suas estruturas secretas de dominação. Para retomar as palavras da Comissão Quebequense dos Direitos da Pessoa e da Juventude, "se existe um desafio com o qual todas as comissões dos direitos da pessoa se confrontam, é a dificuldade de estabelecer a prova da discriminação etnorracial num fórum judiciário, dado seu

---

[5] Daniel Borillo (dir.), *Lutter contre les Discriminations*. Paris, La Découverte, 2003.

caráter insidioso e velado"[6]. A epistemologia liberal não permitiria que a sociedade fosse percebida em sua realidade. É uma revolução conceitual que se faz necessária para desindividualizar nossa concepção da discriminação. Em outras palavras, o que se buscará não é tanto provar a discriminação contra a qual se combate pela existência de uma intenção discriminatória (o que situaria essa problemática numa perspectiva liberal), mas antes manifestar seu caráter sistêmico, que se revelaria justamente pelo efeito estatístico disperso de certas normas sociais em relação aos grupos e comunidades que as enfrentariam. O que se quer é refletir sobre a discriminação em sua dimensão institucional[7]. É o caso, por exemplo, da luta contra as discriminações conduzida pelas instituições europeias, em que a discriminação é definida como "[...] uma disposição, um critério ou uma prática de neutralidade aparente e passível de acarretar uma desvantagem particular para pessoas de determinada raça ou determinada origem étnica em relação a outras pessoas, a menos que essa disposição ou esse critério seja objetivamente justificado por um objetivo legítimo e que os meios de realizar esse objetivo sejam apropriados e necessários". A sociologia antidiscriminatória teoriza a discriminação como um sistema que vai além das práticas individuais, e consiste em dirigir a acusação à sociedade em seu conjunto. Como salienta Patrick Simon:

> [...] o que decorre dessa acepção da discriminação é que ela não faz juízos prematuros sobre as intenções de um agente maldoso, mas é avaliada essencialmente em suas consequências, que são apreendidas por comparação. Isso pressupõe que tenham sido previamente construídos os grupos a serem comparados (o grupo-alvo de "determinada raça ou determinada origem étnica" e as "outras pessoas") e selecionados os

---

[6] Memorando sobre o documento de consulta "Vers une politique gouvernementale de lutte contre le racisme et la discrimination", Commission des Droits de la Personne et de la Jeunesse, p. 12.

[7] Thomas Sowell, *Affirmative Action Around the World*. New Haven, Yale University Press, 2004.

indicadores suscetíveis de descrever as discriminações sofridas: carreiras profissionais, níveis de remuneração, trajetórias escolares, prazos de espera por uma habitação popular, taxa de consumo médico, proporção de recusa de empréstimos bancários... No fim das contas, a discriminação indireta pressupõe, de modo implícito, que se disponha de "provas estatísticas" para evidenciar sua existência[8].

Vários críticos da sociologia antidiscriminatória se empenharam em mostrar o caráter problemático de tal desindividualização da discriminação: será que não se corre o risco, assim, de cometer sérias injustiças, ao tornar os homens culpados de um crime inconsciente? E os indivíduos, em geral, não são livres para privilegiar os critérios de sua escolha em sua vida em sociedade? Isso, no entanto, não suscita dificuldades aos partidários da sociologia antidiscriminatória. Na teoria antidiscriminatória, inverte-se de maneira surpreendente o ônus da prova – é uma instituição, a partir daí, que deve provar que não discrimina e que luta contra o viés cultural majoritário. Os efeitos diferenciados de uma norma é que seriam reveladores de um sistema discriminatório – isso pressupõe naturalmente que esses grupos, recortados pela estatística, deveriam ser absolutamente iguais. Como escreve Belz, *the theory of disparate impact* permite calcular as consequências de uma norma nos diferentes grupos da população e assim avaliar a mecânica discriminatória que ele desencadearia ou radicalizaria. A consequência dessa desindividualização da discriminação é límpida: a sociedade é culpada. Deve, portanto, ser levada a julgamento, reconstruída, reprogramada, reconfigurada. E Simon especifica, assim, que "essa acepção da discriminação implica que não há prejulgamento de um ator malévolo e que a discriminação é avaliada essencialmente por suas consequências"[9], o que tornaria necessário indagar sobre "as lógicas de hierarquização em ação". A perspectiva

---

[8] Patrick Simon, "L'Ordre Discriminatoire Dévoilé. Statistiques, Reconnaissance et Transformation Sociale". *Multitudes*, 2005/4, n. 23, p. 22.

[9] Ibidem, p. 22.

é invertida na medida em que "já não se trata de interessar-se pelos atores das discriminações e pelas práticas individuais, mas antes de examinar suas consequências: quem são as vítimas". Assim, a sociedade deve ser percebida por suas margens, e as desigualdades entre os indivíduos estariam necessariamente correlacionadas a desigualdades de grupos, explicáveis por relações de poder e de dominação. Por trás da dispersão dos destinos individuais, seria necessário encontrar a mecânica social em funcionamento na exclusão.

UM NOVO IGUALITARISMO RADICAL: A QUERELA DA DISCRIMINAÇÃO POSITIVA E A LÓGICA DA PARIDADE

Isso porque a desconstrução/reconstrução das relações sociais deve efetuar-se a partir de uma perspectiva muito precisa, de um horizonte normativo igualitarista radical. A sociologia antidiscriminatória repousa efetivamente numa recuperação da velha aspiração socialista à igualdade real, a partir de agora remanejada e adaptada à sociedade pluralista e multicultural. O que é preciso compreender em relação à sociologia antidiscriminatória é que a simples desigualdade de condições entre os indivíduos deve ser considerada resultado de uma desigualdade entre os grupos, necessariamente gerada por uma ordem discriminatória – e a desigualdade seria, por definição, injusta. Em outras palavras, não a desigualdade formal, mas a desigualdade social ou real entre os grupos seria necessariamente ilegítima, e a sociologia antidiscriminatória existe para propor uma análise dos processos sociais que os contrasta com a aspiração a uma sociedade radicalmente igualitária, sustentada e construída a partir do direito à igualdade. O igualitarismo já não tolera sua limitação nos termos clássicos de uma filosofia liberal moderada por uma preocupação social e exige sua mutação nos parâmetros da igualdade substancial – fala-se assim da igualdade de resultados. Um grupo que não consegue integrar-se a uma nação jamais será responsável por isso: é antes a estrutura social que deverá ser questionada, na medida em que teria falhado em levar em conta os traços específicos desse grupo, que seria vítima de um sistema excludente. Teria sido insuficientemente atendido. Já não será permitido sustentar que a condição de integração de um grupo a uma sociedade corresponderia ao fato de ele adquirir seus hábitos culturais e identitários, adaptar-se a seus costumes. É preciso, portanto, reconstruir sistematicamente a sociedade a partir da perspectiva dos dominados. A sociologia antidiscriminatória descortina, por conseguinte, uma mutação da referência à igualdade na direção da esquerda ou, se assim se preferir, uma radicalização do igualitarismo, na medida em que, por trás do chamado à luta contra as discriminações, se redesenha um chamado à igualdade substancial, à igualdade de fato, que era tradicionalmente a marca distintiva do socialismo[10]. A luta contra a discriminação passa, portanto, por uma reconstrução das instituições a partir do ideal de um direito à igualdade, em que os grupos identitários minoritários poderiam se apoiar para justificar a instauração de estruturas de acesso à igualdade – o que nos levará, por um tempo, a compreender qual é a definição da discriminação em torno da qual se estrutura a democracia contemporânea, na medida em que esta última atribui a si mesma a missão de aboli-la. Existe aí uma radicalização do igualitarismo na linguagem dos direitos fundamentais e, mais especificamente, do direito à igualdade. A democracia interioriza um novo horizonte moral, o da igualdade entre os grupos que constituem a sociedade. Seria preciso a partir daí visar a uma plena igualdade social – fala-se assim, com frequência, de uma passagem da igualdade formal à igualdade substancial, ou ainda da igualdade de direito à igualdade de fato, identificável por meio da busca da igualdade estatística[11].

---

[10] Christophe Caresche, George Pau Langevin, *Une République de l'Égalité. Contre les Discriminations Liées à l'Origine*. Paris, Fondation Jean Jaurès, 2009.

[11] John Fonte, "Liberal Democracy *vs.* Transnational Progressivism: The Future of the Ideological Civil War Within the West", *Orbis*, verão de 2002.

A mutação do igualitarismo gerou um intenso debate à esquerda, e mesmo à direita, na medida em que alguns acusaram a discriminação positiva – principal instrumento de luta contra a discriminação – de neutralizar a questão das desigualdades sociais e de se contentar em garantir a promoção de uma burguesia diversitária. É bem conhecido o debate sobre a redistribuição ou o reconhecimento, que tomou forma em torno das teses de Nancy Fraser[12]. A velha esquerda econômica se teria fixado na primeira, enquanto a nova esquerda identitária trabalharia principalmente para concretizar o segundo, e haveria entre ambas as abordagens uma incompatibilidade não só teórica, como prática. Será que se deve falar, então, de um desaparecimento da questão social, como o fazem vários sociólogos associados ao que se poderia chamar de esquerda conservadora? Não. A questão social, longe de morrer, antes se recompõe nas categorias da diversidade identitária. Muitos, principalmente à direita, mas também à esquerda, costumam apresentar a luta contra as discriminações como um tipo de reformismo administrativo, que não incide fundamentalmente no plano das relações de poder e da natureza da democracia. Isso é não compreender que o âmbito teórico da sociologia antidiscriminatória entra em contradição com a democracia liberal e recorre ao desmantelamento não só de todos os sistemas normativos sociais e culturais tradicionais – principalmente a família, a escola e a nação, que serão levados ao banco dos réus da sociologia antidiscriminatória –, mas também do universalismo. A discriminação positiva é uma questão central cujo alcance é frequentemente subestimado quando esta é assimilada a um simples ajuste prático da nossa relação com a igualdade no intuito de favorecer a integração de certos grupos considerados subordinados à sociedade de acolhida[13].

---

[12] Sobre as teses de Nancy Fraser, consulte-se Nancy Fraser, Axel Honneth, *Redistribution or Recognition: a Political-Philosophical Exchange*. New York, Verso, 2003.

[13] Herman Belz, *Equality Transformed. A Quarter-Century of Affirmative Action*. New Jersey, Transaction Publishers, 1991.

Na realidade, porém, esse debate mascarava uma adesão comum ao paradigma antidiscriminatório, que não havia renunciado em nada à redistribuição dos recursos sociais – o único problema, evidentemente, sendo o de que as classes populares "nacionais" passaram a ser classificadas entre as populações "inimigas" ou, no mínimo, entre as classes dominantes chamadas a sacrificar uma parte de seu bem-estar em prol dos novos marginalizados que a sociologia antidiscriminatória trouxe à luz.

No entanto, autores como Walter Benn Michaels contestam essa continuidade ao afirmar que o igualitarismo identitário representa uma distração na busca de uma "verdadeira política de esquerda", que deveria consistir em "reduzir a realidade da diferença econômica"[14]. No entanto, o igualitarismo econômico permanece no horizonte da esquerda, na medida em que os direitos econômicos e sociais estão no cerne de sua agenda política e ideológica e se conjugam, justamente, com o direito à diferença. É bem conhecido, por exemplo, o argumento usado pelos socialistas franceses no momento do debate sobre a paridade: por ser fundamentalmente patriarcal, a cultura política desestimularia a promoção das mulheres nas instâncias parlamentares. Essa lógica é generalizada entre os que, de uma maneira ou de outra, militam pelas reformas paritárias. Consequentemente, seria preciso romper essa hegemonia e abrir um espaço institucional em que a subjetividade feminina pudesse tomar forma, sem ter de se submeter a uma misoginia institucionalizada. Da mesma maneira, seria preciso impor uma representação dos grupos minoritários dentro da mídia, nos conselhos de administração, na empresa, para quebrar a hegemonia da cultura majoritária. Aos que defendem a ideia de que uma tal política comportaria o risco de racializar ou sexualizar desmedidamente as relações sociais e, mais ainda, de burocratizá-las, na medida em que tal modelo de gestão social poderia eventualmente submeter

---

[14] Walter Benn Michaels, *La Diversité contre l'Egalité*. Paris, Raisons d'Agir, 2009, p. 148.

cada organização a uma forma de contabilidade antidiscriminatória esmagadora, responder-se-á que na realidade se trata de inverter os sistemas discriminatórios e que é preciso politizar as interações sociais para corrigir a matriz discriminatória em que estas se formaram. Aos que recriminassem tal sistema por desindividualizar o mérito e embutir os indivíduos em pertencimentos comunitários, responder-se-á que seria necessário nos emanciparmos da definição ocidental de mérito e institucionalizarmos uma diversidade de percursos possíveis em que outras visões da excelência e do sucesso poderiam configurar-se. Em outras palavras, a discriminação positiva não viria de uma estratégia de compartimentação comunitarista da sociedade liberal, mas antes da institucionalização, na escala de uma sociedade inteira, das condições necessárias ao reconhecimento da diversidade das culturas e dos pertencimentos identitários, sem prejulgar uma única forma de percurso social legítima e reconhecível.

UMA FANTASIA DE CONTROLE SOCIAL

Alain-Gérard Slama se perguntou: "com que sonham os sociólogos?"[15]. Poderíamos responder: com o pleno domínio das relações sociais, com a reconstrução igualitária dos mecanismos de socialização. Essa pretensão demiúrgica já suscitou a preocupação de Paul Yonnet, que escreveu, no início dos anos 1990, que "a ideia de que uma sociedade poderia se organizar em torno de uma concepção da integração definida por um cenáculo de técnicos e pesquisadores empregados pela administração pública, ainda que fossem os melhores, corresponderia a uma duvidosa ambição teórica de domínio político dos processos sociais"[16]. Existe aí uma tentação de controle

---

[15] Alain-Gérard Slama, "Discriminations: à quoi Rêvent les Sociologues?", *Le Figaro*, 8 de julho de 2009.

[16] Paul Yonnet, *Voyage au Centre du Malaise Français. L'Antiracisme et le Roman National*. Paris, Gallimard/Le Débat, 1993, p. 21.

integral da sociedade. Se a luta contra as discriminações determina a transformação profunda da legitimidade democrática, é preciso sublinhar que ela permanece profundamente impensável se não estiver articulada a uma reflexão sobre os meios institucionais que garantem sua efetuação – que lhe permite, na prática, transformar a sociedade em laboratório. Em outras palavras, a sociologia antidiscriminatória transforma radicalmente o paradigma a partir do qual a ação política é conduzida. E como salienta Patrick Simon, a teorização adequada dos mecanismos discriminatórios e a institucionalização desse âmbito teórico pelo Estado são as condições necessárias para o eventual desmantelamento deles, na medida em que "a produção das estatísticas sobre as discriminações raciais diz respeito a esses diferentes níveis de leitura e permite apreender não apenas a inteligibilidade da dimensão social, mas igualmente as estratégias de transformação dos sistemas de dominação que estruturam as discriminações"[17]. A transformação multicultural da sociedade contemporânea não é mero efeito de uma torrente ideológica, mas antes de uma mutação da ação pública que vem ampliar significativamente as funções do Estado, para investi-lo de uma utopia reconstrutora impelida por uma perícia tecnocrática diversitária. Em suma, a utopia diversitária não se instaura sozinha, sem a ação intensiva do Estado que trabalha para reconstruir a sociedade à sua imagem.

Assim, desde os anos 1970, na Grã-Bretanha e nos Estados Unidos, e na maioria das sociedades ocidentais desde o fim dos anos 1980, assiste-se ao desenvolvimento de uma burocracia antidiscriminatória que pretende reconstruir a sociedade e, desse modo, nossa concepção da democracia. Foi o que vimos com a Commission for Racial Equality, na Grã-Bretanha, o Office for Multicultural Affairs, de Frankfurt, a Comissão Quebequense dos Direitos da Pessoa e da

---

[17] Patrick Simon, "L'Ordre Discriminatoire Dévoilé. Statistiques, Reconnaissance et Transformation Sociale", *Multitudes*, 2005/4, n. 23, p. 23.

Juventude e, mais recentemente, o Alto-Comissariado para a Igualdade, na França. As agências governamentais que trabalham para promover sistematicamente a luta contra as discriminações estão em franco crescimento[18]. Por outro lado, essas agências participam daquilo que muitos chamaram de extensão do Estado administrativo ou da democracia gerencial, o que corresponde, na prática, a uma transferência de poder cada vez mais maciça para uma administração pública não eleita, que extrai legitimidade de sua prática das ciências sociais e de sua pretensão paradoxal de reconstruir uma sociedade que não estaria habilitada a governar a si mesma. O Estado deve não apenas responder às exigências da diversidade: deve produzir essa diversidade a partir de suas categorias administrativas, o que significa que os grupos não existem enquanto o Estado não os reconheceu positivamente. É somente a burocracia antidiscriminatória que tem o direito de reconhecer ou não a existência de um grupo e de situá-lo na estrutura discriminatória em que ele se teria historicamente constituído. Somente os especialistas da sociologia antidiscriminatória estão qualificados para avaliar se um grupo pode ou não sustentar que seus direitos foram lesados. Isso favorece uma hegemonia crescente da sociologia antidiscriminatória como saber estatal. A perícia diversitária desempenha aqui um papel fundamental, na medida em que um grupo precisa primeiro fazer-se reconhecer como vitimizado antes de poder reconfigurar sua existência no dispositivo tecnocrático próprio da luta contra as discriminações, o que, evidentemente, favorece o clientelismo identitário-vitimário. Poderíamos até dizer que certos grupos não preexistem de forma alguma a seu reconhecimento político e tecnocrático, muito pelo contrário; são as práticas de clientelismo identitário próprias de certa tecnocracia que encontra, na gestão da diversidade, o meio para um melhor controle da

---

[18] Thomas Sowell, *Affirmative Action Around the World*. New Haven, Yale University Press, 2004.

dimensão social, que os faz aparecer. Sem os subsídios públicos, eles ficariam relegados à insignificância mais absoluta: é o Estado que os faz existir. Nem sempre é a diversidade que exige sua configuração pelo Estado, mas é este último, a partir da sociologia antidiscriminatória por ele institucionalizada à maneira de uma prática tecnocrática, que gera uma dinâmica de agrupamento identitário entre os atores sociais quando chega a hora de formular as reivindicações, como sugeria a Comissão Quebequense dos Direitos da Pessoa e da Juventude, ao anunciar sua intenção de se inserir nos meios que ela considerava vitimizados, sem que estes o soubessem, para levá-los a tomar plena consciência da dominação a que estariam submetidos[19].

---

[19] Assim, quanto mais as agências chamadas a lutar contra as discriminações souberem gerar um clima de delação dos comportamentos discriminatórios, mais se reconhecerá aí um aprofundamento da cultura democrática. Quanto a essa questão, pode-se remeter a um debate que se desenrolou nas páginas do *Nouvel Observateur*, bem representativo da mentalidade antidiscriminatória. "*Le Nouvel Observateur/France-Culture* – 2008, a Halde, Haute Autorité de Lutte contre les Discriminations et pour l'Égalité, recebeu aproximadamente 8 mil reclamações e, além disso, conforme sua última pesquisa de opinião, 8% das pessoas interrogadas declaram haver sofrido uma discriminação ao longo dos últimos meses, isto é, 4 milhões de pessoas, o que revela um fenômeno de massa. Será que a França tem dificuldade para se reconhecer no espelho da diversidade? *Louis Schweitzer* – A França certamente ainda precisa progredir quanto a esse assunto da diversidade, e esse é o papel da Halde. A discriminação não é própria da França. Em todos os países da Europa, a mesma proporção de pessoas considera ter sido vítima da discriminação. Na Grã-Bretanha, por exemplo, há mais de 80 mil queixas anuais dirigidas ao equivalente britânico da justiça trabalhista. Desde a criação da Halde, há quatro anos, considero que o aumento das reclamações é algo positivo. É sinal de que as pessoas têm consciência crescente de seus direitos, não se resignam, e que a Halde é mais reconhecida como instrumento eficaz de recurso. No entanto, de cada dois franceses, um ainda ignora a existência dela e, quando se comparam as 8 mil reclamações com as 4 milhões de pessoas que se declaram discriminadas, bem se vê que ainda há um longo caminho a percorrer. *George Pau-Langevin* – Em nosso país, durante muito tempo, as pessoas oriundas da imigração ou daquilo a que chamamos minorias hesitavam em analisar sua situação em termos de discriminação e pensavam que a maneira mais eficaz de integrar-se consistia em aparar as arestas e mostrar que era possível fundir-se na massa.

Trata-se aí de um dinâmica de desfiliação generalizada, que provoca uma decomposição da comunidade política – uma desfiliação legitimada pela sacralização do direito à diferença, que não passa de avesso da diabolização da assimilação, a diferença devendo expressar-se não apenas no âmbito privado, como o permitia a tolerância liberal, mas ser publicamente reconhecida por meio da recomposição de um espaço público pluralista.

* * *

Uma pergunta reaparece com frequência: será que a cidadania diversitária não tem a imensa virtude de dar lugar a todos e de conceder o reconhecimento desejado a todas as identidades presentes numa sociedade? Por que a identidade majoritária deveria sentir-se afetada por esse remanejamento do espaço público para dar um lugar a todos os que desejam aí se sentir em casa? Isso seria compreender mal que a luta contra as discriminações simplesmente já não tolera a ideia de uma cultura comum entretecida numa história. Ela não pede um ajuste razoável da identidade coletiva, mas a revogação explícita de toda cultura nacional, de toda cultura de convergência, para retomar a formulação de Fernand Dumont. Só restarão comunitarismos: o comunitarismo majoritário, porém, deverá dissolver-se, visto que ele só existiria na relação de dominação que exerce sobre as outras identidades.

Isso se devia ao nosso modelo francês de assimilação. Atualmente, o fato de se falar mais sobre discriminação resulta da influência da regulamentação europeia, que introduziu esse princípio em nosso direito. Aliás, ela obrigou a França a instaurar um organismo como a Halde, à imagem da Comissão para a Igualdade Racial que existia na Grã-Bretanha há muito tempo. Assim, as pessoas começam a se dizer que a discriminação é uma realidade passível de explicar certas situações"."Les Discriminations en France: le Face-à-Face Louis Schweiter & George Pau-Langevin", *Le Nouvel Observateur*, 26 de março - 1º de abril de 2009.

A luta contra as discriminações, tal como entendida entre os construtores da sociedade inclusiva, tem pouco a ver e, a bem da verdade, nada a ver com um simples reformismo liberal visando a favorecer a integração à vida social dos grupos vitimados por uma forma explícita e detestável de segregação, à maneira dos negros estadunidenses até os anos 1960. Trata-se antes de reconstruir integralmente a sociedade a partir de uma nova maquete, a do igualitarismo identitário, que se autovinculará à diversidade inclusiva. A conclusão política não é irrelevante: o Estado poderia, se assim o quisesse, contribuir para reduzir a fragmentação político-identitária da sociedade, priorizando medidas que promovessem a reconstituição de um povo que se apaga. Ele não quer. Quer até o contrário. Quer fabricar um novo.

Capítulo 5 | Fabricar um novo povo: a questão da identidade nacional

> *Soube que, de acordo com o governo, o povo "traiu a confiança do regime" e "terá de trabalhar duro para reconquistar a confiança das autoridades". Nesse caso, não seria mais simples para o governo dissolver o povo e eleger outro?*
>
> Berthold Brecht

Teoricamente, a democracia não deixa de ter relação com o povo. Este é cantado e celebrado e foi em seu nome que por muito tempo se acreditou na possibilidade de promover o avanço do gênero humano. No entanto, o povo moderno não é uma sociedade indeterminada: é uma realidade inserida nas profundezas da história. A democracia não soube, até agora, prescindir da nação e do apoio que esta oferecia. Já a democracia diversitária apreciaria muito, de uma maneira ou de outra, livrar-se dela. Embora a nação represente a categoria fundadora da filosofia política moderna, é tida atualmente como principal responsável pela opressão das minorias, e foi à sua reconstrução multicultural, difícil de distinguir da pura e simples desconstrução, que boa parte da esquerda se dedicou nos últimos trinta anos. A lógica da descolonização, iniciada com a ruptura dos impérios europeus, deveria prosseguir no próprio interior de cada nação, que se teria construído por meio da hegemonia de um grupo cultural particular, hegemonia esta perpetuada em relação às populações oriundas da imigração, constituídas como minorias culturais que, a partir daí, seriam portadoras de um direito à diferença a ser respeitado. Da descolonização externa, passaríamos à descolonização interna. O fim do imperialismo deveria acompanhar-se do fim do Estado-nação. O fundamento da comunidade política moderna já não seria legítimo. A diversidade não deveria ser recalcada nas margens sociais ou privatizada no registro das preferências pessoais, mas reconhecida como um fundamento político.

Ao erigir-se como fonte única da legitimidade política, a nação teria na realidade coagido a comunidade política a se configurar como estrutura "monista"[1], em contraste com a expressão da irredutível diversidade do social, que já não dispunha de expressão política por ter sido privada de força, visto que a cidadania, constituída exclusivamente na matriz da universalidade, teria por sua vez mascarado a hegemonia coercitiva e potencialmente tirânica da maioria. A dessimbolização radical da soberania nacional acaba por degradá-la como manifestação pura da dominação. Seria preciso derrubar a nação de seu pedestal, repelir sua hegemonia na definição do espaço público e passar do mito da unidade da comunidade política à necessária institucionalização da diversidade, o que implica, evidentemente, abrir o espaço público à diversidade das reivindicações marginais ou minoritárias, que não raro tomam a forma de reivindicações identitárias. A nação agora é meramente uma maioria, não histórica, mas demográfica, cuja soberania é então contestada; a comunidade política deve se desinvestir de seu particularismo histórico para reordenar as relações intercomunitárias numa perspectiva explicitamente igualitária. É preciso buscar uma inversão da relação de poder que a maioria exerceria sobre a minoria, o que implicará redefinir a soberania democrática invertendo sua significação: não se deverá garantir a plena expressão da

---

[1] Bikhu Parekh, *Rethinking Multiculturalism*. New York, Palgrave/Macmillan, 2006.

maioria, mas sua neutralização, para suscitar o advento político das minorias. A nação deverá, portanto, abrir-se para a diversidade, e mesmo apagar-se diante dela, pois a sociedade deve conceber a si mesma a partir de agora como uma constelação sem ponto fixo que ordene de modo autoritário as identidades e as representações sociais. O achatamento histórico da comunidade política, sem relevo identitário, o nivelamento de todas as comunidades que aí se encontram, independentemente de seu enraizamento histórico, seria a primeira condição de uma identidade coletiva democrática. O desafio do multiculturalismo é claro, do ponto de vista da filosofia política: a deliberação pública deve incidir não apenas sobre o ordenamento da comunidade política, mas também sobre sua própria definição, e mesmo sobre sua existência – sobre sua identidade.

Ainda se fala de França, Grã-Bretanha, Noruega ou Quebec, mas por trás da permanência do vocabulário, dificilmente se identifica o que é específico a cada um desses países. Já não é possível considerar a nação um pressuposto: ela não passa de um discurso hegemônico a serviço de uma maioria que se apropria do mundo comum em benefício próprio. Desse ponto de vista, defender a nação consiste meramente em defender um comunitarismo dominante e destituído de legitimidade. Em consequência disso, foi a referência à identidade nacional como identidade substancial (como identidade irredutível ao imaginário contratualista, de certa forma, como substrato histórico, como cultura, herança e memória) que deixou de ser compatível com uma democracia reconstruída na luta contra as discriminações. Uma identidade histórica irredutível ao consentimento e aos parâmetros do contratualismo – chamada, ainda assim, a estruturar a cidadania e a comunidade política – seria um problema do ponto de vista da democracia. Isso porque o ideal democrático reinventado pela esquerda pós-marxista terá de conceber a sociedade como uma pura construção artificial centrada no ideal de uma cidadania radicalmente igualitária e aplicada ao maior número possível de relações sociais. E se a identidade nacional não passa de uma cultura majoritária cujo único apanágio é o privilégio demográfico, é preciso então, uma vez mais, deitar abaixo a comunidade política para que uma diversidade de identidades possa, a partir daí, manifestar-se.

Acima de tudo, seria preciso desmantelar radicalmente os processos sociológicos e políticos que trabalhariam em prol da assimilação dos recém-chegados num contexto marcado pela imigração maciça. Daniel Cohn-Bendit defendeu esse argumento, sustentando que "quando uma sociedade não dá outra escolha a seus recém-chegados senão a assimilação, essa medida está em completa contradição com os direitos civis"[2], o que legitima, implícita ou explicitamente, uma forma de revolta contra essa democracia pisoteada. Segundo a fórmula de Rich Muir, *there should be no cricket test*[3]. A cidadania deveria esvaziar-se de todo substrato identitário, seria preciso desvincular a cidadania e a nacionalidade desarticulando a comunidade política e a comunidade histórica: a cidadania será então um mero artifício jurídico. As instituições públicas deveriam extrair-se da história, a fim de acolher a diversidade das reivindicações em busca de reconhecimento; essa filosofia do reconhecimento mobilizada pelo multiculturalismo repousa, na realidade, na obliteração prévia da cultura nacional. O multiculturalismo pretende neutralizar e até desconstruir a própria noção de uma "cultura de convergência"[4], pois esta última só poderia constituir-se como norma por meio de uma relação hegemônica que consistiria em instrumentalizar as instituições políticas a serviço de um comunitarismo majoritário. A nação não tem substância nem identidade.

---

[2] Daniel Cohn-Bendit, Thomas Schmid, *Xénophobies*. Paris, Grasset-Mollat, 1998, p. 149.

[3] Rick Muir, *The New Identity Politics*. London, Institute for Public Policy Research, fevereiro de 2007, p. 10.

[4] Fernand Dumont, *Raisons Communes*. Montréal, Boréal, 1995.

QUAL IDENTIDADE NACIONAL?

O debate sobre a identidade nacional na França, lançado no outono de 2009 pelo ministro Éric Besson, foi um bom exemplo dessa desqualificação cada vez mais radical da identidade nacional, no próprio momento em que, politicamente, se buscava reabilitá-la, numa época em que aquilo a que chamamos *questão identitária* manifesta o desejo de reenraizamento dos povos. No entanto, a esquerda ideológica francesa, em seu conjunto, denunciou a própria referência à identidade nacional, enquanto a direita não raro se ateve a uma definição minimalista desta última, a meio caminho entre a celebração dos valores republicanos e a sacralização da mestiçagem. Entre tantos outros, o demógrafo Hervé Le Bras resumiu o estado de espírito da esquerda multicultural a esse respeito reduzindo a identidade francesa a um simples carimbo administrativo: "Para mim, ser francês é ter a nacionalidade francesa, e ponto-final. Voltar a esse assunto seria extremamente grave. Os únicos que tentaram fazê-lo foram o governo de Pétain e o programa da Frente Nacional. Houve uma época em que esse partido quis retirar a nacionalidade de certos naturalizados. Se você questiona a nacionalidade francesa, você questiona a democracia". Assim, qualquer chamado a uma definição substancial da nação, que implicaria uma interpenetração mais pronunciada entre cultura e política, entre nacionalidade e cidadania, deveria ser classificada à extrema-direita, à margem do consenso democrático, e demonstraria um regresso pétainista[5]. Também Michel Rocard afirmou que a identidade nacional seria, por definição, "aberta", numa dinâmica perpétua de universalização, caso contrário se desvirtuaria. Em outras palavras, a característica da identidade francesa consistiria em não estar atrelada de maneira fundamental a um patrimônio histórico ou cultural, em deslocar-se a partir de uma "lógica de abertura",

---

[5] Citado em Jacky Sanudo, "L'Identité Nationale, ça n'Existe pas: Entretien avec Hervé Le Bras", *Sud-Ouest*, 27 de outubro de 2009.

"completamente evolutiva": "A França é a única identidade nacional no mundo que está em definição evolutiva e que está constantemente aglomerando novas sensibilidades e novas representações linguísticas ou de cores de pele".

Seria preciso então censurar a questão da imigração, pois ela problematizaria a pretensão de definir uma identidade sem substrato histórico:

> Indagar sobre o problema da imigração significa perguntar sobre a data em que terminam as boas-vindas que desejamos a todos os que, vindo de outros lugares, se tornaram franceses e hoje constituem uma boa terça parte, se não a metade da nossa população total. A partir de quando, então, cuspiremos em cima disso?

O medo da exclusão associado a uma definição substancial da identidade nacional foi claramente exposto:

> Meu medo é que fronteiras sejam estabelecidas onde não deveriam. Que falar da identidade nacional nos convença de que existe uma substância a mais, algo de qualitativamente diferente, entre os que são franceses e os que não o seriam, mesmo habitando nosso território. Esse é o risco. O desafio é a inserção decente de todas essas pessoas, como sempre fizemos[6].

Seria preciso, portanto, para não magoar os recém-chegados, dissolver a cultura numa forma de indeterminação histórica, em que a nação se reduz a partir de agora a um pacto jurídico chamado a reestruturar-se no âmbito de um contratualismo diversitário. Rapidamente se vê também o modo como, nos debates mais recentes sobre a identidade nacional, essa tese foi renovada de uma maneira ou de outra. No contexto de um debate israelense sobre a identidade

---

[6] Citado em Baptiste Legrand, "L'Identité Nationale selon Rocard: 'un Débat Imbécile'", Nouvelobs.com, 2 de novembro de 2009. Disponível em: <http://tempsreel.-nouvelobs.com/actualites/opinions/interviews/20091102. OBS6600/lidentite_nationale_selon_rocard_un_debat_imbecile.html>.

nacional e o pós-sionismo, a questão era saber se Israel ainda podia se definir como um Estado judeu, isto é, como um Estado investido de uma identidade nacional historicamente definida e culturalmente circunscrita, ou se em vez disso deveria se definir como um "Estado de todos os seus cidadãos", a tal ponto que o historiador Ilan Greilsammer fez um apelo em prol da retirada da Estrela de Davi da bandeira israelense, para marcar bem a passagem de um Estado fundado no povo judeu a um Estado liberal desprovido de sua carga identitária particular[7]. Na Grã-Bretanha o multiculturalismo pretende substituir a noção de *britishness*, que seria racista, por uma definição do país como comunidade de comunidades[8].

O que se torna cada vez menos concebível é o que é característico de cada comunidade política, seu particularismo histórico. Essa criminalização da identidade nacional se radicaliza até chegar ao apelo em prol da desocidentalização da comunidade política, algo que é particularmente visível nas questões relativas à presença no espaço público dos símbolos religiosos associados ao cristianismo. John Fonte fala, aliás, de "post-west syndrome", para criticar essa vontade manifestada pelas sociedades ocidentais de se dissolverem num universalismo radical[9], que não raro se revela no desejo de descristianizar o espaço público, para garantir que este último se abra à diversidade das reivindicações identitárias de fundamento religioso, o que significa

---

[7] Ilan Greilsammer, "Réflexion sur l'Identité Israélienne Aujourd'hui", *Cité*, 2007/1, n. 29, p. 48. Greilsammer situava essa reflexão num programa de desnacionalização ainda mais radical do Estado judaico, justificado em nome de uma plena integração da minoria árabe-israelense. "Como esses 20% da população poderiam cantar um hino nacional que fala do retorno dos judeus a Sião, como poderiam se identificar com uma bandeira nacional que estampa a Estrela de Davi? Como poderiam aderir a um Estado que tem como uma de suas leis fundamentais a Lei do Retorno?"

[8] *The Parekh Report. The Future of Multi-Ethnic Britain*. London, Profile Books, 2002.

[9] John Fonte, *Post-West Syndrome*. American Enterprise Institute, 27 de outubro de 1997.

que os símbolos religiosos associados à maioria nacional já não deveriam dispor de uma legítima predominância na simbólica coletiva, sobretudo em instituições públicas. Vimos, assim, multiplicarem-se as tentativas de erradicação dos últimos símbolos que marcavam o enraizamento das sociedades ocidentais no cristianismo. A mais visível dessas tentativas foi certamente aquilo que a direita americana denominou *Christmas War*, e que consiste em buscar descristianizar as festas de Natal, na medida em que elas consagrariam uma hegemonia da religião majoritária na organização do calendário coletivo, em detrimento das religiões minoritárias[10]. Não é tanto a preocupação laica que comanda essa nova luta travada contra a herança cristã das sociedades ocidentais, mas principalmente a lógica multiculturalista. Não é por serem religiosos que os símbolos cristãos são proscritos, mas porque representam a hegemonia cultural do grupo majoritário.

DA HERANÇA À UTOPIA: A RADICALIZAÇÃO DO CONTRATUALISMO

É provável que essa aspiração a uma sociedade reestruturada sobre as bases do multiculturalismo identitário explique o fascínio contemporâneo pelo Canadá, exemplo por excelência de uma comunidade política que rompeu profundamente com o modelo clássico do Estado-nação, reestruturando-se a partir de um multiculturalismo de Estado que buscou desprender o centro da comunidade política tanto da nação canadense-inglesa como da nação quebequense, as quais sobrevivem apenas institucionalmente por meio de um bilinguismo burocrático esvaziado de qualquer substrato cultural significativo. Jacques Attali já reservou uma sublime vocação à federação canadense: ela representaria o laboratório da utopia num mundo

---

[10] Jean Baubérot, *Une Laïcité Interculturelle*. Paris, Éd. de l'Aube, 2009.

que aprende a fazer as diferenças conviverem, um mundo que se deixa imbuir plenamente pelo ideal da diversidade[11]. Como sabemos, o multiculturalismo é uma doutrina de Estado no Canadá, mas é preciso ver a que ponto essa mutação identitária foi conduzida pela classe intelectual, que reconheceu justamente na reconstrução diversitária a marca distintiva da identidade canadense. Sem abusar de uma linguagem paradoxal, seria possível dizer que o Canadá encontraria sua identidade própria no fato de não ter identidade nacional distintiva. John Ibbitson chega a afirmar que a genialidade própria da identidade canadense seria justamente a de não ser portadora de nenhuma significação histórica particular, o que facilitaria sua apropriação pelos imigrantes, que não teriam de renunciar a seus pertencimentos culturais prévios para se tornarem canadenses[12]. Na realidade, o Canadá se teria reconstituído e reestruturado com base numa dissociação radical entre a comunidade política e sua experiência histórica, e é justamente essa pretensão de fundar-se numa utopia e não numa memória que faria dele um paraíso diversitário sem igual entre as sociedades contemporâneas. Segundo a formulação de John Ibbitson, os países que têm menos história seriam atualmente os que têm mais futuro[13]. O Canadá seria, assim, extraordinário em sua anistoricidade fundamental. Representaria uma ruptura de suma importância na história política do gênero humano – uma proposta retomada e radicalizada recentemente pelo governo de Justin Trudeau[14].

Outros, como John Saul, buscaram antes reescrever a história do Canadá desocidentalizando-a radicalmente, para melhor inseri-la em sua tradição ameríndia, que a teria preparado para acolher a

---

[11] Jacques Attali, *Dictionnaire du XXIe Siècle*. Paris, Fayard, 1998, p. 63.

[12] John Ibbitson, "Let Sleeping Dogs Lie". In: Janice Gross Stein et al., *Uneasy Partners*. Waterloo, Wilfrid Laurier University Press, 2007, p. 58.

[13] John Ibbitson, *The Polite Revolution, Perfecting the Canadian Dream*. Toronto, M & S, 2005, p. 13.

[14] Ibidem, p. 3.

diversidade e não se deixar fixar numa categoria identitária semelhante à do Estado-nação, gerada pela história europeia[15]. Acima de tudo, por meio de sua Carta, que forneceria aos grupos subordinados os meios de se constituírem politicamente mobilizando a linguagem dos direitos, o Canadá teria criado um contexto institucional favorável à plena expressão da diversidade, tanto no plano cultural como no sexual. Enquanto era primeiro-ministro, Paul Martin endossou com orgulho essa nova definição do país, dizendo, sobre o Canadá, que se tratava da primeira comunidade política pós-moderna – uma tese que já havia sido formulada por Pierre Pettigrew no fim da década de 1990, quando este afirmou que o Canadá era particularmente adaptado para evoluir na globalização, pois estaria livre de todo vínculo histórico gerador de retraimento identitário em relação à abertura ao outro[16]. Ainda para retomar a descrição, por Ibbitson, do Canadá como uma utopia, o país seria, por fim, o primeiro a não dever mais nada às más paixões que teriam até agora permeado a história humana[17].

Do ponto de vista de seus militantes, a diversidade prometida pelo multiculturalismo não se concebe como uma forma de *apartheid* generalizado, na medida em que a questão da integração se recompõe, como notou Anthony Giddens em seu novo *Manifesto Progressista*, na perspectiva dos valores comuns e na dissolução da cultura nacional. Isso porque os valores comuns não devem fazer tanta referência a uma cultura histórica patrimonial que seria preciso transmitir de uma geração a outra, mas sim a valores universalistas que são os de todas as sociedades ocidentais secularizadas, uma proposta retomada tanto pela esquerda quanto pela direita, como se viu com Angela Merkel, que criticou o multiculturalismo convidando os imigrantes a partir de agora a se habituarem ao universalismo ocidental e ao

---

[15] John Saul, *Mon Pays Métis*. Montréal, Boréal, 2008.
[16] Pierre Pettigrew, *Pour une Politique de la Confiance*. Montréal, Boréal, 1999.
[17] John Ibbitson, *The Polite Revolution, Perfecting the Canadian Dream*. Toronto, M & S, 2005, p. 4.

Estado de direito[18]. Num discurso que se pretendia crítico em relação ao multiculturalismo, Tony Blair especificou bem, aliás, que a nova coesão exigida pela sociedade multicultural implicava reunir a diversidade, mas não em torno de uma cultura nacional majoritária, e sim em torno de valores comuns, os de certo universalismo progressista, que normalmente corresponde aos valores defendidos pelos partidos oficialmente associados à centro-esquerda.

> Quando ganhamos a competição para sediar as Olimpíadas de 2012, apresentamos uma visão moderna e convincente da Grã-Bretanha: um país à vontade com as diferentes raças, religiões e culturas. Não era a velha Grã-Bretanha reprimida que se via nos esquetes humorísticos dos anos 1970, mas uma nação altiva, desejosa e capaz de se lançar e de entrar na competição por seus próprios méritos. O *ethos* deste país é completamente diferente daquilo que foi há trinta anos. Os tribunais reconhecem os crimes raciais de uma maneira que era inconcebível naquela época. Temos a legislação mais completa possível em matéria de luta antidiscriminação. Temos leis rigorosas contra a discriminação baseada na orientação sexual, na origem racial, no gênero ou na deficiência. A Lei relativa aos direitos humanos oferece uma proteção básica às minorias étnicas e estabelece padrões mínimos. É motivo de orgulho, para mim, que essa legislação antidiscriminação tenha sido introduzida exclusivamente pelos governos trabalhistas. Nossa cultura pública também se modificou por completo. Temos hoje muito mais deputados, pares e ministros oriundos de minorias étnicas, embora devêssemos ter ainda mais. Tivemos o primeiro negro a servir como ministro. As mídias, em geral, estão mais sensíveis e encontramos jornalistas e cronistas que pertencem a minorias étnicas. O racismo foi majoritariamente eliminado do âmbito esportivo. As observações ofensivas e os estereótipos estúpidos foram excluídos da conversa pública. Em outras palavras, as regras básicas de cortesia foram ampliadas a todos.

De uma Grã-Bretanha à outra, teríamos passado de um mundo a outro. A diversidade seria a nova marca distintiva da *Cool Britannia*.

---

[18] Angela Merkel, citada em: Paul Gottfried, "The Rise and Fall of Christian Democracy in Europe", *Orbis*, v. 51, n. 4, 2007, p. 720.

E o dever de integração não estaria associado a uma cultura nacional, mas antes a valores comuns progressistas. Já não se deve, portanto, integrar os imigrantes à cultura nacional, mas integrar a sociedade inteira a uma nova cultura dos direitos humanos pós-tradicional e, evidentemente, a maioria nacional será a primeira a ter o dever de se transformar, desistindo de se definir como uma cultura de convergência. A partir do caso canadense, Will Kymlicka formulou uma teoria da integração que nos dá uma boa ideia da coesão social na sociedade multicultural. Kymlicka afirma, assim, que, longe de desintegrar a sociedade, o multiculturalismo tenderia a torná-la mais coesa, ao favorecer a participação dos grupos minoritários nas instituições comuns, contanto que estas últimas deixem de ser a propriedade dissimulada do grupo majoritário. Pode-se falar, portanto, de uma mutação do dever de integração, na medida em que a identidade comum de uma sociedade deveria desrevestir-se do "comunitarismo majoritário" e reconfigurar-se na cultura dos direitos humanos, os únicos passíveis de reunir homens e mulheres num contexto de diversidade profunda – eis o cerne da doutrina das adaptações razoáveis. Seria possível, então, trabalhar para construir um novo povo ou, ao menos, uma nova identidade coletiva, que já não será assimilável unicamente à cultura majoritária. O fato, porém, é que alguns, à direita, se mostraram muito severos em relação a essa visão pós-nacional da integração social. É ocioso dizer que essa descrição idealizada da integração multicultural corresponde bem pouco à realidade, como o demonstra a decomposição ativa das sociedades europeias. O que resta, então, da nação, para além da simples palavra, à qual se faz frequente referência – até porque a coisa em si já não está lá muito visível? Em vez de se constituir numa tensão criativa entre a lógica da herança e a do contratualismo, a nação deveria a partir de agora se definir exclusivamente por esta última. De herança, a nação se torna projeto. A linguagem dos "valores" serve assim, com frequência, para redefinir o senso de pertencimento à comunidade política, não mais a partir de sua existência histórica, mas antes a partir da necessidade de extrair-se dela.

A FALÊNCIA DA DEMOCRACIA REPRESENTATIVA OU A DEMOCRACIA DIVERSITÁRIA

A transformação da democracia pelo multiculturalismo acarreta, com o tempo, uma transformação de sua teoria da representação democrática. A democracia representativa parece ter seu prazo de validade expirado, pois já não sabe muito bem que povo ela deve representar. Como a identidade do povo deixou de ser pressuposta, a própria existência dele foi posta em questão. Já não é possível conceber o espaço público de uma forma unitária, em que indivíduos pertencentes a uma mesma comunidade histórico-política se dividiriam, então, segundo linhas essencialmente ideológicas. O povo não existe mais, tampouco a nação. Estando o substrato histórico da comunidade política desqualificado, é preciso a partir de agora levar a sério a questão da nova invenção do povo, ou, caso se prefira dizê-lo de outra maneira, da figura histórica depositária da soberania. Na perspectiva de uma valorização da diversidade, é preciso, portanto, refletir sobre os mecanismos adequados que permitem sua representação. Já não se trata apenas de representar um povo já presente, mas de instaurar um mecanismo de representação que permita que as diferentes identidades sejam valorizadas. Pierre Rosanvallon, um dos principais teóricos dessa redefinição da representação, escreve que "as dificuldades de configuração do poder democrático são as mais visíveis. Derivam do fato de que, no mundo moderno, o poder do povo não pode ser exercido de modo direto: ele só tem consistência possível quando mediado e instrumentalizado pelos procedimentos do governo representativo"[19]. O problema seria ainda mais radical: "Se a democracia pressupõe que exista um sujeito que se pode chamar de 'povo' e que esse povo é capaz de expressar sua vontade, como então defini-lo, e como reconhecê-lo?[20]".

---

[19] Pierre Rosanvallon, *Le Peuple Introuvable. Histoire de la Représentation Démocratique en France*. Paris, Gallimard, 1998, p. 11.

[20] Ibidem, p. 12.

Rosanvallon acrescenta que "nem o povo nem a nação têm, a partir de agora, uma carne sensível", o que equivale a radicalizar o artificialismo contratualista da modernidade esvaziando a figura do povo do que lhe restava de consistência existencial pré-política[21], pois "ao descorporificar o social, o mundo moderno implica um recurso acentuado à ficção"[22]. Rosanvallon insiste, assim, dizendo-nos que "o importante é salientar uma vez mais que é o povo concreto o que permanece indeterminado. [...] O povo não preexiste ao fato de ser invocado e procurado: é algo a ser construído"[23]. Estaríamos, portanto, diante de um paradoxo, uma democracia sem *demos*, um poder que já não sabe a que povo se referir. Vemos aonde nos conduz o adeus à nação histórico-política. Tratar-se-á, portanto, de renovar a questão do contratualismo, e isso, evidentemente, a partir da diversidade, o que implica uma transformação programada dos processos de representação. A deliberação pública incide, a partir daí, sobre a própria natureza do povo que pretende exercer a soberania. Em outras palavras, em contexto multicultural não apenas não se pode dar como certa a existência do povo (e não se poderia dizer, consequentemente, que as instituições o traem, porque ele só existe por meio delas), como boa parte da atividade política consiste em deliberar sobre a natureza da sociedade, sobre seus contornos – em outras palavras, sobre sua existência. O decreto de inexistência que atinge o povo se acompanha necessariamente de uma falência da democracia representativa, que pressupunha, como se sabe, uma coletividade suficientemente coerente para que, na representação, o comum predomine sobre o singular.

Não existe democracia sem *demos*, mas não haverá *demos* sem diversidade. Já não se deverá constituir o povo no sonho de uma soberania indivisível. Na realidade, se a soberania não arranjar maneira

---

[21] Ibidem, p. 15.
[22] Ibidem, p. 15.
[23] Ibidem, p. 18.

de renovar sua legitimidade na representação da diversidade, será a partir daí vivida e sentida como pura dominação. A democracia, para consumar-se como ideal, deveria passar por um novo processo, que já não buscaria representar a sociedade como unidade, na apresentação de grandes projetos concorrentes, mas a sociedade como diversidade. De certa maneira, é a própria referência à soberania que teria seu prazo de validade expirado, como sustenta Touraine ao escrever que "a democracia já não é o triunfo do Um ou a transformação do povo em príncipe"[24]. A democracia não reconheceria sua validade na apresentação de uma soberania sobrepujante, mas em sua capacidade de fazer surgirem as falas historicamente reprimidas. É preciso, portanto, assegurar uma inclusão sistemática no espaço público dos grupos historicamente dominados, como interlocutores obrigatórios, pois sem isso a democracia seria destituída de toda legitimidade[25]. A institucionalização da diversidade seria necessária à democratização da comunidade política, que deveria se abrir para o movimento de recomposição contínua do *demos*[26].

Essa crítica à democracia representativa em nome da diversidade social ou identitária, desenvolvida pelos autores associados à segunda esquerda francesa, confunde-se com uma crítica à democracia liberal: seria preciso, a partir de agora, abrir a democracia aos novos movimentos sociais portadores de sua promessa de emancipação. A segunda esquerda, vinda do marxismo, buscou renová-lo

---

[24] Alain Touraine, *Critique de la Modernité*. Paris, Fayard, 1992, p. 444.

[25] Isis Mario Young, *Inclusion and Democracy*. Cambridge, Oxford University Press, 2000.

[26] Seria preciso a partir de agora, nas palavras de James Tully, fazer nascer um constitucionalismo da diversidade. Will Kymlicka falará antes de uma cidadania multicultural, enquanto Charles Taylor, de uma política do reconhecimento da diversidade cultural. James Tully, *Une Étrange Multiplicité*. Sillery, Presses de l'Université Laval, 1999; Will Kymlicka, *Multicultural Citizenship*. Cambridge, Oxford University Press, 1995; Charles Taylor, *Multiculturalisme*. Paris, Champs-Flammarion, 1994.

explorando a partir do zero a questão da democracia, primeiramente sob a figura da autogestão, depois sob a da sociedade civil, por fim sob a da diversidade. A questão suscitada por essa sociologia era a de um desenvolvimento das instituições favorável a uma participação crescente dos atores sociais nas instituições, a fim de abolir a parcela de heteronomia constitutiva da democracia moderna. Da autogestão à democracia participativa, a segunda esquerda contestou a pretensão a uma soberania sobrepujante, encarnada no nacionalismo jacobino à moda francesa, o que a predispunha a dar boa acolhida ao chamado do multiculturalismo que hoje permeia todas as sociedades ocidentais. Na realidade, a democracia representativa deveria inclinar-se diante dos atores sociais chamados a instrumentalizar as instituições públicas para fazer valer a própria subjetividade política[27]. Haveria mais "realidade" nos atores sociais do que nos partidos políticos. No entanto, esse preconceito favorável em prol da sociedade civil e dos grupos sociais e identitários que a compõem demonstra uma compreensão ruim da natureza da diversidade na sociedade das identidades. A existência dos grupos discriminados é com frequência dependente de seu reconhecimento administrativo e estatístico, e as discriminações só se tornam visíveis sociologicamente uma vez construídas politicamente por um Estado decidido a reprogramar os mecanismos de socialização, a fim de conformá-los ao ideal de uma pura transparência igualitária entre os indivíduos e, mais ainda, entre esses grupos cujo advento político ele favoreceu.

Essa ruptura com a unidade do sujeito político foi assimilada pela filosofia política multiculturalista a uma passagem do monismo ao pluralismo[28]. Seria preciso transgredir conscientemente o mito da unidade do *demos*, o que também implica problematizar o princípio majoritário – a *majority rule* dos anglo-saxões –, na medida em

---

[27] Alain Touraine, *Qu'est-ce que la Démocratie?* Paris, Fayard, 1994, p. 46.
[28] Pierre Rosanvallon, *La Démocratie Inachevée*. Paris, Gallimard, 2000, p. 408.

que ele viria legitimar a hegemonia de um grupo, que mascara essa hegemonia com uma visão universalista da democracia. Uma sociedade democrática já não encontrará sua legitimidade no exercício de uma soberania majoritária, mas sim, justamente, na neutralização da maioria hegemônica. Por que submeter os direitos das minorias aos caprichos da maioria? Haverá uma pressão crescente em prol da abolição da fase unitária da democracia, sacralizada na democracia moderna por meio do mecanismo eleitoral, que permitirá ao povo manifestar sua existência unitária reconhecendo a antecedência do todo sobre os partidos. Será preciso, na medida do possível, esvaziar as eleições de seu conteúdo político. O que também é revogado é o momento formal de consulta à soberania popular, na medida em que as instituições que ainda asseguravam sua expressão estariam obsoletas e praticamente só serviriam para perpetuar a hegemonia das maiorias desmascaradas pelo trabalho de desconstrução. O referendo é particularmente desconsiderado: seria o instrumento privilegiado da tirania da maioria. As instituições e o debate público serão abertos à representação de identidades culturais ou sociais minoritárias, devendo a soberania apagar-se ou, ao menos, fazer-se modesta, diante de uma pluralidade social que exigiria, em vez de ser disciplinada atrás da ficção do interesse geral, ser representada na diversidade. Já não se deveria relegar a pluralidade dos pertencimentos ao âmbito privado, mas justamente valorizá-los no âmbito público. A dimensão política deveria deixar de ser uma instância de dissolução, atenuação ou moderação da pluralidade, para tornar-se a institucionalização dela – o poder, aqui, já não é o conservador dos fundamentos de uma sociedade, mas antes o que deve transfigurá-los. É sob essa luz, aliás, que se esclarece a questão da sociedade civil. É um novo espaço de representação do social que toma forma na sociedade civil e, assim, permite que os atores associados à diversidade apareçam publicamente sem ter de neutralizar sua especificidade identitária ou cultural num coletivo exaltado, que mascararia por trás de sua pretensão ao universal os interesses exclusivos da maioria – a sociedade civil encarnaria, na realidade, um parlamento alternativo midiaticamente consagrado. É somente assim, aliás, que se pode compreender a popularização dos modelos ligados à democracia participativa. A sociedade substituirá o espaço político dominado pelos partidos que tradicionalmente obrigavam os atores sociais a formular seus interesses numa perspectiva totalizadora, com um zelo do bem comum. Tomando emprestadas as palavras de Touraine, "já não se trata de abolir as diferenças sociais e culturais numa vontade geral, mas, ao contrário, de aumentar ao máximo a diversidade interna de uma sociedade, de avançar para uma recomposição cujo objetivo é criar um mundo novo e, ao mesmo tempo, recuperar o que foi esquecido, desprezado"[29]. A democracia seria meramente uma configuração da diversidade contra a hegemonia institucionalizada no Estado-nação.

O IMPÉRIO DOS DIREITOS E A JUDICIARIZAÇÃO DA DIMENSÃO POLÍTICA

John Fonte manifestou sua desconfiança acerca do "inclusivismo", na medida em que a incorporação de novas comunidades no espaço político comporta o risco de transformar a cidadania em máquina de geração de reivindicações identitárias, cada identidade passando então a exigir seu direito de veto sobre as questões que lhe dizem respeito ou sobre o ordenamento mais geral das instituições políticas. Cada grupo passaria a exigir seus direitos – fala-se, por isso, de uma inflação dos direitos ou ainda de uma judiciarização da dimensão política. Como a soberania já não é capaz de se constituir no corpo político da nação, ela se esboroa, se esmigalha, para então ser usada pela democracia gerencial ou, se assim se preferir, por certa

---

[29] Alain Touraine, *Qu'est-ce que la démocratie?* Paris, Fayard, 1994, p. 307.

tecnocracia que pretende dispor de um saber único e indispensável nas questões ligadas à gestão da diversidade. Se a questão da diversidade conta, é porque anuncia uma mutação do processo de composição do sujeito político[30]. Em outras palavras, a democracia e o pluralismo identitário seriam a partir de agora indissociáveis. É preciso não apenas instaurar um espaço político que permita aos grupos identitários desprender-se das formas clássicas da representação moderna autonomizando sua representação coletiva, mas também garantir uma neutralização correspondente da soberania popular, o que corresponde à dinâmica de judiciarização das relações sociais. Não é à toa que se fala atualmente de império dos direitos fundamentais, na medida em que estes últimos pretendem transcender a neutralização da soberania popular, a partir de agora reduzida a um espaço mínimo, visto que as questões relativas aos "direitos das minorias" não devem ser submetidas à maioria – é difícil vislumbrar, contudo, quem decidirá antecipadamente o que é do âmbito dos direitos das minorias. O que está em jogo na judiciarização da dimensão política, evidentemente, é a construção de uma ordem política que proteja os direitos das minorias contra as instituições políticas tradicionalmente associadas à democracia representativa, para evitar qualquer *backlash*.

Os céticos talvez se perguntem de onde vem o imenso poder que permite transformar em direitos fundamentais, garantidos pelos tribunais, reivindicações que ainda ontem eram consideradas demandas políticas ou mesmo caprichos sociais. A linguagem dos direitos se torna, então, aquela que é privilegiada pelos que querem desmontar e desfazer a soberania popular. Nos debates em torno da imigração, assiste-se assim à instrumentalização dos "direitos humanos", cuja lista está em perpétua expansão, por comunidades que conseguem assim impermeabilizar-se contra a sociedade de acolhida, fazendo valer

---

[30] John Fonte, *Sovereignity or Submission*. San Francisco, Encounter Books, 2011.

seus direitos à identidade cultural. Aliás, isso levou certas feministas a se preocuparem com o multiculturalismo, na medida em que este permitiria reconstituir nas sociedades ocidentais certos comunitarismos em franco contraste com os valores liberais de uma sociedade pós-tradicional. A soberania deve apagar-se diante da justiça social multicultural. A legitimidade democrática passaria, a partir de agora, por um reconhecimento da soberania do direito. Ainda mais porque os direitos vêm legitimar, na prática, um vasto empreendimento de engenharia social a ser exaltado, em oposição às instituições, às tradições e aos costumes. Embora a soberania popular não tenha sido oficialmente abolida, é claro, encontra-se agora reduzida a uma porção mínima do poder político e já não está investida de nenhuma carga existencial. O poder democrático é condenado à impotência. Um constitucionalismo apropriado à sociedade pluralista será chamado a exercer uma soberania sobrepujante sobre o corpo social, justamente para pilotar sua transformação igualitarista na linguagem do direito[31]. Os grupos marginalizados, as minorias são chamadas a fazer valer seus direitos contra as práticas sociais que limitariam sua emancipação, e assim o direito se torna um recurso prioritário a ser mobilizado contra a soberania popular, não raro assimilada a uma tirania da maioria – a esquerda multicultural vê nos direitos humanos, precisamente, um instrumento privilegiado para a condução, ao abrigo das controvérsias políticas clássicas, do avanço das reivindicações minoritárias. Uma mudança de regime se realiza, sorrateiramente.

Pode-se dizer que a judiciarização da dimensão política representa o ponto culminante do desmantelamento da democracia liberal; o império dos direitos humanos vem por fim substituir a soberania popular, transformada numa relíquia simbólica cuja defesa, ao que parece, fica reservada à "direita populista". A democracia remata aqui sua

---

[31] Ronalrd Dworkin, *Sovereign Virtue*. Cambridge, Harvard University Press, 2000.

dissociação da soberania popular. Isso porque, se os grupos subordinados devem emancipar-se de uma tutela nacional que os levaria a neutralizar sua identidade numa coletividade histórica, e se devem também dispor de sua representação pública numa democracia remanejada de acordo com o reconhecimento das identidades, devem por fim consagrar jurídica e constitucionalmente a existência de direitos diferenciados, que serão protegidos da soberania popular. Tudo isso transformará a própria natureza da deliberação democrática: um número crescente de questões será deportado do âmbito democrático para o âmbito jurídico, considerado mais adaptado à gestão dos direitos e reivindicações numa sociedade plural, pois nele não há risco de o julgamento ser contaminado por uma cultura constituída segundo esquemas discriminatórios. A judiciarização do âmbito político vem assim consagrar uma nova dinâmica política de neutralização da democracia clássica, dinâmica esta em que os desafios fundamentais são transferidos para um âmbito no qual o exercício do poder já não depende da soberania popular, mas antes de uma racionalidade superior, que supostamente corresponde às exigências da convivência multicultural. Por meio da racionalidade jurídica, o que se expressaria é uma racionalidade política superior; isso permitiria que a dimensão política se articulasse, não à soberania popular, mas a uma teoria da justiça, o que, aliás, representa a forma privilegiada da filosofia política nas sociedades anglofônicas nos últimos trinta anos. A tentação do despotismo esclarecido não está distante. Uma coisa, porém, é certa: os grupos sociais são convidados a deixar de formular suas reivindicações na perspectiva de um acordo de concessões mútuas mais amplo, pelo qual seria possível vislumbrar ao menos uma vaga imagem do bem comum, e a formulá-las a partir da perspectiva dos direitos, o que não deixa de tornar mais dura, como sabemos, a natureza dessas reivindicações, que subitamente se tornam direitos fundamentais e, consequentemente, direitos não negociáveis. O império dos direitos vem limitar as pretensões da soberania à verticalidade, que tradicionalmente lhe permitia não apenas arbitrar entre os direitos, mas também relativizá-los em relação à figura do interesse geral.

O RECONHECIMENTO COMO GESTÃO TERAPÊUTICA DA DIVERSIDADE: FABRICAR UM NOVO POVO

No entanto, tamanha refundação da democracia será incompleta enquanto não tiver sido radicalmente interiorizada pela população, enquanto esta última não houver transformado interiormente sua identidade. Isso porque o povo real, aquele associado ao antigo mundo – e que ainda não deixou de existir –, resiste de muitas maneiras à própria dissolução e continua a conceber em termos clássicos a questão de seu pertencimento ao mundo. Esse é um obstáculo de monta em que o Estado diversitário tropeça: este não duvida, contudo, de sua capacidade de abatê-lo e fabricar um novo povo. Cumpre, com o tempo, reprogramar as práticas sociais e culturais para desmantelar os esquemas discriminatórios e o sistema excludente que os articula. É preciso não apenas desprender as minorias da ascendência exercida pela maioria: é preciso reformar a maioria, para levá-la a concordar com esse novo mundo em que ela será meramente uma comunidade. A maioria deve querer o fim de seus privilégios, desejar ardentemente desprender-se deles, livrar-se deles. Não basta abrir a cidadania aos grupos minoritários que pretendem constituir-se numa dinâmica reivindicativa: é preciso abrir a sociedade, o que implica transformar de modo mais geral os esquemas culturais, e isso por meio de uma ação pública conforme ao que muitos denominaram, na esteira da crítica da Escola de Frankfurt, o paradigma terapêutico. Cumpre transformar as atitudes diante da diversidade: a maioria deve se entusiasmar com o fato de que se tornará uma minoria, deve amar o multiculturalismo. Trata-se, portanto, de lutar contra a velha cultura para substituí-la por uma nova. No entanto, para que a diversidade possa manifestar-se livremente, para que os modos de vida alternativos não sofram estigmatização no plano das práticas sociais, é preciso reconstruir os esquemas culturais dominantes que se haviam historicamente constituído com base no recalque da diferença. É preciso construir uma nova representação – verdadeiramente inclusiva – da coletividade e, depois, trabalhar para implantá-la mudando as mentalidades e as atitudes diante da diversidade, o que não raro passa por uma apologia de justificação da passagem da tolerância ao reconhecimento.

Como escreve Jean-Michel Chaumont: "A reparação das ofensas passa principalmente pela revisão do discurso da cultura dominante. [...] Erradicar o desprezo começa pela retificação da visão dos vencedores [...]"[32].

Seria preciso reconstruir a cultura do homem ocidental para levá-lo a consentir em sua própria comunitarização numa sociedade multicultural, conclamando ao desmonte das representações discriminatórias, reprogramando-as, em certo sentido, para que uma cultura do reconhecimento da diversidade venha a se impor. A engenharia social passa, então, por uma virada de cunho psicológico e identitário[33]. O campo de trabalho político aberto por essa teoria é vasto: lutar contra os preconceitos e reconstruir a sociedade na convivência diversitária. A identidade coletiva passa a existir exclusivamente à maneira de um lugar de encontro em que os direitos de uns se conjugam com os direitos dos outros. Christina Hoff Sommers se mostrou muito crítica diante dessa mutação terapêutica da ação pública, por ela assimilada à "retidão emocional", baseada na tese de que toda coação externa na formação da identidade do indivíduo ou de um grupo seria alienadora[34]. A cultura das sociedades contemporâneas

---

[32] Jean-Michel Chaumont, *La Concurrence des Victimes*. Paris, La Découverte, 2002, p. 343.

[33] Theodore Dalrymple, "Engineering Souls", *City Journal*, primavera de 2007.

[34] Christina Hoff Sommers, *One Nation Under Therapy*. New York, St-Martin's Press, 2005.

estaria imersa num velho fundo xenófobo, sexista e homofóbico e deveria ser reprogramada; outros dizem que ela deveria ser objeto de uma política de reeducação para, enfim, abrir-se ao outro, o que certamente explica a importância assumida atualmente pelas políticas de educação ao pluralismo, à diversidade e à cidadania. A próxima batalha já está sendo travada, contra a transfobia. A questão dos direitos das minorias sexuais justificou, assim, uma reconstrução completa das normas associadas à família tradicional, para contestar sua pretensão de apresentar-se como norma social.

Essa mutação terapêutica da democracia teorizada no modelo da política de reconhecimento está associada principalmente ao filósofo Charles Taylor. A partir de uma filosofia hegeliana do reconhecimento, Taylor veio a fazer do reconhecimento público da identidade dos grupos uma dimensão fundamental da democracia contemporânea, na perspectiva de uma maximização do respeito[35]. O que os grupos exigiriam é o reconhecimento de suas respectivas identidades, indispensável à autoestima das minorias. Como escreve Taylor:

> [...] a tese é que nossa identidade é parcialmente formada pelo reconhecimento ou pela ausência dele, ou ainda pela percepção ruim que os outros têm dela: uma pessoa ou um grupo de pessoas podem sofrer um prejuízo ou uma deformação real se as pessoas ou a sociedade que os cerca lhes envia uma imagem limitada, aviltante ou desprezível de si mesmos. O não reconhecimento ou o reconhecimento inadequado podem causar dano e constituir uma forma de opressão, aprisionando alguns numa maneira de ser falsa, deformada e reduzida[36].

Enquanto as práticas sociais não maximizarem o respeito entre os grupos e os indivíduos, entre as identidades e as comunidades, o Estado terá uma responsabilidade particular na construção de uma cultura que não prejudique a autorrepresentação dos grupos que

---

[35] Charles Taylor, *Multiculturalisme*. Paris, Flammarion, 1994, p. 41-44.

[36] Ibidem, p. 41.

compõem a sociedade. A teoria do reconhecimento vem aqui fundamentar a legitimidade da ação terapêutica de um Estado que deve trabalhar para elevar a autoestima daqueles que o habitam. Transformar a cultura e construir uma imagem positiva de todos para todos constitui uma tarefa conforme aos direitos fundamentais, visto que o direito ao reconhecimento agora faz parte deles:

> A falta de reconhecimento não revela apenas um esquecimento do respeito normalmente devido. Pode infligir uma mágoa cruel, esmagando suas vítimas com um ódio de si paralisante. O reconhecimento não é apenas uma demonstração de cortesia: é uma necessidade humana vital[37].

Da cortesia à obrigação de amar. Do respeito ao próximo ao amor obrigatório ao próximo! Vê-se aí a ambição da política do reconhecimento. Foi especialmente nessa perspectiva que se desenvolveu, nos últimos quinze anos, um novo tipo de engenharia identitária que toma a forma da educação ao pluralismo – e em sua formulação ainda mais radical, da educação antirracista, uma tarefa a ser retomada incessantemente. O Estado terapêutico exigirá que a escola reconstrua a cultura para que esta tenha uma disposição favorável ao multiculturalismo, à maneira de uma terapia para reformar uma cultura indisposta contra as manifestações do pluralismo identitário[38]. Ao longo do tempo, será preciso criar a cultura comum menos ofensiva possível para as minorias, o que não raro implicará, como vemos cada vez mais desde o início da década de 1990, multiplicar os "speech codes" e criminalizar os grupos ofensivos, na medida em que a liberdade de expressão não deveria tolerar palavras que se oponham às formas contemporâneas da convivência[39].

---

[37] Ibidem, p. 42.

[38] Georges Leroux, *Éthique, Culture Religieuse, Dialogues: Arguments pour un Programme*. Montréal, Fides, 2007.

[39] Donald Kagan, "As Goes Harvard", *Commentary*, setembro de 2006, p. 32-36.

Conhecem-se as origens do politicamente correto, os *campi* estadunidenses marcados pela herança dos *radical sixties*. No entanto, tornou-se ainda mais difícil encontrar para ele uma definição rigorosa. O politicamente correto se apresenta, assim, como uma forma de disciplina moral da palavra pública, numa sociedade que reconhece, por exemplo, o direito de não ser ofendido, e também o direito de não ver transgredidos seus símbolos identitários mais fundamentais. Seria possível falar de uma reformulação pós-moderna da censura. É preciso também assegurar uma vigilância rigorosa tanto dos discursos militantes como do humor, para garantir que não expressem nenhuma contestação da nova ortodoxia do reconhecimento. A contestação é reduzida, com frequência, a palavras iradas, uma categoria que tem se estendido progressivamente a qualquer defesa significativa dos valores tradicionais ou nacionais[40].

A democracia pluralista deveria redundar na formação, no interior da cultura, de um modelo da personalidade democrática a ser contrastado com o que a Escola de Frankfurt denominava a *personalidade autoritária*, o que significa que, por meio de sua mutação terapêutica, o Estado diversitário pretende dar origem a um novo tipo de homem. A democracia só será verdadeiramente legítima quando tiver dado à luz um novo povo que, por sua vez, será digno de exercer a soberania, pois estará purificado da identidade do povo antigo. O fato é que a sociedade, transformada em laboratório da utopia, é totalmente absorvida pelo Estado, que, por meio de seu dispositivo tecnocrático e jurídico, vem a se apoderar de todos os processos de socialização. O Estado diversitário resgata, assim, a fabricação do novo homem: pretende fabricar o tipo de homem necessário ao seu projeto político.

Este não é o menor dos paradoxos da cultura libertária que tomou forma com os *radical sixties*: ela só pode se difundir por meio de uma reconstrução autoritária da sociedade.

---

[40] Catherine Brown Tkacz, "Silencing Susanna: Neosexism and the Denigration of Women", *The Intercollegiate Review*, outono de 1998, p. 31-37.

Capítulo 6 | A ideologia da globalização

> *Entrevistador: Vocês reivindicam que os políticos saiam enfim de sua sombra e se empenhem na reconstrução do Estado social no nível supranacional. Será que é nesse nível de compromisso que vocês posicionariam a barra, para medir o sucesso político de Gerhard Shröder?*
> *Habermas: Exato: essa é realmente a perspectiva em que me situo. Sem dúvida ela visa além da Europa, na direção de uma política mundial interior num governo mundial. No entanto, cada coisa em seu tempo, e a primeira questão que precisaríamos resolver é a de saber se queremos de fato construir uma Europa capaz de agir politicamente.*
>
> Jürgen Habermas, *Une Epoque de Transitions*

Em 2008, enquanto ainda caminhava rumo à presidência dos Estados Unidos, Barack Obama, num discurso em Berlim, sentiu-se na obrigação de fazer uma estranha declaração: designou-se como cidadão do mundo! Vindo de um homem que aspirava a governar um país em particular, e não a Organização das Nações Unidas, tratava-se de uma afirmação singular, que, aliás, provocou uma dura reação de seu adversário republicano, John McCain, o qual relembrou que, no que lhe dizia respeito, estava primeiramente a serviço dos cidadãos estadunidenses. Obama demonstrou, no entanto, um preconceito comum nessa época: as nações já não contam verdadeiramente, e a humanidade é que precisaria ser politicamente constituída. As elites globalizadas toleram cada vez menos o Estado-nação. O homem de qualidade já não se confinaria nas fronteiras nacionais, e até trabalharia para desconstruí-las.

Na realidade, o grande trabalho de construção de um novo regime diversitário estaria condenado a permanecer inacabado se não houvesse questionado a própria forma do Estado-nação. E podemos constatar que a soberania nacional encontra atualmente bem poucos defensores, e ainda menos defensores resolutos, como se a independência dos povos devesse a partir de agora ser classificada na numerosa lista de convicções que podem transformar um homem num reacionário. É a partir de fora e de dentro que a nação é desconstruída. A reconstrução multicultural da identidade não poderia prescindir de uma reconstrução cosmopolítica da soberania. Segundo a formulação de Giddens, *cosmopolitanism and multiculturalism merge around the question of immigration. A cosmopolitan outlook is the necessary condition of a multicultural society in a globalizing order*[1].

CONSIDERAÇÕES GERAIS SOBRE O ESTADO UNIVERSAL

Se, como sugerimos, a esquerda é antes de tudo a expressão política do utopismo moderno, segue-se daí que cedo ou tarde ela ficará tentada a pôr fim ao enquadramento político que limita, por definição, a aplicação de seus ideais. As grandes mediações históricas, quer se trate da cultura, quer da política, são vistas assim como obstáculos que impedem o homem de se reconciliar plenamente com sua humanidade. Sabemos que o iluminismo formulou uma teoria do vínculo político que repousava na figura do contrato, um contrato que poderia eventualmente aplicar-se à humanidade inteira – ainda que certas personalidades de relevo, como Rousseau, tenham ancorado sua teoria constitucional num estudo dos costumes próprios

---

[1] Anthony Giddens, *The Third Way. The Renewal of Social Democracy*. Cambridge, Polity Press, 1998, p. 136.

de cada povo. O marxismo retomou e radicalizou, à sua maneira, o universalismo iluminista. Nunca foi capaz de conceber a soberania senão como um conceito derivado das outras relações de poder, mais autênticas, mais profundas. Isso porque ele não tinha uma filosofia da dimensão política e tampouco, poderíamos acrescentar, uma reflexão sobre a natureza humana – como se esta última fosse de uma plasticidade absoluta. A esquerda pós-marxista herdará esse universalismo radicalizado e também criticará a soberania nacional, bem como o caráter ilusório da dimensão política quando esta não se aplica à escala mundial. A teoria da cidadania existente no cerne da modernidade repousa num contratualismo que se esquivou da questão fundamental da identidade dos contratantes e se imaginou imediatamente destinado à humanidade inteira. Em suma, sonha-se com uma sociedade contratual, fundada na razão, mas com frequência se evita a questão dos homens e das mulheres chamados a assinar o contrato, o que obrigaria a refletir sobre o papel da herança, daquilo que já está presente. Essa questão voltará a perseguir a política do século XIX, não apenas por meio da filosofia conservadora inglesa, mas também por meio do romantismo, que transporá a existência das culturas para a linguagem da filosofia política.

No entanto, para nossos propósitos, o essencial é isto: filosoficamente, a esquerda encontra sua certidão de nascimento na descoberta do homem universal e na vontade de desprendê-lo de seus pertencimentos, da cultura, para entregá-lo à humanidade inteira. Pode-se dizê-lo de outra maneira: a esquerda, por universalismo, é consubstancialmente globalista, e em sua história intelectual encontramos um questionamento incessantemente retomado sobre o advento de uma *politie* globalizada, que, na história do pensamento político, não raro assumiu a forma do Estado universal[2]. A utopia da reunião dos

---

[2] Kenneth Minogue, "Thoughts of the First Eurocrat Kojève's View of Hegel and the Self-Loathing of the Bourgeoisie", *Times Lit-Supplement*, 29 de setembro de 1995, p. 13-14.

homens numa mesma comunidade política não é exclusiva da esquerda, evidentemente, se situarmos a clivagem esquerda-direita numa perspectiva contemporânea. O fato, porém, é que o conservadorismo se mostrou historicamente muito crítico quanto à pretensão de constituir a comunidade política a partir de um princípio que pretendesse transcender a diversidade histórica das sociedades humanas. Aliás, desde suas origens, a fratura entre a esquerda e a direita se constituiu em torno da pretensão, por parte da primeira, de reunir o gênero humano para levar a cabo sua emancipação, enquanto a segunda formulava, contra esse ideal demiúrgico, uma crítica não apenas política, mas também antropológica, pois o homem privado de enraizamento estaria condenado à penúria. A essa primeira constatação se acrescenta outra, que dela decorre logicamente: o progressismo sempre considerou a nação, na melhor das hipóteses, meramente um estágio temporário no desenvolvimento político do gênero humano e no aprofundamento da consciência universal. Da tribo à nação, da nação à humanidade, as formas políticas se definiriam cada vez menos a partir de um substrato histórico e cada vez mais a partir de um conteúdo filosófico. A particularização do vínculo político seria sempre acidental, e o homem pertenceria ao gênero humano, antes de pertencer a uma comunidade histórica singular. Seria preciso imaginar uma comunidade política capaz de abraçar a figura de uma humanidade emancipada de suas divisões antropológicas e políticas e enfim reconciliada consigo mesma. O progressismo não consente no que se poderia chamar de limitação antropológica da dimensão política. A divisão política da humanidade não é fundamental: é acidental. Não se tratará apenas de atribuir à humanidade valores comuns, chamados a definir um horizonte moral comum que balize o exercício do poder em nome dos direitos elementares do gênero humano, mas de transformar a identidade de cada comunidade política segundo uma perspectiva universalista, para atenuar o sentimento da diferença histórica entre as nações.

Esse é todo o sentido do discurso sobre os valores que definiriam a comunidade política, os quais não seriam portadores de nenhum particularismo substancial e se deixariam facilmente orientar contra uma definição da nação fundada em sua experiência histórica, como facilmente se constata na França, com a mobilização do tríptico republicano para fornecer uma definição tão depurada da coletividade que ela poderia facilmente convir a todas as sociedades modernas avançadas[3]. Havia, assim, na própria referência à União das Repúblicas Socialistas Soviéticas, uma vontade de apagar a Rússia histórica, para então substituí-la por uma união puramente ideológica, cujo princípio de constituição seria exterior à história, bem como à geografia. Sabemos, por outro lado, que as circunstâncias históricas logo levaram os comunistas soviéticos a apelar para a identidade nacional russa, no momento da Segunda Guerra Mundial, sendo o sentimento patriótico necessário para garantir a mobilização máxima do país num esforço de guerra. Essa tendência universalista na definição da identidade coletiva permite adivinhar sua conclusão: sendo a semelhança entre os homens infinitamente maior que a diferença entre as comunidades políticas, não seria impensável neutralizar as diferenças para permitir, aos que compartilham um mesmo destino, percebê-lo na figura de um bem comum globalizado.

O palco fundador dessa história se encontra, evidentemente, nos excessos da Revolução Francesa, que buscou exportar-se para toda a Europa formulando uma visão da nação cujo único horizonte seria a universalidade do gênero humano, diferentemente das revoluções Inglesa e Americana, menos universalistas e certamente não desejosas de dar à luz um homem novo. O progressismo assimila a emancipação à desencarnação de uma sociedade. Durante muito tempo, aliás, a Revolução Francesa manteve, para seus admiradores, a aparência

---

[3] Paul-François Paoli, *La France sans Identité*. Paris, Autretemps Editions, 2009.

de uma revolução inaugural, marca do advento de uma humanidade bem-disposta para com seu perpétuo recomeço[4]. Lenin não hesitou em fazer da Revolução de outubro a herdeira da Revolução de 1793, tendo a pretensão de realizar plenamente sua promessa, a de uma ordem social inteiramente intencional, livre das heranças e dos privilégios, que conjugaria de uma vez por todas a racionalidade científica e a utopia. A Revolução, para realizar-se plenamente, deveria ultrapassar suas fronteiras. Essa é uma reflexão elaborada por Éric Hobsbawm em suas considerações sobre o pós-comunismo, quando afirmou, sobre os regimes que nele se inspiravam, que ao menos tinham a virtude "de haver limitado os efeitos desastrosos do nacionalismo em seu seio", o que consiste em dizer que o império glacial do comunismo totalitário valia mais que as independências em cadeia subsequentes a seu desmoronamento[5].

O comunismo encarnará, no século XX, a promessa de uma humanidade enfim unificada. Os partidos socialistas e os partidos comunistas sempre apostaram em sua coordenação internacional, convencidos de que o socialismo não poderia realizar-se seriamente exceto em contexto globalizado. Edgar Morin resumirá isso assim: "A humanidade era meu mito matricial, e a guerra me revelava que a URSS era seu campeão"[6]. No dia seguinte à última guerra mundial, a esquerda ocidental reconheceu no comunismo soviético o principal herói na batalha pela "liberdade do mundo"; depois, passou de um sujeito revolucionário a outro, sem jamais reconhecer na condição

---

[4] O interesse nacional era necessariamente secundário na perspectiva comunista, que devia predominar em quaisquer circunstâncias, como se verá com o Partido Comunista Francês, que seguirá as reviravoltas da aliança da União Soviética com a Alemanha nazista; a prática do patriotismo só seria legítima na medida em que correspondesse, no mesmo momento, aos interesses do comunismo encarnado na URSS.

[5] Éric Hobsbawm, *Nations et Nationalisme depuis 1780*. Paris, Gallimard, p. 229.

[6] Edgar Morin, *Penser l'Europe*. Paris, Gallimard, 1990, p. 5.

nacional algo além de uma alienação ou de um entrave para o advento daquilo que frequentemente foi apresentado como "o outro mundo possível"[7] – exceto quando a nação se definir pelo terceiro-mundismo como vetor revolucionário. Para além de suas encarnações geográficas sucessivas, a utopia internacionalista não raro assumiu a aparência de uma busca por um novo começo político para o gênero humano, o que levará a *intelligentsia* progressista a praticar, ao longo de todo o século XX, uma forma de "turismo ideológico", para encontrar o lugar de um novo começo, de uma história radicalmente nova que instigue toda a humanidade[8]. Inúmeras destinações turísticas se sucederam no imaginário da *intelligentsia*, para fazer a utopia do recomeço corresponder a uma tentativa de realizar o advento do socialismo em tempo real[9]. Todas tinham em comum a intenção de abrir um momento qualitativamente distinto na história da dimensão política, que supostamente tornaria possível sua universalização definitiva. No entanto, essa desejada universalização da comunidade política se desprendeu por certo tempo da figura do Estado mundial ou do Estado

---

[7] Ibidem, p. 3-17.

[8] Paul Hollander, *Political Pilgrims: Travels of Western Intellectuals to the Soviet Union, China, and Cuba*. New York, University Press of America, 1990. Hollander aprofundou sua reflexão em: Paul Hollander, *The Survival of the Adversary Culture*. New Brunswick, Transaction Books, 1988, p. 169-278; e em: Paul Hollander, *Discontents, Postmodern and Postcommunist*. New Brunswick, Transaction Publishers, 2001, p. 91-111.

[9] Em uma obra excelente, François Hourmant estudou a estrutura da narrativa literária entre os turistas ideológicos provenientes da *intelligentsia* francesa, observando que o desejo de maravilhamento diante de uma estrutura social qualitativamente distinta era um dos determinantes mais profundos do imaginário do turismo progressista. "Mais do que relatar a viagem, o verdadeiro objeto da narrativa visa primeiramente a heroizar o viajante, elevado à categoria de grande testemunha do futuro radioso. [...] Alienados, os viajantes sabem antes de partir o que devem ver." Esse desejo corresponde à pretensão profética da *intelligentsia*, que normalmente pretende revelar, na opacidade do real, um caminho para a plena emancipação do gênero humano. François Hourmant, *Au Pays de l'Avenir Radieux*. Paris, Aubier, 2000, p. 239, 242.

universal, assimilado a uma forma de imperialismo mesmo entre os defensores do comunismo, que em geral preferiram sua versão exótica ao frio industrialismo da Rússia. Com a regressão do comunismo e seu recuo no imaginário progressista – tornando-se então difícil justificar os crimes da União Soviética na contabilidade fantasiosa do melhor dos mundos, que não poderia nascer de uma política virginal –, a esquerda europeia empreendeu uma metamorfose que a fez passar do terceiro-mundismo ao multiculturalismo, antes de desembocar numa reconstrução do universalismo progressista sob o signo de uma nova globalização, de que hoje somos contemporâneos.

A GOVERNANÇA MUNDIAL COMO POLÍTICA INTERIOR MUNDIAL

No entanto, foi apenas nos anos 1990, com o fim da Guerra Fria, que o mito do Estado mundial subitamente ganhou credibilidade, depois de reformulado na linguagem da governança mundial[10]. A queda do comunismo e do muro de Berlim tornou plausível o advento próximo de um grande movimento de educação planetária. A globalização pelo mercado e pelos direitos humanos sucedia à globalização pela Revolução. A aceleração do processo histórico exigirá a abertura da comunidade política e sua dessubstancialização, a fim de que se elabore uma figura unificada de humanidade que encontra na democracia globalizada seu cumprimento filosófico. Para alguns, esse novo sistema de governança global tomaria necessariamente a forma de um federalismo mundial baseado num princípio bem articulado de subsidiariedade, que saberia entregar às suas províncias a gestão dos assuntos locais, ao mesmo tempo em

---

[10] Jeremy Rabkin, *Law Without Nations?* New Haven, Princeton University Press, 2005, p. 18-24.

que atribuiria à soberania planetária os meios necessários para que se encarregasse dos assuntos humanos. Para outros, tratar-se-á em vez disso de instaurar as estruturas, por ora ainda imprecisas, de uma governança mundial necessária à constituição política da humanidade. Subitamente, a consciência – no entanto, antiga – de uma pluralidade de povos e civilizações que exige uma grande prudência na política internacional é desconsiderada: a pluralidade do mundo, que se desdobrava por meio da pluralidade das soberanias, agora não passa de uma velharia, boa no âmbito da história das ideias, mas sem pertinência alguma para o mundo vindouro.

Com o fim da Guerra Fria assistimos, portanto, à perpetuação do internacionalismo em novos termos. O cosmopolitismo vindouro será o novo âmbito de redefinição da legitimidade democrática, sob o signo de uma justiça global que torna concebível a passagem da caridade universal à solidariedade mundial. Trabalhar-se-á para construir novos modelos de governança, e a conceituação destes últimos ocupará um lugar central na teoria política. A tranquila revolução do transnacionalismo se apoiará numa análise realizada com frequência crescente desde o início da década de 1990: a governança global seria necessária para responder aos desafios da globalização. Os problemas mundiais seriam a partir de agora impensáveis nos parâmetros da nação. Cumpriria imaginá-los em sua verdadeira escala e reordenar as instituições em conformidade com isso. A globalização se tornará uma autêntica filosofia da história, servindo de base para a reinterpretação do percurso das sociedades humanas, a fim de livrá-las da "ótica nacional", segundo a formulação de Ulrich Beck, de uma visão do mundo em que a nação ainda seria um âmbito legítimo de interpretação e realização da ação humana[11]. Uma dinâmica de globalização sem precedentes desqualificaria as estruturas políticas associadas à nação. A globalização não revolucionará apenas o

---

[11] Ulrich Beck, *Qu'est-ce que le Cosmopolitisme?* Paris, Éd. Aubier, 2006.

processo econômico, por meio do desenvolvimento sem precedentes do livre comércio: transformará a própria natureza das relações entre os grupos humanos, que se apresentariam cada vez menos como nações e cada vez mais como sociedades[12]. Falar-se-á até do advento de uma "vila global", para convencer os homens da nova solidariedade entre eles. O movimento histórico será interpretado na linguagem da globalização, cujas ondas sucessivas serão reconhecidas, falando-se de uma primeira globalização, depois de uma segunda, e de uma terceira. Em outras palavras, o movimento histórico corresponderia à globalização, e a esta última corresponderia uma universalização da consciência. Em seu livro mais célebre, Francis Fukuyama anunciou que a história dos homens, de um ponto de vista filosófico, havia passado por seu último desenlace e que a soberania nacional entraria necessariamente num longo processo de relativização: o crescimento da economia mundial, o desenvolvimento das tecnologias, a facilidade do transporte planetário contribuiriam para diluir significativamente a existência política das nações[13]. Podemos formular isso de outro modo: a história da dimensão política seria marcada pela interpenetração crescente das sociedades e pela inevitável apresentação globalizada de uma sociedade que se estenderia ao conjunto do gênero humano. Outras obras de grande difusão popular reconhecerão, no fim da Guerra Fria, o novo rosto da "globalização feliz": o de uma civilização mundial que se configura numa conscientização sem precedentes da unidade do gênero humano. Não seríamos contemporâneos do choque das civilizações, mas de sua mestiçagem globalizada.

O discurso da globalização terá seu correspondente no discurso da pós-modernidade, a qual supostamente fragmenta os pertencimentos e dissolve a dimensão política, estacionada no cercado nacional e, por isso, condenada à impotência. A pós-modernidade se reconhecerá,

---

[12] Alain Finkielkraut (dir.), *Qu'est-ce que la France*? Paris, Stock, 2007.

[13] Francis Fukuyama, *La Fin de l'Histoire et le Dernier Homme*. Paris, Champs-Flammarion, 1993.

sobretudo, numa dinâmica de desestruturação das identidades que se haviam historicamente fixado numa comunidade política. "A constelação dos pertencimentos"[14] se desdobrará, a partir daí, em espaços muito mais numerosos, e a pretensão de fundar a comunidade política numa nação histórica já não corresponderia à sociologia mais empírica em sua documentação da expressão contemporânea do sentimento identitário. Nos Estados Unidos, tanto quanto na Europa, o sentimento identitário já não estaria confiscado pela referência nacional, e assistiríamos a cruzamentos cada vez mais fecundos entre os grupos culturais, algo que será explicado por uma sociologia particularmente atenta à mestiçagem das identidades coletivas, pois os cruzamentos identitários criariam coletividades híbridas, que já não exigiriam uma forte diferenciação política sob o signo da soberania nacional[15]. São as identidades marginais que serão valorizadas, na medida em que nasceriam do efeito de desagregação da nação. Essas identidades mais móveis, desligadas do referente nacional, seriam, por conseguinte, mais apropriadas a uma época globalizada; elas acelerariam, justamente, a circulação das referências culturais, ao desnacionalizá-las[16]. O capitalismo carregaria em si mesmo uma força revolucionária, pois permitiria a destradicionalização e a desnacionalização das sociedades nas quais se desdobraria. Desse ponto de vista, tornaria generalizada a necessidade de uma política de emancipação. Seríamos assim contemporâneos do "fim dos territórios", segundo a formulação de Bertrand Badie: os espaços fluidos que se cruzam e se hibridizam permitiriam, assim, que novas identidades se manifestassem, o que contribuiria uma vez mais para desinvestir de toda sacralidade o Estado-nação tal como o definimos classicamente.

---

[14] Alain Dieckhoff (dir.), *La Constellation des Appartenances*. Paris, Presses de Sciences Po, 2004.

[15] A imigração maciça criaria assim as condições de uma relativização das fronteiras nacionais, diluindo sua significação histórica.

[16] Toni Negri, *Empire*. Paris, Exils, 2000.

O fim dos territórios corresponderia naturalmente a "um mundo sem soberanias", em que os direitos humanos poderiam ser imbuídos por uma nova utopia – o que pode ser apresentado, sem insensatez, como uma forma de imperialismo humanitário, em que o nômade substituirá a figura mais clássica do cidadão, e a diáspora, a da nação, sendo essa impressão confirmada pela amplitude dos movimentos migratórios que transplantam para as velhas nações europeias populações novas que não consentem em se aclimatar a seus novos céus identitários, ainda mais porque os próprios governos nacionais trabalham na reeducação das populações para a abertura da cidadania a sua recomposição multicultural[17]. A hibridez identitária pós-moderna daria origem a uma mutação pós-nacional da soberania, e esses dois movimentos se acompanham numa transfiguração do vínculo político mais aberto ao ideal de uma cidadania global.

É toda a epistemologia política dos modernos que precisaria ser radicalmente revisada, como sugerirá Ulrich Beck numa série de obras de grande amplitude, cujo fundamento será uma crítica do "nacionalismo metodológico" nas ciências sociais e da ótica nacional no agir político. As ciências sociais estariam equivocadas quando insistem em situar o estudo dos fenômenos sociais no cercado nacional, pois a ação pública que se inserisse no âmbito nacional paralisaria a si mesma, tamanha a disparidade entre seus parâmetros e a escala dos problemas aos quais ela pretenderia proporcionar uma resposta. O novo mundo seria globalizado e, a menos que se consentisse na impotência política das sociedades europeias – o que favoreceria, aliás, o surgimento de um movimento populista necessariamente regressivo –, seria mais do que necessário empreender uma transformação radical do aparelho conceitual das ciências sociais, para representar as novas realidades que ultrapassariam o âmbito estreito da soberania

---

[17] Bertrand Badie, *La Fin des Territoires*. Paris, Fayard, 1995; Bertrand Baide, *Un Monde sans Souveraineté*. Paris, Fayard, 1999; Bertrand Badie, *La Diplomatie des Droits de l'Homme*. Paris, Fayard, 2002.

nacional. Seria preciso, assim, desconstruir o nacionalismo no plano epistemológico, para constatar a inexistência das formas históricas e políticas com as quais ele pretende ter relação. As sociedades humanas já estariam implicadas numa dinâmica de interdependência radical, que exigiria o estabelecimento de uma soberania cosmopolita[18].

UMA SOCIEDADE CIVIL MUNDIAL

No entanto, existe no Estado o peso de um ator histórico que não pretende necessariamente aquiescer no próprio desmantelamento, em nome da construção de uma democracia cosmopolítica, que por ora é mais hipotética do que outra coisa. Existe no Estado, sobretudo, o peso de uma instituição que se acredita depositária de uma legitimidade superior, gerada pelo cruzamento da soberania nacional e da soberania popular. Por isso, como Habermas sugerirá, é antes a partir da sociedade civil mundial que deverá e poderá constituir-se um "novo povo" globalizado, que será a partir daí depositário de uma soberania universal ou, ao menos, de uma legitimidade que sobrepuja qualitativamente as soberanias nacionais[19]. Essa sociedade civil globalizada trabalhará pela constituição de um novo espaço político em que poderiam surgir preocupações globais capazes de abolir, por meio de sua simples apresentação, a arrogante pretensão das soberanias nacionais. A multiplicação dos atores não governamentais contribuiria, assim, para o surgimento de uma sociedade civil globalizada, que forneceria seu substrato sociológico à democracia globalizada. A governança global e a sociedade civil globalizada corresponderiam uma à outra em instituições que seriam fundadas na transgressão da

---

[18] Ulrich Beck, *Pouvoirs et Contre-pouvoirs à l'Ère de la Mondialisation*. Paris, Alto Aubier, 2003, p. 87-116; Ulrich Beck, *Qu'est-ce que le Cosmopolitisme?* Paris, Alto Aubier, 2004.

[19] Jürgen Habermas, *Après l'État-nation*. Paris, Fayard, p. 122.

soberania nacional como princípio fundador da ordem política. Essa tese será retomada pela maioria dos teóricos de uma globalização da dimensão política, quando estes reconhecem que uma nova dinâmica institucional exigiria a valorização de novos atores, portadores de uma visão profundamente transformada da política, uma visão fundamentalmente incompatível com o sistema westfaliano. Somente uma soberania global não seria uma soberania ilusória. Certamente se poderia contestar essa tese do ponto de vista empírico, mostrando, por exemplo, como os Estados ainda dispõem de grandes poderes de proteções identitárias, que eles transferem conscientemente por meio de tratados internacionais ou da submissão à ideologia dos direitos. No entanto, a função desse discurso não é tanto descrever o mundo, mas sim criticar quem resiste à globalização e declarar vã toda forma de apego à soberania[20]. É assim que se contornará a crítica frequente do déficit democrático que acompanharia a transnacionalização da dimensão política. A democracia cosmopolítica não seria e não será uma democracia dos Estados, mas uma democracia da sociedade civil globalizada, na qual os Estados aprenderão gradualmente a existir e pela qual eles serão domesticados[21]. A sociedade civil mundial, por sua obra criadora no plano político, formaria um novo espaço deliberativo que corresponderia mais aos contornos dos novos desafios globalizados do que o espaço deliberativo nacional[22].

Conhece-se a tese: a globalização da economia provocaria seu desenfreamento: a emancipação do capital em relação aos âmbitos que tradicionalmente garantiam sua regulação engrenaria uma

---

[20] John Bolton, *Surrender is Not an Option*. New York, Threshold Edition, 2007, p. 441-47; John Bolton, "The Coming War on Sovereignity", *Commentary*, março de 2009, p. 23-26.

[21] Anne-Marie Slaughter, "Building Global Democracy", *Chicago Journal of International Law*, v. 1, n. 2, p. 223-29.

[22] Encontramos uma boa síntese dessas reflexões em: Geneviève Nootens, *Désenclaver la Démocratie*. Montréal, Québec-Amérique, 2004.

dinâmica de crise que viria confirmar, ao que parece, as mais velhas teses marxistas sobre a tendência de pauperização das classes laboriosas. Acima de tudo, porém, a globalização da economia acarretaria uma dissolução do Estado social, a partir daí destinado à impotência e podendo almejar apenas, na melhor das hipóteses, administrar as consequências negativas da liberalização dos mercados, não raro descentralizando suas funções protetoras em prol da economia social, a partir daí chamada a humanizar uma nova pobreza gerada por uma economia que só favorece as populações com maior mobilidade, mais instruídas, em melhores condições para seguir o movimento do capital, como recursos humanos sem localização definitiva, sem enraizamento geográfico particular. Uma vez mais, o bônus irá para o nomadismo, ao menos enquanto a economia for impelida por uma tendência de deslocalização e os mercados implodirem os enquadramentos que os contêm. O Estado social ainda seria capaz de conter a miséria, mas já não poderia promover seriamente um projeto de igualização das condições socioeconômicas, a menos que se transponha para a cena mundial, justamente o que será proposto pelos autores ligados à nova esquerda, sejam eles associados à centro-esquerda ou à esquerda radical pelo sistema oficial de classificação das ideias políticas; em outras palavras, o critério empregado para avaliar a soberania verdadeira seria sua capacidade de aplicar o programa do socialismo ou de uma social-democracia reforçada[23]. A globalização da esfera política seria o novo horizonte da ação pública, ao tornar concebível e possível uma forma de social-democracia planetarizada[24]. Já não haveria keynesianismo possível num único país. Encontraremos esse argumento também entre os teóricos da justiça à moda americana, que teorizarão a necessidade de uma democracia cosmopolítica, de um novo contrato social mundial, segundo seus termos, o que corresponderia, na

---

[23] Anthony Giddens, *The Third Way*. Cambridge, Polity Press, 1999, p. 129-53.
[24] Jürgen Habermas, *Après l'État-nation*. Paris, Fayard, 1998.

prática, à transposição para a cena mundial das exigências de uma social-democracia avançada, em que se consideraria até uma redistribuição das riquezas mundiais[25]. Para salvar o Estado social no âmbito nacional, seria preciso desenvolver uma governança mundial que, por sua vez, desembocaria numa globalização do Estado social, em que a própria noção de justiça distributiva suscitará a questão das desigualdades, não, porém, no interior de uma sociedade particular, mas antes entre as próprias sociedades, o que não deixará de ter impacto, como se pode imaginar, no nível de vida das populações ocidentais. Estas últimas, para ter seu quinhão num mundo global injusto, teriam de consentir em imensos sacrifícios e, principalmente, no sacrifício de sua vida nacional, como o demonstra o discurso sobre a imigração, à qual seria preciso aquiescer maciçamente, por zelo de solidariedade e de compartilhamento das riquezas.

Outras questões em jogo irão impelir e justificar essa necessária globalização da soberania. Como sabemos, nas décadas de 1990 e de 2000 houve um desenvolvimento sem precedentes do ecologismo como sensibilidade política progressista: o discurso social se deixou convencer por uma maré verde que desempenhará um grande papel no desenvolvimento de uma sensibilidade globalista[26]. A esquerda ocidental reconhecerá no ecologismo uma matéria ideológica privilegiada, salientando o perigo globalizado do aquecimento climático ou de outros temores que, segundo a formulação, justificariam uma resposta globalizada e uma coordenação das soberanias que fosse muito além da mera cooperação intergovernamental[27]. Anthony Giddens escreveu, e isso não surpreende, que "a política das mudanças

---

[25] David Held, *Models of Democracy*. Stanford, Stanford University Press, 2006.

[26] Hervé Kempf, *Comment les Riches Détruisent la Planète*. Paris, Seuil, 2007.

[27] Jeremy Rabkin, "The Sovereignity Implictations of the Kyoto Protocol". In: Orrin C. Judd, *Redefining Sovereignty*. Hanover, Smith & Krauss Global, 2005, p. 117-32.

climáticas"²⁸ seria naturalmente exercida em escala global, visto que o planeta, sendo um ecossistema global, independe das subdivisões políticas e culturais entre os homens – pode-se notar o crescimento notável do ecologismo no discurso progressista, se considerarmos que, em sua obra *The Third Way*, lançada em 1999, a questão verde ocupava um lugar marginal, tornando-se, contudo, determinante no discurso público de esquerda uma década depois.

É claro que não se pode reduzir o ecologismo a uma estratégia de desqualificação da nação – as preocupações que ele apresenta são fundamentais e o destino do planeta não é um capricho ideológico. Uma coisa, porém, é certa: a questão ambiental é a questão globalizada por excelência, que neutraliza a significação existencial dos destinos nacionais para trazer à luz uma comunidade de destino planetário que sobrepuja, por sua majestade ideológica, as velhas querelas nacionais. Ela contribui para a construção da matriz que globaliza os problemas políticos. Os problemas políticos nacionais serão necessariamente relativizados diante da necessidade de conter uma catástrofe planetária que ameaçaria a própria existência do gênero humano. Já não se trata de discutir projetos políticos concorrentes num espaço político determinado, mas de salvar as próprias condições da existência humana, o que justificaria, evidentemente, como se pode imaginar, que as preocupações associadas às nações históricas fossem postas de lado²⁹. A nova sociedade civil globaliza-

---

[28] Anthony Giddens, *The Politics of Climate Change*. Cambridge, Polity, 2009.

[29] No momento da crise da gripe A, no outono de 2009, Jacques Attali se regozijará, no entanto, com o fato de que o risco de uma pandemia globalizada permita dar um passo a mais rumo à instauração de uma governança planetária. "Ainda que, como se deve evidentemente esperar, essa crise não seja muito grave, não se pode esquecer de extrair dela as lições, como em relação à crise econômica, para que antes da próxima, inevitável, se instaurem mecanismos de prevenção e controle de processos logísticos de distribuição equitativa dos medicamentos e das vacinas. Para isso se deverá instaurar uma polícia mundial, um armazenamento mundial e, portanto, uma tributação mundial. Assim virão a ser instauradas, muito mais rapidamente

da, particularmente ativa em relação aos desafios ligados ao ecologismo, será ainda mais ativa quanto às questões humanitárias, mais sensíveis, decerto, para uma esquerda que reaprendeu as virtudes do humanismo por meio do imperialismo humanitário – o que não deixa de suscitar a questão da definição dos direitos humanos. Se as guerras balcânicas subsequentes à implosão da Iugoslávia deram destaque a uma preocupação com os direitos humanos que, a partir daí, viria sobrepujar o exercício da soberania – e isso por meio do desenvolvimento de uma filosofia do direito de ingerência, para evitar que um Estado se voltasse contra a própria população –, constata-se, ainda assim, que eles serão instrumentalizados para justificar a instauração de instituições jurídicas mundiais; constata-se também que o direito de ingerência suscitará aventuras militares cada vez menos prudentes, que em geral negligenciam a realidade histórica dos países nos quais se intervirá, tornando a situação ainda pior. Mas a reflexão sobre os direitos humanos não poderia aqui ser entendida num sentido puramente liberal, ainda mais que, como se sabe, o reaproveitamento deles pela filosofia progressista situou no mesmo plano dos direitos formais mais elementares uma lista impressionante de direitos pessoais, não raro representados como direitos sociais, econômicos e culturais, que deveriam a partir de agora pertencer à humanidade inteira. Como os direitos humanos passaram a ser considerados à luz de um jusnaturalismo progressista, e os juristas especializados em direito internacional se propõem a ser seus intérpretes mais qualificados, compreende-se, portanto, que as questões políticas transpostas para a cena mundial o são, necessariamente, dentro de uma perspectiva progressista. Na realidade, pode-se dizer que a governança mundial encontrará no direito internacional a estratégia

---

do que o teria permitido a mera razão econômica, as bases de um verdadeiro governo mundial. Aliás, foi pelo hospital que se iniciou, na França no século XVII, a instauração de um verdadeiro Estado." Jacques Attali, "Changer par Précaution", *L'Express*, 3 de maio de 2009.

mais eficaz para institucionalizar uma dinâmica de normalização do cosmopolitismo como novo horizonte da democracia[30].

A NOVA QUESTÃO NACIONAL EUROPEIA

As novas "elites globalizadas", segundo a formulação de Jean-Pierre Chevènement, não apreciam a ideia de limitar suas pretensões e seus deslocamentos ao interior de uma comunidade política circunscrita, em que as asperezas históricas se corporificam numa sociedade que jamais pode ser realmente modelada conforme um plano de engenharia social. Christopher Lasch também notou que a tentação de uma circulação permanente das elites globalizadas minava os próprios alicerces da comunidade política[31]. O que se depreende nitidamente dessa globalização dos desafios políticos é uma vontade de desqualificar o âmbito nacional como espaço político legítimo, a partir do qual deve ser conduzida a deliberação democrática e devem ser apresentadas as controvérsias pelas quais uma sociedade reconhece os desafios de seu futuro próximo e em relação às quais várias opções concorrentes podem aparecer. Não se deve procurar outra razão para o fascínio por comunidades políticas tidas como laboratórios institucionais, onde grupos históricos distintos aprenderiam a sacrificar sua soberania, sendo capazes de se desnacionalizar pela descoberta de um bem comum e convidando as nações a encarar seu desenvolvimento para além de seu próprio interesse. Assistimos ao desenvolvimento de uma nova sensibilidade identitária entre as elites globalizadas, que desejam relativizar os pertencimentos nacionais e, em vez disso,

---

[30] Quanto a essa questão, consulte-se: Harold Hongju Koh, "Foreword: On American Exceptionalism", *Stanford Law Review*, v. 55, maio de 2003, p. 1479-527.

[31] Christopher Lasch, *La Révolte des Elites et la Trahison de la Démocratie*. Paris, Climats, 1996.

situar-se numa *overclass* globalizada que já não canaliza suas responsabilidades para uma comunidade política particular. Já não se trata, para as elites políticas, de se envolverem existencialmente com uma comunidade histórica particular, mas de trabalhar para a configuração de um sistema de governança globalizada. A transposição das controvérsias políticas para o âmbito transnacional parece revesti-las de uma legitimidade maior, ainda mais que essa transposição estratégica confirmaria, justamente, a legitimidade desse novo espaço para o tratamento dos problemas coletivos.

A construção europeia é emblemática dessa vontade de reconstituir a política em escala transnacional. Ela absorve a imaginação política do nosso tempo, mas seria um equívoco ver aí uma reapropriação do velho ideal que impelia a civilização europeia a constituir-se politicamente, como acreditam os defensores de um império europeu que resgata a unidade profunda de um mundo fragmentado pelos nacionalismos. O sonho europeu, em sua expressão ideológica atual, representa a tradução no âmbito político dos ideais da esquerda progressista, como Edgar Morin reconhecerá, ao escrever que, convocada "a abandonar para sempre o papel de centro privilegiado do mundo", a Europa seria chamada a se tornar "um centro de reflexões e de inovações para pacificar os seres humanos, instaurar ou restaurar as convivialidades, civilizar nossa terra-pátria"[32]. A ideia é perceptível, não obstante a bruma poética: o nascimento da Europa não anuncia a constituição política de uma entidade histórica, mas antes a eliminação da história no cerne da Europa, que deve a partir daí se reinventar à maneira de um protótipo da humanidade globalizada. A União Europeia representaria o primeiro modelo de uma comunidade política pós-moderna que revogou o mito da soberania e, mais ainda, o mito da soberania nacional, que entravaria a instauração de novas entidades políticas mais suscetíveis de acolher a complexidade

---

[32] Edgar Morin, *Penser l'Europe*. Paris, Gallimard, 1990, p. 260.

do mundo. A soberania dos modernos já não conviria a um mundo pós-moderno, menos fixado em identidades históricas geradoras de diferenciações políticas fortes e mais aberto aos fluxos demográficos, sociais e econômicos, que não se deixa encapsular em divisões políticas tradicionais. De certa maneira, o mundo pré-moderno e o mundo pós-moderno se encontrariam no desmantelamento da identidade coletiva, do território e da autoridade política. Se, como sugere Pierre Manent, a nação sucede ao império, que sucedeu à cidade, pode-se dizer, sobre o ideal europeu, que ele assinala um renascimento da tentação imperial, uma regressão ao princípio de governo que já não afirma sua filiação à soberania do povo, mas antes ao imperativo do progresso. Isso porque a forma imperial é talhada para acolher a utopia europeia e sua lógica desterritorializada. O império como forma política sempre se apoiou, não no mito da soberania popular, mas antes numa burocracia militante, encarregada de discernir o interesse comum para além das rivalidades comunitárias que podem manifestar-se em suas formas políticas. Isso explica, provavelmente, o papel fundamental desempenhado pela burocracia como base social do europeísmo militante – na falta de referência à soberania popular, o Império recorre àqueles que o servem com exclusividade, para além de suas fidelidades nacionais particulares[33].

A vocação histórica da Europa não seria constituir uma nova potência mundial, mas antes instituir uma nova relação com o poder, que teria seu eixo na noção de *soft power*, teorizada principalmente por Joseph Nye[34]. O poder da norma substituiria o poder da força, o que equivale a dizer que a moralização da atividade política no plano exterior acarretará uma neutralização progressiva da diferença entre a política interior e a política exterior, ponto de consumação

---

[33] Kenneth Minogue, *Are the Brithish a Servile People?* Bruges, The Bruges Group, 2008.

[34] Joseph Nye, *Soft Power: The Means to Success in World Politics*. New York, Public Affairs, 2004.

de uma governança mundial consequente e sustentável. Poder-se-ia falar, seguindo a formulação de Philippe Muray, de um império do bem, um império convencido de irradiar todas as sociedades humanas com seu modelo de civilização manifestamente superior. De fato, é na medida em que deixaria de existir um exterior à comunidade política ou, se assim se preferir, um autêntico *pluriversum* no sistema internacional, que já não será possível conceber dois interesses coletivos contraditórios que exigissem o retorno a uma política exterior fadada a se tornar uma política de poder. Se uma moral humanitária deve desenvolver-se por meio das exigências do universalismo progressista, deverá necessariamente aplicar-se a todos os homens, para além das determinações empíricas de cada comunidade política, o que equivale a dizer que a soberania nacional será desqualificada por uma soberania sobrepujante que afirmará sua filiação aos direitos humanos. Não é tanto pela força que a Europa pretende se impor, e sim pelo exemplo, à maneira de uma experiência política exemplar chamada a abranger tudo em seus parâmetros por um fenômeno de expansão natural. Haveria na própria natureza da experiência democrática europeia uma pretensão de transformar radicalmente a relação entre a política externa e a política interna, pela constituição da União Europeia como modelo sobrepujante de uma comunidade política global.

Segundo as palavras de Jeremy Rifkin, haveria um sonho europeu, o de uma civilização que finalmente humanizaria a modernidade ocidental, desprendendo-a de esquemas ideológicos e econômicos que se opõem ao desenvolvimento sustentável das sociedades humanas. O sonho europeu seria, acima de tudo, o primeiro esboço de uma civilização planetária, "que insiste na responsabilidade coletiva e na consciência global", um sonho que "encarna as mais belas aspirações da humanidade por dias melhores"[35]. A Europa já não deveria tomar forma para aumentar seu poder num universo de

---

[35] Jeremy Rifkin, *Le Rêve Européen*. Paris, Fayard, 2005, p. 20.

potências concorrentes, mas antes para tornar-se a casa comum, em plena construção, de uma humanidade enfim curada de sua divisão política. Dias melhores estariam à espera da humanidade, a reboque do sonho europeu. Esse idealismo libertaria a humanidade das humanidades particulares.

> Reduzido ao essencial, o sonho europeu encarna a vontade de criar um contexto histórico novo, capaz de emancipar o indivíduo do antigo jugo da ideologia ocidental e, ao mesmo tempo, de vincular a espécie humana a uma nova história comum, sob o signo dos direitos humanos universais e dos direitos intrínsecos da natureza – o que chamamos de consciência global. É um sonho que nos conduz para além da modernidade e do pós-modernismo, rumo a uma era globalizada. Em suma, o sonho europeu cria uma nova história[36].

A propósito da Constituição Europeia de 2005, Rifkin notou corretamente que "se trata do primeiro documento desse tipo a ampliar os privilégios legais concedidos ao indivíduo em virtude de uma consciência global, com direitos e responsabilidades que abarcam a totalidade da existência humana na terra. [...] O vocabulário empregado do início ao fim desse texto se inspira num universalismo, mostrando claramente que ele não se concentra num povo, num território ou numa nação, mas se interessa pelo conjunto do gênero humano e pelo planeta em que vivemos"[37].

A democracia europeia seria a escola de uma forma de democracia universal que se constitui numa organização política inédita. Temos aí um universalismo enfim descompartimentado, uma democracia desentravada: o laboratório europeu anuncia, por fim, a dissociação definitiva entre a democracia e a história e o acoplamento da democracia ao utopismo. É próprio da utopia, tanto no plano etimológico como no plano histórico, não ter outros limites a sua

---

[36] Ibidem, p. 18.
[37] Ibidem, p. 273.

expansão além dos limites circunstanciais. Não há – porque não pode haver – limites para a utopia, caso contrário ela seria adulterada e teria de restabelecer em sua visão de mundo uma série de restrições que limitam sua pretensão de gerar o homem novo. O vocabulário que domina a ideologia europeísta é sintomático disso, pois celebra a mestiçagem, as identidades múltiplas – em outras palavras, as formas de filiação identitária que não são institucionalizadas segundo os parâmetros históricos da comunidade política. Da mesma maneira, assistimos a uma valorização sem precedentes de uma cidadania assemelhada à diáspora, a de um indivíduo portador de direitos humanos disponível às realidades de um grande mercado continental, mas que já não confere necessariamente uma importância fundamental a seu pertencimento a um corpo político[38].

Não surpreende que o europeísmo redescubra a história dos impérios, e que os teóricos mais lúcidos de sua institucionalização advoguem o estabelecimento de um império europeu, o qual conclama necessariamente a um império humanitário globalizado. Pierre-André Taguieff reconheceu bem os parâmetros em que a questão europeia se enquadra, ao afirmar que "a utopia europeísta é apenas uma figura da utopia globalista, um episódio na globalização apresentada como inevitável"[39], sendo a eurogovernança meramente uma antecâmara da governança global, segundo Jeremy Rabkin – que também vê na associação política europeia o modelo de uma "comunidade política pós-moderna"[40]. Não é tanto que a civilização europeia se constitua politicamente: na realidade, ela serve como pretexto para um empreendimento que tem muito pouco a ver com sua identidade histórica. Marcel Gauchet dará um cunho irônico a essa ideia, dizendo

---

[38] Pierre Manent, *Le Regard Politique*. Paris, Flammarion, 2010.

[39] Pierre-André Taguieff, *Résister au Bougisme. Démocracie Forte contre Mondialisation Techno-Marchande*. Paris, Mille et Une Nuits, 2001, p. 68.

[40] Jeremy Rabkin, *Law Without Nations?* New Haven, Princeton University Press, 2005, p. 130-57.

que "quanto mais ela se realiza, menos sabe o que é e o que deve ser"[41], enquanto Giddens reconhecerá que a Europa só tem interesse no pensamento progressista como laboratório. "O que conta não é tanto definir uma entidade, 'Europa', e sim desenvolver instituições sociais, políticas e econômicas que se estendam além do Estado-nação e alcancem de fato o indivíduo"[42]. "A questão do Estado europeu"[43] é indissociável dessa teorização cada vez mais insistente de uma governança global, sendo a intenção da Europa constituir-se como primeira comunidade política na era da globalização, e que responde, por isso, às suas exigências[44]. Habermas dirá o mesmo ao afirmar, sobre a construção europeia, que ela poderia representar uma escola de aprendizado do pós-nacionalismo e um espaço de perpétua reinvenção do vínculo político[45]. A europeização da política forneceria um contexto institucional de dissociação entre o bem comum e o interesse nacional. A questão da Europa só se esclarece verdadeiramente, nos dias de hoje, na medida em que revela a transformação do Velho Continente em laboratório do mundo novo. O fascínio pelo supranacionalismo não é, antes de tudo, um fascínio pela ampliação do poder europeu numa nova concorrência das civilizações, mas antes o anseio pela definição de um novo modelo de associação política que afirmaria sua filiação direta à humanidade universal[46]. É nessa perspectiva, aliás, que Edgar Morin traçará, em grandes linhas, o passado

---

[41] Marcel Gauchet, *La Condition Politique*. Paris, Gallimard, 2005, p. 465.

[42] Anthony Giddens, *The Third Way. The Renewal of Social Democracy*. Cambridge, Polity Press, 1998, p. 142.

[43] Jean-Marc Ferry, *La Question de l'État Européen*. Paris, Gallimard, 2000.

[44] É o que Strobe Talbott observará, ao afirmar: "the European Community pioneer the kind of regional cohesion that may pave the way for globalism". Strobe Talbott, "The Birth of the Global Nation", *Time Magazine*, 20 de julho de 1992.

[45] Jürgen Habermas, *La Fin de l'État-nation*. Paris, Fayard, 2000.

[46] John Fonte, *Global Governance vs. the Liberal Democratic Nation-State: What is the Best Regime? Bradley Lecture*, 4 de junho de 2008, p. 6.

e o futuro da Europa. Morin fazia uma distinção entre "a marcha rumo ao passado", associada ao "retorno aos Estados-nações – com o risco de balcanização generalizada, fronteiras arbitrárias, minorias oprimidas ou perseguidas, nacionalismos frenéticos e cegos, ditaduras locais" –, e "a marcha rumo ao futuro", associada ao "desenvolvimento e à multiplicação das confederações e federações em que o imperativo do respeito às nações se une ao imperativo de superação do Estado-nação"[47]. A questão suscitada pela Europa é primeiramente a da constituição de uma comunidade política e a dos parâmetros históricos e sociológicos necessários para constituí-la.

A construção europeia, tal como considerada atualmente, tem pouco a ver com a longa história da aspiração à constituição política da civilização europeia. Ulrich Beck dizia-o sem ambiguidades: "nós nos extraviamos tão logo tentamos definir a Europa recorrendo a pontos comuns pré-políticos, 'culturais'"[48]. Alguns chegarão a dizer que o ideal europeísta seria justamente fundado no repúdio, por parte da Europa, de sua história, na medida em que esta última seria assimilável à catástrofe de Auschwitz. A construção europeia seria justamente um empreendimento conduzido no intuito de virar as costas para sempre à civilização ocidental, que se teria engolfado na catástrofe totalitária. Tony Judt chegava a sustentar que a lembrança regular dos crimes do nazismo seria uma etapa indispensável à dessacralização das nações e à legitimação de uma ordem política pós-nacional, encarnada, de seu ponto de vista, na União Europeia – "a recuperação da memória dos judeus mortos da Europa se tornou a própria definição e a própria garantia da humanidade restaurada no continente"[49]. Também Habermas valorizará a memória do Holocausto no cerne da identidade europeia reconstruída, à maneira de um perpétuo sinal de

---

[47] Edgar Morin, *Penser l'Europe*. Paris, Gallimard, 1990, p. 256-57.
[48] Ulrich Beck, Edgar Grande, *Pour un Empire Européen*. Paris, Flammarion, 2004, p. 21.
[49] Tony Judt, *Après Guerre*. Paris, Armand Colin, 2007, p. 932.

alarme contra uma cidadania que se particularizasse numa experiência histórica. A única memória europeia permitida será a memória hipercrítica, na medida em que o descentramento da narrativa histórica permitiria que as nações parassem de acreditar em seu destino exclusivo. Será preciso reeducar a consciência histórica dos povos para desconstruir o apego a um destino nacional singular. Em outras palavras, a experiência ideológica europeia será a do arrependimento, como Marcel Gauchet observou: "a Europa transmutou-se assim em terra das expiações; pôs-se a redefinir sua identidade a partir de um repúdio masoquista de sua história que confina com o ódio de si"[50].

Essa recusa em assumir a civilização europeia como substrato histórico para a constituição da Europa toma forma por meio da crítica às nações, evidentemente, mas cristalizou-se – e radicalizou-se, cumpre acrescentar – na controvérsia em torno do reconhecimento das raízes cristãs da Europa. Quando alguns buscaram inserir no tratado constitucional de 2005 uma referência às raízes cristãs da Europa, assistiu-se a um protesto generalizado que, por trás da referência ao laicismo, manifestava acima de tudo a recusa em particularizar o europeísmo, associando-o a uma civilização particular, e o desejo de não reservar uma posição secundária ao Islã. Habermas afirmará que, se a Europa viesse a se constituir em torno de seu particularismo histórico, e não pela promessa de um universalismo radical, passaria por uma "recaída pós-colonial no eurocentrismo"[51]. Da mesma maneira, Edgar Morin não fazia nenhum mistério quanto a isso: para ele, a Europa não devia se conceber tanto na linguagem da herança, mas principalmente na do projeto mais depurado possível de qualquer memória histórica, devendo a Europa ser atraída pelo futuro radiante, e não por uma fidelidade

---

[50] Michel Rocard, "Élargissement, quel Scénario?", *Libération*, 2 de junho de 2009. É também o que Marcel Gauchet observará, de maneira mais sóbria, assinalando que "seu destino não é se afirmar em sua particularidade geográfica e civilizacional". Marcel Gauchet, *La Condition Politique*. Paris, Gallimard, p. 498.

[51] Edgar Morin, *Penser l'Europe*. Paris, Gallimard, 1990, p. 197.

a uma herança que certamente não necessitaria ser perpetuada em sua forma nacional. Edgar escreveu, assim:

> Nossas memórias históricas europeias só têm em comum a divisão e a guerra. Não têm herança comum, exceto suas inimizades mútuas. Nossa comunidade de destino não surge em absoluto de nosso passado, que a contradiz. Emerge, quando muito, de nosso presente, porque é nosso futuro que a impõe a nós.

Não é sem razão que, do ponto de vista da filosofia política, o caso da Turquia na União Europeia é tão determinante. É justamente por ela não ser cultural ou historicamente europeia que os europeístas queriam associá-la estreitamente à construção europeia, para fornecer a prova da vocação universalista e multicultural da UE. A adesão da Turquia à União Europeia teria acima de tudo uma virtude pedagógica, a de relembrar que a identidade europeia não poderia e não deveria de maneira alguma se articular a um patrimônio histórico particular. Esse argumento foi explicitamente desenvolvido por Tariq Ramadan, quando este respondeu a um jornalista que lhe perguntou por que a questão da integração da Turquia à Europa era tão relevante:

– Por que o senhor faz tanta questão da entrada da Turquia na Europa? Isso é assim tão importante?

– No início, não era, mas veio a ser. Conversei recentemente com Daniel Cohn-Bendit, que é favorável: o que conta é o que está implícito no discurso. Em quê nos baseamos? Se é apenas na geografia, a coisa não se sustenta: as fronteiras mudaram muito. Se nos baseamos em princípios, em critérios, como a pena de morte, entre outras coisas, eu concordo. Mas o que há de implícito no discurso é o número, a cultura e a religião. Eis o verdadeiro debate europeu: o que constitui nossa cidadania, nosso senso de pertencimento? A Turquia é um revelador, o elemento visível das perguntas que a Europa se faz sobre si mesma[52].

---

[52] Tariq Ramadan, "Je Suis Profondément Occidental", *Le Point*, 4 de junho de 2009.

Alguns chegam a levar esse argumento a suas últimas consequências, acrescentando que a integração da Turquia à UE viria sustentar psicológica e culturalmente as populações muçulmanas que para ela se transplantaram nas últimas décadas, por meio de uma imigração maciça, tanto legal como clandestina. A Turquia viria assim confirmar a identidade europeia de comunidades muçulmanas que, por ora, manifestam sua desconfiança contra a civilização europeia, da qual não querem nem os códigos culturais nem a identidade política[53]. Da mesma maneira, a questão da imigração muçulmana surgirá como uma solução para o problema identitário da Europa, sendo os muçulmanos chamados a se tornarem puros europeus, sem um excesso de consciência nacional que comportasse o risco de atrito com o desenvolvimento da Europa política. As populações muçulmanas poderiam se europeizar, sem ter de passar pela mediação nacional. Houve até quem afirmasse que o Islã seria uma sorte para a Europa, na medida em que a abriria para o multiculturalismo necessário à desconstrução dos Estados-nações e à instauração de uma comunidade política globalizada, com identidades que buscam se emancipar do contexto nacional naturalmente relacionado ao espaço político europeu.

---

[53] Assim é que Pierre Moscovici pôde escrever: "Então, ousemos dizer as coisas e emitir o último postulado, aquele que permanece pesadamente subendendido: a Turquia é povoada por uma maioria de muçulmanos. E o Islã, em todas as suas formas, é radicalmente estranho à Europa dita cristã. Mas... Mas o fato é que a França, para tomar apenas o exemplo nacional, conta atualmente por volta de 8% de habitantes vinculados, mais ou menos, à tradição muçulmana. Uma razão a mais para rejeitar a Turquia, dirão os que preconizam a guerra das civilizações, não vamos deixar o lobo entrar no aprisco! E se fosse justamente o caso inverso? A Turquia, único estado secular de maioria muçulmana do mundo, não seria um contraexemplo que conviria promover, em vez de rejeitar? O da capacidade do Islã, não de se dissolver, mas de viver na laicidade de que, em princípio, nos orgulhamos tanto? Modelo de tolerância, os europeus? Ou antes, pelo contrário, gigantes de pés de argila, confinados numa angústia obsidional, como se ainda estivéssemos no tempo dos dois cercos, o de Viena em 1529 e em 1683?". Pierre Moscovici, "Oui, Nous Avons Besoin de la Turquie en Europe", *Le Monde*, 1º de junho de 2009.

Essa redefinição silenciosa da construção europeia em sua relação com a Turquia é visível também nos critérios formulados para convidá-la a se conformar com as normas identitárias da UE. Os critérios de admissão à Europa são estritamente democráticos e liberais, o que diz muito sobre a definição que a Europa propõe de si mesma: a instauração de "instituições estáveis que garantam o estado de direito, a democracia, os direitos humanos, o respeito às minorias e sua proteção"; "uma economia de mercado viável, bem como a capacidade de enfrentar a pressão concorrencial e as forças do mercado no interior da União"; "a capacidade [...] de assumir as obrigações [de adesão à UE] e, principalmente, de aderir aos objetivos de união política, econômica e monetária". A comunidade política existiria apenas em sua artificialidade radical, baseada numa teoria da justiça capaz de concretizar a imagem de um bem comum globalizado. O argumento que se perfila consiste em transformar a geografia em pura construção social.

A SOBERANIA NACIONAL COMPRIMIDA

A construção europeia, estágio intermediário de uma eventual integração política da humanidade, depara, porém, com um obstáculo de monta: a existência de outras civilizações e outras nações, não tão entusiastas da ideia de se dissolverem numa grande mestiçagem mundial. Queiramos ou não, a soberania continua a ser um desafio, mesmo para aqueles que não querem exercê-la. O que restará da soberania num mundo em que a Europa parece já não desejá-la? E o que fazer com os Estados que, com ou sem razão, não se entusiasmam com a ideia de se dissolverem ou se desconstruírem?

A tensão é visível no próprio âmago do Ocidente: ela distingue claramente suas duas margens. De fato, se a União Europeia se constitui como uma comunidade política inédita, fora do modelo mais clássico de soberania ocidental, os Estados Unidos, sem escapar plenamente desse movimento, perpetuarão, por meio da presença ativa em seu espaço público de um movimento conservador particularmente afeito à soberania nacional, uma relação muito clássica com o Estado-nação – falou-se, quanto a isso, de uma falha atlântica. Robert Kagan falará, aliás, de um "abismo ideológico" que ameaça o europeísmo, ainda mais porque cada manifestação do unilateralismo estadunidense se contraporia, na prática, à pretensão europeia de transpor para o âmbito da governança global as questões políticas fundamentais, atinentes, em última instância, à guerra e à paz[54]. O soberanismo conservador dos Estados Unidos republicanos, para retomar a formulação de Peter J. Spiro, estaria em radical contradição com o multilateralismo supranacional que a UE buscaria estabelecer como novo modelo de cooperação entre Estados que consentem mutuamente na alienação de parte substancial de sua soberania. Naturalmente, esse contraste entre filosofias no que tange à soberania se torna particularmente brutal quando se trata da guerra: qual instância tem legitimidade para decretar se uma guerra é legítima ou não? Será que um Estado pode decidir travar uma guerra, em função do que considera seu interesse nacional, ou será que a única guerra legítima é aquela autorizada pelas instituições internacionais? Na perspectiva de uma governança global, a questão da guerra e da paz já não pertenceria primeiramente ao âmbito da soberania nacional, mas deveria ser concebida nos termos da política interior, segundo os parâmetros da governança globalizada, à maneira de uma operação policial internacional. No entanto, como observa Chantal Delsol, "retirar da política a avaliação da legitimidade do uso da força é desconstruir a comunidade política particular, é retirar-lhe sua capacidade mais determinante"[55]. Em que medida um Estado que considera que seus

---

[54] Robert Kagan, *La Puissance et la Faiblesse. Les États-Unis et l'Europe dans le Nouvel Ordre Mondial*. Paris, Plon, 2003, p. 21, 98.

[55] Chantal Delsol, *La Grande Méprise*. Paris, La Table Ronde, 2004, p. 129.

interesses vitais estão comprometidos por um inimigo próximo ou distante deve se submeter à ética globalista antes de fazer uso da força? Não será ele, em última instância, o único juiz verdadeiro daquilo que para ele é essencial ou não?

Será que a soberania nacional merece sequer ser consultada atualmente, merece que se recorra a ela quando chega a hora de validar as grandes escolhas políticas de nosso tempo? É a própria legitimidade do espaço nacional que será contestada, como se constatará por ocasião do referendo sobre o tratado constitucional de maio de 2005, quando a *intelligentsia* europeísta recriminará primeiramente o eleitorado francês por haver votado pelo *Não*, voltando-se logo depois contra os dirigentes políticos por haverem realizado um referendo sobre a questão europeia. A Europa é importante demais para ser submetida à discussão pública, e a ciência oculta de sua extensão é reconhecida como tal pela maioria dos líderes europeístas, que disseram, sobre o tratado europeu simplificado, o Tratado de Lisboa, que ele retomava todo o conteúdo fundamental da antiga constituição, mas estaria codificado num vocabulário administrativo e tecnocrático – a fim de evitar sua discussão pública. Seria preciso ultrapassar a expressão da soberania popular. Depois de serem derrotados no referendo sobre a constituição europeia, os europeístas também recriminaram Jacques Chirac por havê-lo realizado. O referendo legitimaria não apenas as paixões populistas, mas também o âmbito nacional como espaço de expressão da soberania popular. De fato, consultar um povo sobre sua adesão à Europa ou sobre as modalidades de sua integração consistiria, em teoria e na prática, em reconhecer o direito desse povo de não ampliar sua adesão à Europa e mesmo de desprender-se dela, se assim o desejasse. A nacionalização das consultas populares viria a ser marcada, a partir daí, pelo selo da ilegitimidade. Os governos que tiveram a infelicidade de consultar seu povo sobre o futuro da União Europeia pela via do referendo foram acusados de populismo pela *intelligentsia* europeísta, para a qual a soberania popular não deveria ser exercida enquanto não fosse reformatada por meio das instituições comunitárias. A soberania nacional já não deveria ter o direito de interferir na construção europeia[56]. Alguns europeístas chegaram a se refugiar no mito de uma consulta popular pan-europeia, que aboliria por sua simples realização a legitimidade do Estado-nação como espaço de expressão da soberania. Seria preciso fabricar por inteiro um povo europeu, criando novas estruturas de expressão da soberania popular que já não dependessem do recorte da soberania nacional. O procedimento do referendo nacional seria portador desse grande paradoxo: atribuiria a uma forma política desqualificada o direito e a possibilidade de entravar o nascimento de outra, esta sim convocada pelas exigências da história.

O desenvolvimento de uma justiça planetária passa normalmente por um progresso da consciência humana. No mínimo se falará da tentação penalitária do progressismo globalizado. Os ideólogos da justiça supranacional compreenderam bem que não se podia esperar um desmantelamento voluntário das soberanias nacionais pelos povos que são seus depositários e que, em vez disso, era preciso apostar no zelo dos aparelhos tecnocráticos para multiplicar os tratados e as organizações. A justiça globalizada corresponde a uma despolitização das relações internacionais que seriam do âmbito da política interna. A questão de uma competência universal, em nome dos direitos humanos, acompanhada da pretensão a uma justiça globalizada – que sobrepuja e transcende as soberanias nacionais –, é bem representativa do surgimento de um início de soberania globalizada que se arroga o direito, teoricamente, de intervir na vida dos países em nome de uma forma de absolutismo moral que não se proíbe de desmantelar os acordos complexos que uma nação pode fazer ao longo de sua história. Os promotores do humanitarismo globalizado se dão

---

[56] Dominique Reynié, "Référendum sur le Traité Constitutionnel". In: Yves Bertoncini et al., *Dictionnaire Critique de l'Union Européenne*. Paris, Armand Colin, 2008, p. 366.

ao direito de sobrepujar as realidades particulares de cada sociedade para submetê-las a uma forma de justiça universal que não está longe de um moralismo dos mais intransigentes. Na medida em que as ofensas suscetíveis de serem submetidas aos tribunais internacionais se multiplicaram, podemos nos perguntar se o desenvolvimento de tal soberania planetária não se oporia ao simples exercício da democracia no plano nacional, em que a democracia se define menos a partir de uma norma substancial e mais como um âmbito de debate em que várias opções podem legitimamente se enfrentar no espaço público. A instauração de uma justiça planetária nos faz crer na confirmação da predição de Bertrand de Jouvenel, para quem um Estado universal repousaria necessariamente na abolição da democracia e na tentação de uma hegemonia ideológica global. De fato, é justamente a possibilidade da fronteira, a passagem de uma soberania a outra, que constitui o fundamento da liberdade política.

A desconstrução da nação é igualmente visível na recomposição do espaço público segundo os critérios do imperialismo humanitário. A soberania nacional deve a partir de agora se subjugar explicitamente a um novo enquadramento ideológico, estruturado a partir do imperativo dos direitos humanos. É característico do imperialismo humanitário pretender sobrepujar as soberanias nacionais despolitizando-as e então transformando-as em meras instâncias gerenciais. Em que medida uma eleição poderia levar ao poder partidos desejosos de restaurar a soberania nacional, desmontar o multiculturalismo de Estado ou restaurar o Estado contra a judiciarização da política? A pergunta se apresenta para as pequenas nações da Europa oriental, que conservaram, do século XX, um apego maior à soberania nacional e que constataram a diminuição de sua autonomia no âmbito do debate sobre os imigrantes no fim de 2015. Uma coisa é certa: assistimos então à manifestação de um imperialismo humanitário que atualiza com meias palavras a velha doutrina soviética da soberania limitada, sendo a expressão da vontade popular concebível, ao que parece, tão somente no estrito âmbito do reconhecimento explícito e militante das finalidades enunciadas na construção europeia.

* * *

A democracia multicultural e a democracia cosmopolítica se correspondem numa obliteração do fato nacional, por um desenraizamento radical da comunidade política. A dissolução teórica das culturas torna a pluralidade humana inconcebível, e também condena uma filosofia política que reconhece o valor intrínseco da pluralidade das soberanias, na medida em que ela demonstraria a pluralidade irredutível da experiência humana. Pode-se dizê-lo de outra forma: a tese da intercambialidade das culturas, que apresenta cada uma delas como um estoque de crenças obsoletas, prontas para dissolverem-se num grande salto adiante rumo à mestiçagem globalizada, desqualifica em seus fundamentos a aspiração de cada povo a governar-se a si mesmo. Já não há pluralidade dos interesses nacionais e das civilizações: haveria simplesmente uma humanidade no limiar da unificação, enfim emancipada de suas velhas contradições e pronta para se reconhecer numa figura única. Naturalmente, a defesa da soberania nacional passou para o registro do impensável e, consequentemente, do impensado, e será desclassificada como patologia identitária sintomática de uma disposição reacionária. Defender a nação, expressão política de uma experiência histórica, consistiria em recusar a metamorfose progressista da consciência democrática e em fixar a democracia num âmbito que talvez tenha sido seu espaço de incubação, mas que certamente não deveria ser seu ponto de consumação. Em nosso caminho, encontramos finalmente a questão do conservadorismo, para o qual a pluralidade humana continua a ser, na realidade, a questão mais fundamental que existe.

Capítulo 7 | O conservadorismo é uma patologia?

> *Você disse conservadorismo? Mas o conservadorismo deixou de ser uma opinião ou uma disposição: é uma patologia. No passado, a ordem se opunha ao movimento; a partir de agora só existem partidos do movimento. Aproximando-se a hora de entrar no terceiro milênio, todos querem não apenas ser modernos, mas também reservar-se a exclusividade dessa denominação suprema. "Reforma" é a palavra de ordem da linguagem política atual, e "conservador", o palavrão que esquerda e direita se lançam mutuamente em rosto. Conceito polêmico, o conservadorismo nunca mais foi endossado na primeira pessoa; o conservador é o outro, é quem tem medo: medo por seus privilégios ou por suas vantagens adquiridas, medo da liberdade, do mar aberto, do desconhecido, da globalização, dos imigrantes, da flexibilização, das mudanças necessárias. [...] Todos os protagonistas do debate ideológico, atualmente, são vivos que se tratam mutuamente de mortos, e a nostalgia, venha de onde vier, é sistematicamente qualificada de temerosa.*
>
> Alain Finkielkraut, *L'Ingratitude*

Desde meados da década de 1990, a democracia europeia se crê sitiada pela ameaça populista. Designa-a diferentemente de acordo com os países e com os momentos, ao mesmo tempo em que concorda, de modo geral, em ver aí um perigo contra o qual se requer uma aliança urgente. Extrema-direita, nacional-populismo, direita radical, direita extrema: tais rótulos e muitos outros, não raro confusos, acabam por se entrecruzar para designar, de maneira tão vaga quanto vasta, o *outro* da democracia diversitária. Por meio da encenação dessa ameaça, no entanto, assistimos a um estranho efeito do amálgama que torna praticamente impensável uma questão que, no entanto, é constitutiva da modernidade: a do conservadorismo. Esta última não é nova. Nasce com Burke, e cada país, segundo sua tradição singular, irá formulá-la: como conter os efeitos de uma modernidade sem limites, que pretende aos poucos dominar todas as relações sociais, esquecendo que o homem não encontra aí uma satisfação plena de suas aspirações existenciais? Diante da tentação de contratualizar por completo as relações sociais, o conservadorismo se apresentou tradicionalmente como o partido da herança, da memória e dos enraizamentos. Como nota Chantal Delsol, ele pretende demonstrar a permanência de aspirações existenciais esquecidas pela modernidade, assegurando-se, de uma maneira ou de outra, que elas estejam presentes no cerne da vida pública e continuem a permear a comunidade política[1]. O conservadorismo dá testemunho da permanência do velho mundo no novo, e mais ainda, talvez, da parte incompressível da filosofia política clássica no âmago da democracia. De que maneira constituir-se como comunidade quando a sociedade está exclusivamente submetida à fria regra do universalismo jurídico?

No entanto, o conservadorismo se torna cada vez mais impensável no mundo pós-1968 e, principalmente, sob a lei do novo regime diversitário. Sob vários aspectos, tornou-se ininteligível. Já não é compreendido e, acima de tudo, não é visto: passou de tradição política e intelectual a resíduo histórico inútil – a bengala já não seria necessária: a modernidade poderia prescindir dela, tornando-se exclusivamente progressista. Teria chegado a hora, na realidade, de um fundamentalismo da modernidade – o surto de 1968, assim compreendido, seria o de uma liquidação bem-vinda da tensão entre progressismo e conservadorismo. A persistência do conservadorismo, que não morre e ainda encontra adeptos, ainda que estes já não

---

[1] Chantal Delsol, *Populisme: les Demeurés de l'Histoire*. Paris, Éd. du Rocher, 2015.

saibam dizer seu nome, logo se tornará intolerável para os militantes e prosélitos do novo regime. Como é possível encontrar ainda em nosso tempo homens que tardam a aliar-se ao novo regime e que não se deixam iluminar pela fabulosa revelação, homens que persistem e teimam em querer viver no mundo de ontem, quando este já foi decretado obsoleto e insuportável? Por que duvidar da revolução, visto que ela ocorreu? Desse ponto de vista, o Estado diversitário é terrivelmente ideocrático: pretende reconfigurar o mundo em função de uma utopia que seus guardiães ideológicos conhecem intimamente. Jamais se deve dar meia-volta, é preciso impelir sempre adiante a conversão à cidadania diversitária. O conservadorismo já não é apenas inaceitável: é impensável, pura e simplesmente. Basta que os guardiães da revolução diversitária percebam seu traço discreto para que se atemorizem, vendo ressurgir do passado algo que acreditavam definitivamente vencido.

No entanto, por menor que seja a vontade de enxergá-lo, o conservadorismo ainda existe, e menos como resíduo do que à maneira de uma aspiração incoercível, ligada àquela parte do homem desejosa de inserir-se num mundo que o precede e o sucederá – aquela parte do homem que o impele a enxergar-se como herdeiro, como guardião de um mundo que ele deve transmitir, não como um pequeno deus chamado a recriar o mundo segundo seus desejos. E podemos acreditar, sem grande risco de engano, que essa parte realmente não quer ser erradicada. Existe algo assim como uma natureza humana, algo que não é completamente estranho ao desejo de permanência, e que exige o que Bérénice Levet chamou, muito corretamente, de "direito à continuidade histórica" – Hervé Juvin, por sua vez, falará do "direito de permanecer"[2]. A comunidade política não poderia existir de modo duradouro sem uma memória

---

[2] Bérénice Levet, "Le Droit à la Continuité Historique", *Le Débat*, novembro de 2013, p. 14-22; Hervé Juvin, *La Grande Séparation*. Paris, Gallimard, 2013, p. 353.

forte, que enraíza os homens no sentimento de um mundo compartilhado e alimenta de mil maneiras seu desejo de perseverar em seu ser histórico. Essa disposição essencial, ainda que permeie todas as classes sociais, caracterizou principalmente, desde a Revolução de 1968, as classes populares, que acolheram com grandes reservas e, sobretudo, com muita hostilidade o novo mundo em que eram condenadas a viver, e que buscaram, por isso, manter vivo o que podiam conservar do antigo. Foi principalmente à nação que elas se apegaram, pois é por meio dela que continua a ser possível habitar um mundo habitável, inserir-se num universo balizado por referências substanciais, características de uma cultura, e não apenas por regras abstratas, desencarnadas e "desencarnantes".

Sem surpresa, no entanto, esse conservadorismo popular, um pouco informe e, de tempos em tempos, desajeitado, tem péssima fama. Ele não expressaria aspirações legítimas ou medos sensatos, mas sim um medo irracional diante da modernidade e do futuro. De certa forma desqualificaria o povo, que por meio dele revelaria sua imaturidade política e seu atraso histórico: o povo ainda estaria entalado em representações sociais objetivamente obsoletas, imerso em preconceitos pouco recomendáveis, que retardariam o advento do mundo novo. De certa forma, estaria enlameado pelo velho mundo em que chafurda, como se amasse perambular em suas ruínas. Se quiser recuperar sua dignidade, deverá lavar-se dele, despojar-se dele e renascer para o novo mundo, abraçando o otimismo diversitário. O povo à moda antiga, com sua comunidade de costumes e história, já não seria o povo democrático: este último seria o povo refundado na diversidade e consagrado pelo multiculturalismo. O povo à moda antiga seria o dos populistas: recorrer a ele ou convidá-lo a se levantar, retomando os direitos que outrora foram seus, consistiria em tornar-se culpado de um pecado contra a nova democracia. Vimos anteriormente o destino que lhe é reservado: ser recondicionado e reeducado.

O CONSERVADORISMO É UM PRÉ-FASCISMO?

No entanto, o descrédito que cerca o mal-estar conservador das classes populares não é realmente novo. Sem voltar à Vendeia e às expedições punitivas contra a dissidência contrarrevolucionária, podemos dirigir nosso olhar para a sociedade estadunidense nos dias subsequentes à Segunda Guerra Mundial, para ver o conservadorismo popular concebido como uma patologia grave para a democracia. O contexto não é o mesmo de hoje, decerto, os desafios diferem consideravelmente, mas um elemento permanece: as novas elites progressistas, chamadas então a pilotar o Estado social emergente, tenderam a acreditar que o povo estadunidense era inapto para a experiência democrática. Christopher Lasch julgou ter identificado esse traço desde os anos 1950 na sociologia progressista dos Estados Unidos, que havia teorizado o conservadorismo associando-o a uma patologia: a das categorias da população que resistiram à modernização social e econômica do pós-guerra[3]. O conservadorismo seria mórbido, ao recusar, em bloco, a social-democracia e o comunismo. O julgamento globalmente negativo acerca do conservadorismo, reduzido a sua caricatura e amalgamado desde esse momento a uma forma de direita não só radical mas também tosca, conspiratória e racista, será integrado às ciências sociais, ainda que nesse mesmo momento o conservadorismo estadunidense iniciasse seu renascimento intelectual, repudiando justamente toda forma de tentação de cunho fascista. No entanto, entre aqueles que virão a estudá-lo assimilando-o à direita radical, o conservadorismo será representado como uma patologia no âmago da modernidade. Seria o partido dos abandonados pelo progresso. Ele confederaria, na realidade, refugos históricos e sociológicos politicamente desqualificados. Acumularia a madeira morta da humanidade numa categoria política "cata-tudo", feita de estropiados, vencidos e

---

[3] Christopher Lasch, *Le Seul et Vrai Paradis*. Paris. Climats, 2002. Daniel Bell (dir.), *The Radical Right*. New York, Anchor Books, 1964.

incapazes. Seria a doutrina política das categorias sociais atrasadas e historicamente desqualificadas.

O conservadorismo expressaria uma cultura do ressentimento em relação à modernidade. As classes populares encontrariam aí uma formulação simplificada de certas angústias bem mais profundas, que se traduziriam politicamente numa disposição favorável ao retraimento identitário, como se fosse preciso se fechar a um mundo mutante multiplicando as barreiras e as fronteiras[4]. Grandes parcelas da população, em suma, já não estariam aptas a evoluir na democracia: o mundo em que elas viveriam lhes escaparia. Como poderiam pretender, a partir daí, ter algum peso dentro dele? O povo simples não buscaria no conservadorismo uma opção política, e sim uma boia de salvação histórica. Essa visão das coisas, formulada primeiramente para analisar a ressaca conservadora da política americana nos anos 1950, anunciava a redução psiquiátrica de um conservadorismo que jamais se explicava por si mesmo, mas sempre pela situação de crise em que uma sociedade estaria imersa. O homem democrático, de certa forma, jamais deveria ser tentado pela nostalgia, ciente de que a história rumaria sempre para uma emancipação maior e de que não seria razoável sentir saudades do mundo de ontem. Esse discurso encontrou um eco particularmente favorável nas novas elites tecnocráticas – fala-se então da *nova classe* –, que se constituíram justamente fazendo de seu vanguardismo e de seu domínio da competência gerencial e sociológica o fundamento de sua hegemonia social, ao destacar uma nova definição da democracia. Christopher Lasch dirá claramente as coisas: "A democracia, tal

---

[4] Evidentemente, o conservadorismo estadunidense acabará por renascer e se tornar uma corrente de grande relevo: no entanto, será sempre marcado pela preocupação de granjear respeitabilidade e dar garantias de modernidade, como o demonstrará o percurso de uma de suas figuras mais ilustres, William J. Buckley. Sam Tanenhaus, *The Death of Conservatism*. New York, Random House, 2009.

como eles a compreendiam, significava progresso, emancipação intelectual e liberdade pessoal, não o autogoverno do povo. O autogoverno do povo era manifestamente incompatível com o progresso"[5].

As classes populares serão designadas para um empreendimento de reeducação terapêutica. Lasch falará da "política da minoria civilizada", aquela minoria representada pela "revolta das elites contra a democracia"[6].

Essa desqualificação radical do conservadorismo e de sua base popular é igualmente herdeira do trabalho de Theodor Adorno e de sua pesquisa sobre a personalidade autoritária, em que o conservadorismo popular será assimilado ao modelo da personalidade autoritária que teria aderido ao fascismo europeu[7]. Nessa vasta pesquisa realizada logo após a Segunda Guerra Mundial, que transpunha para a sociologia da sociedade estadunidense a análise dos fascismos europeus, demonizava-se o conservadorismo, cuja tendência natural em situação de crise seria descambar para o fascismo; em outras palavras, o conservadorismo seria um pré-fascismo ou um fascismo adormecido. Haveria uma continuidade entre uma visão tradicional das relações sociais e o tensionamento desta última no chamado ao totalitarismo salvador. Em termos políticos, dir-se-á que a direita seria uma extrema-direita civilizada, inibida, que contém suas más inclinações, mas está sempre pronta para emergir e rugir. O fascismo mobilizaria o ressentimento contra os processos de emancipação ativados pela modernidade igualitária: toda crítica desta última revelaria uma disposição favorável ao fascismo e a consequente necessidade de uma atualização da luta antifascista. Na prática, a Escola

---

[5] Christopher Lasch, *Le Seul et Vrai Paradis*. Paris, Climats, 2002, p. 381.

[6] Idem, *La Révolte des Elites et la Trahison de la Démocratie*. Paris, Climats, 1996; Idem, *Le Seul et Vrai Paradis*. Paris, Climats, 2002, p. 373-430.

[7] Theodor Adorno, *The Authoritarian Personality*. New York, Harper & Row, 1950. Leia-se também, sobre essa questão, Paul Gottfried, *The Strange Death of Marxism*. Columbia, University of Missouri Press, 2005, p. 73-78.

de Frankfurt assimilava o conservadorismo cultural e social a uma forma de predisposição de tendência fascista. O conservadorismo era então explicitamente definido como um dispositivo psicológico autoritário. Para dizê-lo de outro modo: quando lançadas numa dinâmica de crise que arrastasse a sociedade para uma lógica de polarização, as camadas da população caracterizadas por uma predisposição autoritária poderiam rapidamente se converter ao fascismo, que seria meramente a expressão radicalizada da sociedade burguesa. O antifascismo instaurará uma cultura da vigilância política, a fim de apontar à consciência pública as ameaças sociais passíveis de perturbar o desenvolvimento da democracia – antes que se tornem preocupantes. Será preciso vigiar em permanência o renascimento delas, perscrutar suas novas feições, denunciar seu retorno, como se o fascismo fosse de certa forma a tentação natural e trans-histórica da civilização ocidental, sempre que esta se sentisse ameaçada ou fosse impelida, mais rapidamente do que o desejariam as classes sociais reacionárias, a um novo estágio de desenvolvimento igualitário. Será papel dos intelectuais lançar os alertas necessários para evitar o retorno às horas mais sombrias da história ocidental.

A SOCIEDADE ABERTA CONTRA A SOCIEDADE FECHADA?

Essa visão deixou uma marca profunda nas ciências sociais cujo objetivo é estudar os movimentos intelectuais ou sociais que criticam a modernidade. Estará também no cerne do novo desdobramento da esquerda, transformada em nova esquerda, que já não conceberá seu adversário à maneira de um conservador, nem mesmo de um reacionário, mas sim, uma vez mais, sob os traços do fascismo. A nova esquerda conseguirá confiscar o consenso antifascista do pós-guerra em benefício próprio, conferindo um caráter fascista a personalidades políticas que, no entanto, haviam lutado contra o fascismo em particular e contra os totalitarismos em geral. A moral tradicional de inspiração judaico-cristã será apresentada como um fascismo comum, na medida em que imprimiria nas consciências uma série de inibições contrárias ao novo desejo de emancipação desenfreada da subjetividade[8]. Esse antifascismo se inseriu no cerne do sistema ideológico contemporâneo, e embora já não carregue esse nome um pouco antiquado, ainda determina profundamente a percepção sobre o conservadorismo, cuja definição anexou mais ou menos claramente. E, como já se pôde notar, quanto mais a nova esquerda herdeira de 1968 vier a impor sua hegemonia cultural, mais capaz ela será de definir os que resistem a ela como fascistas, criptofascistas ou, ao menos, reacionários perigosos e populistas – termos estes que, sem serem intercambiáveis, costumam ser usados com muita liberalidade e de modo um pouco confuso para designar publicamente os oponentes do novo regime. A pergunta, ainda assim, apresenta-se claramente: de que maneira o novo regime multiculturalista imagina seus adversários e seus críticos?

A globalização, a imigração maciça, a dissolução da soberania do Estado e a desconstrução das formas sociais tradicionais provocarão novas angústias nas sociedades ocidentais. No entanto, tais angústias serão desqualificadas: elas poluiriam a democracia, impedindo-a de se adaptar a uma nova civilização. Na sociedade contemporânea, o conservadorismo expressaria uma vez mais e, principalmente, a desorientação das classes sociais ainda ontem inseridas nos parâmetros mais tradicionais da comunidade política nacional, o que lhes suscitaria um desejo manifesto de reafirmação de seu poder coletivo, ainda que para isso tivessem de se voltar contra alguns bodes expiatórios[9]. O conservadorismo cultural das classes populares seria uma forma de ideologia compensatória, visando protegê-las de um progresso que

---

[8] Sobre o antirracismo tal como se manifestou na associação SOS Racisme, consulte-se: Paul Yonnet, *Voyage au Centre du Malaise Français*. Paris, Gallimard, 1993.

[9] Pascal Perrineau, *Le Symptôme Le Pen*. Paris, Fayard, 1998.

elas seriam incapazes de controlar e que fragilizaria sua posição social, ao relativizar os costumes dominantes[10]. Um velho preconceito ideológico vem à tona: o homem de direita seria o homem do ressentimento, aquele que responderia às pulsões políticas mais baixas, menos nobres. Ele se refugiaria em símbolos ocos, para compensar sua incapacidade de inserir-se nos parâmetros do progresso[11]. Na medida em que a nova época é diversitária, o programa desse homem, inevitavelmente reacionário, estaria baseado na restauração da imaginária homogeneidade de uma comunidade política, pela expulsão da figura diferenciada que sempre se despontaria à maneira de um bode expiatório, ontem o judeu, hoje o muçulmano e, de modo mais geral, *o diferente*. Se, como acreditamos haver demonstrado, o progressismo se reinventou por meio do culto à sociedade diversitária e pretende redefinir nossa concepção da democracia a partir da adesão ao multiculturalismo, a clivagem esquerda/direita ou, mais exatamente, progressista/conservador se reconstruirá em torno desses desafios que o caracterizam. O conservadorismo estaria atualmente corporificado num chamado explícito ao retraimento generalizado da sociedade em si mesma. Entre outros, e de maneira particularmente exemplar, Pascal Perrineau julgou discernir a nova configuração do espaço público herdada dos *radical sixties* ao reconhecer "uma nova clivagem política, social e cultural, que opõe os partidários de uma sociedade 'aberta' aos de uma sociedade fechada"[12]. O campo da abertura seria o do bem, porque ele teria "questionado a hierarquia social,

---

[10] Thomas Franck, *What's the Matter with Kansas?* New York, Metropolitan Books, 2004; Anatol Lieven, *Le Nouveau Nationalisme Américain*. Paris, JC Lattès, 2005.

[11] Era o que Barack Obama defendia à sua maneira, em 2008, quando afirmava que os eleitores da Pensilvânia se refugiavam no amor a Deus e às armas para melhor esconder seu despojamento social, cultural e econômico. Ben Smith, "Obama on Small-Town Pa.: Clinging to Religion, Guns, Xenophobia", *Politico*, 11 de abril de 2008.

[12] Pascal Perrineau, *Le Symptôme Le Pen*. Paris, Fayard, 1998, p. 249.

reivindicando mais igualdade; teria buscado ultrapassar as fronteiras, teria defendido os direitos das minorias e exigido uma redistribuição do poder", enquanto o campo da sociedade fechada veicularia uma "visão desigualitária da sociedade, um retraimento nacional, uma vontade de exclusão das minorias e de um poder forte"[13]. Esse modelo explicativo será retomado no processo contra a crítica conservadora do multiculturalismo, em que a dissidência será não raro assimilada a uma política a serviço do homem branco, fragilizado em seus privilégios e desejoso de esmagar aqueles que os contestariam. O conservadorismo seria caracterizado pelas múltiplas fobias abraçadas por ele – a referência à fobia servindo para transformar em desdém irracional e digno de preocupação psiquiátrica toda forma de apego às formas sociais tradicionais.

Os mais indulgentes reconheceram nesse conservadorismo um grito de aflição, proveniente dos meios desprezados por uma nova esquerda apaixonada por marginais de todos os gêneros[14]. Existem aí três figuras do conservador: *o louco*, que desenvolve sua paranoia socioidentitária buscando culpados a serem punidos por uma modernização que seguiria o curso da história; *o bruto*, que buscaria reafirmar seus privilégios brutalizando um minoritário em busca de reconhecimento, e *o desesperado*, que se volta para os extremismos para que suas queixas sejam finalmente ouvidas. Nem o primeiro, tampouco o segundo, nem mesmo o terceiro são dignos de consideração, e o que dizem será ouvido como o seria, por um analista mais ou menos severo, um paciente determinado a não se curar. Os estudos sobre a personalidade dos eleitores conservadores são sintomáticos dessa convicção categórica: o conservadorismo é uma anomalia e também, necessariamente, uma disfunção psicológica ou sociológica que levaria indivíduos, aos milhões, a votar

---

[13] Ibidem, p. 244.

[14] Jacques Julliard, *La Faute aux Elites*. Paris, Gallimard, 1997.

contra o curso da história[15]. A psicologização do conservadorismo permite sua patologização e evita que os argumentos ou as perspectivas que ele salienta no debate público tenham de ser levados em conta. Assistimos a uma psiquiatrização da dissidência em regime diversitário, que não deixa de lembrar o que se praticava na URSS nos anos Brejnev, quando a crítica à Revolução de outubro era considerada sinal flagrante de distúrbio mental. Ora, quem não está em plena posse de suas funções mentais não pode participar do debate público, da conversa democrática: os termos elementares do debate cívico lhe escapariam. Com razão, James Nuechterlein criticará a tendência marxista de neutralizar as dimensões culturais e identitárias da existência social, relembrando que o materialismo exagerado da esquerda que denuncia a falsa consciência no conservadorismo das classes populares fazia com que, na prática, ela se considerasse o único juiz legítimo dos interesses dessas classes, contanto que estes se articulassem à estratégia progressista do momento[16]. Acrescente-se, todavia, que a sociologia liberal incorre com frequência na mesma análise lacunar. De modo similar, o simples fato de não aceitar a judicialização da democracia, por exemplo, seria sintomático de uma psicologia democrática incerta e de um desejo mal recalcado de impor soluções autoritárias aos problemas coletivos, soluções estas deduzidas de uma visão simplista das transformações do mundo segundo a qual o voluntarismo político bastaria para restaurar uma coesão social fragilizada. O desejo de verticalidade ou simplesmente de autoridade no âmbito social não passaria de um desejo autoritário familiar ao universo mental do fascismo. Classes laboriosas, classes perigosas: essa formulação convém perfeitamente para descrever essa desconfiança contra as classes populares e suas aspirações políticas.

---

[15] Nonna Mayer, *Ces Français qui Votent Le Pen*. Paris, Flammarion, 2002.
[16] James Nuechterlein, "What's Right with Kansas", *First Things*, março de 2005, p. 10-17.

DO NACIONAL-CONSERVADORISMO AO LIBERALISMO MODERNISTA: A DESSUBSTANCIALIZAÇÃO DA DIREITA OCIDENTAL

Essa desqualificação do conservadorismo e dos meios que de algum modo se identificam com ele suscitou um problema muito particular para os partidos políticos que, tradicionalmente, ocupavam o campo direito do espaço político[17]. Que posição adotar em relação a um conservadorismo amaldiçoado pela época, mas que continua a ser o sentimento dominante de boa parte de seu eleitorado? Esses partidos, em sua maioria, primeiramente se opuseram ao grande movimento dos *radical sixties*, antes de capitular diante dele. Uma vez mais, o exemplo francês pode esclarecer nossa reflexão. Em *L'Après Socialisme* [O Pós-socialismo] publicado em 1980, Alain Touraine constatou, talvez antes dos outros, uma transformação de grande relevo na direita francesa desde a eleição presidencial de 1974. Enquanto Georges Pompidou exercera uma presidência que se inseria numa continuidade em relação ao nacional-conservadorismo do general De Gaulle, os dois principais candidatos da direita se declaravam

---

[17] Em uma obra pioneira, Kevin Philips havia notado que as paixões populares geradas pelos *sixties* criaram as condições de uma maioria eleitoral duradoura para o Partido Republicano. Faltou-lhe notar, todavia, que o deslocamento de poder das instituições tradicionais da democracia liberal para as instâncias administrativas e jurídicas do Estado gerencial neutralizaram, no mesmo momento, a vantagem do conservadorismo. A soberania popular foi confiscada e entregue às tecnocracias em pleno crescimento. Pode-se dizer que o conservadorismo se constituía, na melhor das hipóteses, como força de protesto, mas sem ser capaz, em absoluto, de conter a revolução cultural e ideológica desencadeada pelos *sixties*. Kevin Philips, *The Emerging Republican Majority*. New Rochelle, Arlington House, 1969. Jules Witcover mostrou bem como a estratégia de polarização do eleitorado popular contra a esquerda ideológica, e em torno de um conservadorismo cada vez mais explícito, se impôs ao Partido Republicano desde o fim dos anos 1960 e, com toda certeza, na aurora dos anos 1970. Jules Witcover, *Very Strange Bedfellows*. New York, Public Affairs, p. 73-84.

favoráveis a sua modernização programática. Havia Jacques Chaban-Delmas, cuja campanha defendeu a criação de uma "nova sociedade", que se revitalizaria a partir da dinâmica cultural de Maio de 1968. Havia principalmente Valéry Giscard d'Estaing, que se apresentava por sua vez como o candidato da distensão nacional, anunciando o advento de uma "sociedade liberal avançada" em ruptura com o gaullismo – que fazia da nação, de sua grandeza e de sua preservação o eixo fundamental de toda política a serviço da França e que assegurava o enraizamento conservador da 5ª República[18]. Essa nova dinâmica ideológica, ampliada pela vitória de Valéry Giscard d'Estaing e pela progressiva neutralização do conservadorismo no interior da direita[19], acarretará uma revolução ideológica no campo direito da política francesa. Essa oscilação de uma visão a outra é explícita, se examinarmos os livros publicados nesse período pelos sucessivos líderes da direita francesa, principalmente na representação de Maio de 1968 que eles propõem. Enquanto em *Le Nœud Gordien* [O Nó Górdio], Georges Pompidou demonstrava sua resolução de conter e repelir Maio de 1968, associando-o a uma empreitada subversiva, Valéry Giscard d'Estaing, em *Démocratie Française* [Democracia Francesa] – seu livro escrito durante o mandato para esclarecer os princípios daquilo que deveria ser uma política de civilização –, anunciava um projeto de sociedade que devia inspirar-se na revitalização cultural realizada pelos *sixties*[20]. A sociedade francesa em particular – mas suas palavras se aplicariam ao conjunto das sociedades ocidentais – deveria aceitar a distensão e libertar-se das cangas do mundo tradicional. A direita deveria parar de conter o que parecia cada vez mais uma evolução histórica ineluctável e, em vez disso, definir-se como o

---

[18] Alain Touraine, *L'Après Socialisme*. Paris, Grasset, 1980, p. 246.

[19] Éric Branca, *Le Roman de la Droite*. Paris, JC Lattès, 1999; Éric Zemmour, *Le Livre Noir de La Droite Française*. Paris, Grasset, 1998.

[20] Georges Pompidou, *Le Nœud Gordien*. Paris, Plon, 1974; Valéry Giscard d'Estaing, *Démocratie Française*. Paris, Fayard, 1976.

partido do progresso, civilizando o progressismo a partir das prescrições morais e ideológicas do liberalismo. Como notou Jean Bothorel, foi a direita liberal que se empenhou em transcrever, no direito e nas instituições, as reivindicações culturais oriundas de Maio de 1968[21] – como se pôde ver com a dessacralização das instituições –, renunciando gradualmente ao princípio da verticalidade. Em outras palavras, a deriva progressista da direita francesa, marcada por um movimento ideológico, seria reconhecível na ligeireza com que reconheceu sua legitimidade democrática pelos critérios que a esquerda progressista propunha para neutralizá-la. Aos poucos a direita francesa desistirá de realizar, em sua prática governamental, algo além de uma aplicação moderada dos princípios da esquerda ideológica.

A reação conservadora contra os *radical sixties* no início da década de 1980 repousava certamente num desejo de restauração conservadora dos valores achincalhados; seu programa será, acima de tudo, liberal – quanto ao patriotismo, ele se expressará por meio de um anticomunismo renovado e militante. Tão logo se trate de resgatar aquilo a que chamamos vagamente de valores tradicionais, ou de levar a sério o que ainda constituía a crise nascente da imigração, veremos a direita renunciar ou capitular. O desmoronamento programático da direita francesa, no momento da primeira coabitação[22], será aqui paradigmático desse abandono do conservadorismo por parte dela. Houve ali uma desistência decisiva, principalmente quanto à questão nacional. Ao interiorizar a interpretação histórica que faz dos anos 1960 uma virada positiva na história da democracia, o conservadorismo ocidental parou de definir-se pela defesa da nação histórica, da cultura e da tradição, para reconstruir-se num modernismo que se propõe como programa a adaptação das sociedades

---

[21] Jean Bothorel, *Le Pharaon*. Paris, Grasset, 1983.

[22] No vocabulário político francês, o termo *cohabitation* designa uma configuração de poder em que o chefe de Estado e o chefe de governo pertencem a correntes políticas antagônicas. (N. T.)

à modernidade e à globalização. A queda do muro de Berlim, em 1989, acelerou esse movimento, pois a direita liberal já não era obrigada a se estorvar com aquilo que considerava uma pesada aliança com a direita conservadora. No fim das contas, as forças que se haviam reunido para combater o comunismo tinham pouco em comum além de uma aversão ao totalitarismo; não se consideravam guardiãs da mesma herança. Não tinham a mesma relação com a civilização ocidental. Pouco a pouco assistiremos ao sacrifício dos elementos propriamente conservadores por parte da direita ocidental – ou, ao menos, por parte de sua tendência oficial e dos partidos que pretendiam representá-la. Esses elementos conservadores já não tinham seu lugar na época delineada pela Revolução de 1968. A partir daí, as instituições sociais tradicionais estarão condenadas ou sob *sursis*, na medida em que a direita liberal já não se embasará na razão antropológica, que poderia levá-la a conservar instituições que a esquerda decretará condenadas pela modernidade. Quando vier o tempo de defendê-las, quando elas forem questionadas – como veremos mais adiante acerca das questões societais –, os argumentos já não estarão disponíveis: será preciso abandoná-las ou ser acusado de oscilar para a reação e, a partir daí, pôr em risco a própria credibilidade pública. Quanto às questões sociais e societais ou quanto às questões nacionais, a direita passava para a esquerda[23], como se esta última, ao final de sua mutação, houvesse logrado impor suas categorias ideológicas ao conjunto do espaço público. O centro ideológico de gravidade do espaço público será progressista.

---

[23] Paul François Paoli, *Comment Peut-on Être de Droite?* Paris, Albin Michel, 1999, p. 123. Quanto ao papel muito particular de Jacques Chirac na dessubstancialização da direita francesa, consulte-se: Éric Zemmour, *L'Homme qui se s'Aimait pas*. Paris, Balland, 2002. Alain Juppé também notou que as convicções mais profundas de Jacques Chirac eram do âmbito do europeísmo, do antirracismo e da recusa de qualquer entendimento com a "extrema-direita". Alain Juppé, *Je ne Mangerai plus de Cerises en Hiver*. Paris, Plon, 2009.

Essencialmente, a direita ocidental desistiu de representar o partido conservador e tornou-se um partido progressista a mais. Só lhe restava ocupar o único escaninho do liberalismo gerencial, do qual ela já não será autorizada a sair. Éric Zemmour falará muito acertadamente do "sacrifício voluntário dessa direita no altar da modernidade", acrescentando "que a direita francesa cedeu muito, nos últimos trinta anos, ao espírito de Maio. Fez de sua compreensão do movimento, de interiorização intelectual dele, a prova de sua inteligência suprema, sua marca de fábrica, o fulgor da sua modernidade"[24]. Desde o fim da década de 1980, a dinâmica da renovação das elites se encaminhou para uma osmose cada vez maior da classe dirigente: a direita financeira assinava seu contrato de núpcias oligárquicas com a esquerda multicultural. A direita clássica se redefinirá nas categorias do social-liberalismo, por ela associado a uma modernidade que transformou em ângulo próprio de inclinação – a ponto de acusar a esquerda de conservadorismo social quando esta se posicionou em defesa do sistema de proteção social, que sobrecarregaria as sociedades ocidentais, impedindo-as de desfrutar plenamente da modernidade do mercado e de aproveitar todas as possibilidades oferecidas pela globalização. De modo geral, essa dessubstancialização da direita clássica foi assimilada à necessária modernização de um discurso político que encontrava no centrismo liberal seu princípio de adaptação a uma civilização que se transformava. A modernidade, neste caso, tem as costas largas. Deve-se ver aí, sobretudo, um efeito da hegemonia progressista, que pouco a pouco foi capaz de definir os critérios da respeitabilidade no espaço público; a direita teve de se definir no diminuto espaço que lhe foi reservado, a menos que aceitasse ser demonizada[25]. É no interior da nova legitimidade do pós-1968 que

---

[24] Eric Zemmour, *Le Livre Noir de la Droite*. Paris, Grasset, 1998, p. 48.

[25] Marc Crapez, "Extrême-droitisation? Ah bon?", Causeur.fr, 29 de maio, 2012.

o debate público terá de se desenrolar a partir daí, no respeito a um consenso básico que repousa na adesão a uma visão positiva da revolução diversitária.

OS TEMAS DO POPULISMO

Havia um problema, contudo, nesse deslizamento para a esquerda do ponto gravitacional do espaço político das sociedades ocidentais: foi toda uma sensibilidade política, na realidade, que se viu então proscrita do espaço público. O que fazer desse conservadorismo que dura, da disposição antropológica que ele manifesta, da concepção da comunidade política que o acompanha, do desejo de enraizamento que ele faz ouvir apesar de tudo? Por mais que o povo seja o inimigo, enquanto ele tem direito de voto e ainda dispõe de um peso real no corpo eleitoral, pode dar ensejo à eleição de partidos ou movimentos capazes do pôr em xeque certas reformas civilizacionais promovidas pela esquerda diversitária. Um grande mal-estar social viria a se ampliar politicamente sem encontrar tradução política significativa, ao menos nos partidos tradicionalmente envolvidos no exercício do poder. No entanto, quando o espaço político de uma sociedade corresponde cada vez menos às preocupações de grandes parcelas do eleitorado, existem fortes chances de que empreendedores políticos dotados de certo faro decidam ocupar o terreno desertado – não se deve subestimar a importância da arte da linguagem política e polêmica entre os empreendedores políticos que captaram, não raro intuitivamente, a adulteração da política acarretada por sua crescente tecnicidade. É justamente nesse espaço político negligenciado que se desdobrará aquilo a que se chamou direita populista, por meio da recuperação não só dos temas como das preocupações que tradicionalmente caracterizavam o nacional-conservadorismo. A ala direita do espectro político se desguarneceu, sobretudo porque os valores que ainda ontem eram assumidos pelo conjunto das instituições sociais foram subitamente expulsos delas[26] – esse será o caso da nação que, de âmbito fundador da vida política ocidental, tornar-se-á um princípio de oposição política.

Essa dinâmica ideológica acarretará uma deportação gradual, para a extrema-direita, das posições outrora associadas à direita clássica. Esta já não considerava necessário falar da nação, da transmissão cultural, da autoridade do Estado? A direita populista tenderá, de modo geral, a reaproveitar esses temas que lhe serão dados de presente. No entanto, esse reaproveitamento pelos partidos populistas será definitivo: a direita não será autorizada a retomar os temas que durante certo tempo ela sacrificou. Como veremos, uma vez mais na França, quando tentar fazê-lo será acusada de praticar a "lepenização"[27] das consciências, segundo a formulação proveniente dos anos 1990, como se seu movimento ideológico ou sua estratégia política tivesse de levá-la sempre mais para a esquerda. Será que devemos considerar que, tão logo a direita populista se apodere de um tema, este lhe pertencerá definitivamente, ainda que uma parte significativa da população lhe dê importância e expresse por meio dele preocupações duradouras, existenciais, que talvez não sejam destituídas de fundamento? Será que a direita populista tem um poder de contaminação quase radioativa, que desqualifica para sempre tudo o que ela toca? Assim, quando a direita governamental tentar retomar o assunto da identidade nacional, será sistematicamente acusada de se apropriar de um tema reservado à extrema-direita, embora esse tema estivesse antes incorporado à própria definição do país, e a extrema-direita só o tenha transformado em especialidade sua no momento em que

---

[26] Christopher Lasch, *La Révolte des Elites*. Paris, Climats, 2004.

[27] Referência a Jean-Marie Le Pen, então presidente do Front National [Frente Nacional], partido fundado por ele em 1972 e dirigido a partir de 2011 por sua filha, Marine Le Pen. Em junho de 2018, a agremiação passou oficialmente a se chamar *Rassemblement National* [Reunião Nacional]. (N. T.)

ele foi abandonado[28]. No entanto, o sentido da história e a flecha do progresso não deixam margem a dúvida: uma vez que um partido de direita tenha dado um passo para a esquerda, já não lhe será possível dar o passo contrário sem ser acusado de endireitamento extremo. Assiste-se assim à reconstrução dos critérios que permitem reconhecer a extrema-direita, uma noção que se torna cada vez mais expansiva, a ponto de perder qualquer forma de rigor científico. Em certo sentido, o centro de antes de ontem se torna a direita de ontem e a direita populista de hoje.

Esse processo de "lepenização" será reformulado aproximadamente vinte anos depois por meio da crítica à direitização da direita. O termo continha algo de ambíguo, mas era indubitavelmente empregado como uma recriminação contra os que dele se tornavam culpados. Mas de que se trata exatamente? Será que os partidos "de direita" são recriminados por assumirem sua identidade direitista e por se definirem a partir de sua tradição política? Será preciso compreender que tal reposicionamento estaria proscrito e em contradição com as exigências contemporâneas da democracia? Haverá também, a partir daí, a preocupação com uma direita *descomplexada*, como se a direita só fosse legítima se tivesse complexos e devesse sempre justificar-se por não ser de esquerda. Ao se tornar moderna, a direita deve abandonar a linguagem da história em prol da linguagem do mercado, e abandonar o registro trágico em prol do registro gerencial[29]. No entanto, nunca antes se viu, tanto quanto nessa querela, a que ponto a clivagem esquerda-direita costuma ser útil essencialmente ao campo progressista, visto que a referência à direita serve em geral para amalgamar toda e qualquer sensibilidade que não siga no bom ritmo a evolução do progressismo na vida pública. Essa é a questão

---

[28] Michel Wievorka, "Penser le Malaise", *Le Débat*, maio-agosto de 1993, n. 75, p. 126-31.

[29] Marc Crapez, *Éloge de la Pensée de Droite*. Paris, Jean-Cyrille Godefroy, 2016.

nacional que passará a ser o critério discriminatório para distinguir entre os atores políticos respeitáveis e os outros[30], e que se desdobrará principalmente em torno de dois grandes desafios, o da identidade e o da soberania[31]. Mas por que a defesa da identidade ou da soberania nacionais deveria ser classificada à extrema-direita? Por que uma atitude conservadora no plano da lei e da ordem ou uma defesa dos valores tradicionais deveriam ser assimiladas ao fascismo ou à extrema-direita? Tanto os partidos como os intelectuais que se apropriarem desses temas, julgando-os politicamente prioritários para o futuro de seu país, serão recriminados por fazer o jogo da Frente Nacional, o que consiste em dizer que esse partido teria a partir de agora o singular privilégio de definir os temas centrais da vida pública quanto aos quais os outros partidos se posicionariam. Compreende-se, a partir daí, que a questão nacional esteja minada, na medida em que ela permitiu que forças populistas geralmente consideradas pouco recomendáveis se afirmassem e se inserissem duradouramente no jogo político. No entanto, será que devemos por isso aceitar esse confinamento da nação numa parte reduzida do mundo político e proibir os outros partidos governamentais regulares, se assim o desejarem, de se apropriarem dela uma vez mais?

A questão paradoxal do gaullismo acabará por representar essa neutralização ideológica do conservadorismo na vida política francesa. Nestes últimos anos, foi com frequência em nome do gaullismo

---

[30] Alain-Gérard Slama, "Les Deux Droites", *Le Débat*, 2003/3, n. 110, p. 220.

[31] Pippa Norris, *Radical Right*. New York, Cambridge University Press, 2005; Hans-Georg Betz sustenta que "a defesa dos valores e da cultura ocidental é a pedra angular do novo tipo de política identitária proposta por quase todos os partidos da direita radical contemporânea". Hans-Georg Betz, *La Droite Populiste en Europe*. Paris, Autrement, 2004, p. 14. Betz reconhecia, aliás, que os novos movimentos populistas se alimentavam de um ressentimento popular em contradição com a democracia liberal; não se perguntava, no entanto, se esse ressentimento era fundamentado, nem por que a defesa do Estado-nação estaria em contradição com a democracia liberal.

que se denunciou a "direitização" da direita governamental, mas constata-se que o gaullismo permitiu que o definissem como uma centro-direita laicista e social-democrata, o que decididamente tem pouco a ver com o pensamento político do general De Gaulle, que prezava a um só tempo a soberania nacional diante da Europa, a soberania popular diante das facções que pretendiam confiscá-la e a realidade histórica da França; imaginam-no a definir a França exclusivamente pelas referências aos valores da República e da laicidade. Se nos prestássemos a um exercício algo estranho de ressurreição política em que imaginássemos o general De Gaulle transposto para o nosso tempo, seria difícil conceber que ele não sofresse uma demonização em coro pelo conjunto da classe política – a menos que se reduza o gaullismo a uma forma de pragmatismo absoluto inteiramente contido na formulação de que "é preciso adaptar-se ao espírito do tempo". A petainização automática de um patriotismo trágico e enraizado representa uma traição paradoxal do gaullismo, na medida em que este último se alimentava de paixões políticas atualmente demonizadas.

O gaullismo representou, por seu patriotismo trágico e seu senso da verticalidade política, uma forma autêntica de nacional-conservadorismo à moda francesa, ainda que jamais tenha sido denominado assim num país em que o conservadorismo é difícil de nomear e ainda mais difícil de assumir. E, sob muitos aspectos, foi ao ocupar o espaço atualmente desertado pelo gaullismo e pelas paixões políticas que ele privilegiava – contanto que não se fale de um gaullismo alterado pela retidão política – que a direita populista conseguiu ter tamanho peso na vida política francesa. O paradoxo da vida política francesa contemporânea é ver o conjunto dos partidos comungar na veneração ao general De Gaulle, enquanto a filosofia política que ele abraçava é censurada do debate público ou tratada como um vestígio de outros tempos, incompatível com a democracia contemporânea. Sempre se evoca o homem de 18 de junho, enquanto se criminaliza pouco a pouco o seu mundo.

CENSURAR O CONSERVADORISMO

Uma coisa é certa: não compreenderemos o surgimento do populismo europeu se permanecermos prisioneiros de uma trama narrativa que não para de seguir os nascimentos e renascimentos da "extrema-direita" desde a última guerra mundial – ainda que vários se sintam tentados a fazer do conservadorismo contemporâneo o novo momento de uma longa história, a do "processo contra o Iluminismo"[32], como se a história fosse o teatro de uma grande luta entre os que querem o bem dos homens e os que lhes desejam o pior dos males. Embora haja em algumas formações populistas certos membros políticos de extrema-direita que cultivam uma mitologia delirante e repulsiva, não se deve em absoluto confundir as obsessões ideológicas desses membros políticos com o discurso que permitiu que a extrema-direita constituísse uma base eleitoral significativa. Não foi graças a esse capital ideológico sulfuroso e anacrônico que eles alcançaram seu desenvolvimento, e sim pelo fato de terem se apropriado de uma linguagem e de uma sensibilidade política que, não há algumas décadas, mas há alguns anos, tinham seu lugar no espaço público e não eram desqualificadas nem deslegitimadas. Não foi ocupando o nicho do neofascismo que tais formações prosperaram, mas respondendo às preocupações populares censuradas pelo sistema ideológico dominante. A extrema-direita histórica ou o neofascismo, nas sociedades ocidentais contemporâneas, continua a ser um fenômeno de facção, limitado, com capacidade de crescimento quase insignificante. O verdadeiro ponto de partida para compreender o desenvolvimento da direita populista não é, portanto, a Segunda Guerra Mundial, cujas batalhas precisariam ser eternamente travadas, mas antes os *radical sixties*, a menos que acreditemos, é claro, que a Segunda Guerra Mundial só foi realmente vencida em 1968, com a destradicionalização

---

[32] Daniel Lindenberg, *Le Procès des Lumières*. Paris, Seuil, 2009.

das sociedades ocidentais. O mito do populismo tem uma função precípua: desqualificar aqueles a quem o associamos e designar o inimigo do novo regime, ainda mais porque pudemos constatar inúmeras vezes o caráter aleatório dos critérios que permitem reunir numa mesma família política partidos que nada têm em comum. Não há sentido algum em assimilar, assim, o campo da direita antifiscal escandinava, a direita nacional-conservadora francesa do tempo do RPR, o conservadorismo social ou a direita religiosa americana, e o liberalismo clássico britânico[33]. O populismo é uma categoria "cata-tudo" que agrupa todos os que, em um momento ou outro, entraram em dissidência com a hegemonia progressista.

Quais são os termos do debate público no regime diversitário? O regime diversitário só tolera a deliberação política cujos alicerces ideológicos foram previamente reconhecidos. Isso é o que se vê, uma vez mais, no debate sobre a identidade nacional, e em inúmeros casos. O multiculturalismo é contraposto não tanto a uma definição histórica e carnal da nação, mas principalmente a uma alternativa adocicada, quer se trate da laicidade desnacionalizada na França, do interculturalismo no Quebec ou do universalismo nos Estados Unidos. A defesa da nação histórica é proscrita do debate público: já não é possível defender seu substrato cultural, relembrando que ela não é uma mera justaposição de comunidades, nem uma única comunidade jurídica. O debate público deve ser encolhido e acolher tão somente as variáveis do dogma instituído pelo regime diversitário. É nos limites estreitos de um reconhecimento das virtudes da diversidade que o pluralismo político deverá configurar-se. E para detectar os adversários potenciais, recorrer-se-á uma vez mais à memória, visto que o espaço público tem naturalmente em seu cerne certa narrativa da coletividade em que todos devem reconhecer-se. A adesão ostensiva à grande narrativa da

---

[33] Peter Davies, "The Development of the Far Right". In: Peter Davies, Paul Jackson, *The Far Right in Europe: an Encyclopedia*. Oxford, Greenwood World Publishing, 2008, p. 77-91.

culpa ocidental é condição decisiva para a admissão dos atores sociais no espaço público. Trata-se aí de um teste indispensável, não apenas para neutralizar os adversários do regime, mas também para revelar os adversários irredutíveis do Estado multicultural, obrigados assim a se confessarem heréticos. Aqueles que não assumem essa narrativa são logo ejetados do espaço público e repelidos para a nebulosa da intolerância. Aqueles que recusam a penitência se revelarão, por si mesmos, inimigos públicos do novo regime, principalmente caso se dediquem a fazer um relato diferente da história, por exemplo, ao apresentar como suicídio nacional o que outros apresentam como grande evolução positiva. Se a história de antes da *abertura ao outro* é a de uma grande escuridão ocidental, será preciso blindar o espaço público contra os que banalizam uma civilização imoral buscando normalizar ou revalorizar sua herança no âmbito público, confessando uma nostalgia culpada ou relativizando a suposta infelicidade das vítimas autoproclamadas. Na encenação do espaço público, a recusa de princípio do novo regime assume então a forma de uma patologia séria, associada ao desejo de "retroceder", uma forma de psicose coletiva que faria com que os acometidos por ela desejassem o regresso da civilização a um estágio inferior de evolução, o de antes do direito à diferença. Por consequência, nenhum ator político pode sobreviver por muito tempo no espaço público contemporâneo sem concordar o quanto antes com os grandes cânones da historiografia progressista, com seu coeficiente de genuflexões e pedidos públicos de desculpas.

Na prática, quando a sociologia do populismo o assimila a uma extrema-direita que foi capaz de constituir-se não obstante os horrores da Segunda Guerra Mundial, ela trabalha para criminalizar o conservadorismo, reduzindo ao fascismo todas as posições que se contrapõem à herança de 1968. Fala-se assim, com frequência, de *nova extrema-direita*, sem necessariamente justificar a referência à extrema-direita, exceto para empregar uma categoria conceitual que não serve para qualificar, mas antes para desqualificar a matéria que ela pretende descrever – na realidade, o simples emprego desse termo, ao mesmo tempo em que se tem o escrúpulo de distinguir a "nova extrema-direita" dos fascismos europeus do entre guerras, confirma que esse emprego corresponde não tanto à descrição de uma ideologia que passa por mutações internas mas, sobretudo, à necessidade, para a esquerda de 1968, de demonizar sempre os que criticam explicitamente suas finalidades. *Extrema-direita* se torna um termo vago, cuja definição é sistematicamente remanejada para ser sempre ampliada, e para que lhe sejam então associadas ideias outrora vinculadas ao mais apresentável dos conservadorismos[34].

O inimigo continua a ser uma categoria política essencial, e o populismo conservador vem encarnar essa figura do inimigo, contra o qual o novo regime se constitui e tudo é permitido – a tal ponto que contra ele serão mobilizadas argumentações que por vezes beiram o exorcismo e parecem ser do âmbito da demonologia. Depois de haver transformado o conservadorismo em patologia, trata-se a partir de agora de garantir sua criminalização, ao menos judiciarizando o espaço do pensável e, para isso, do possível, retraduzindo formalmente a liberdade de expressão na linguagem da tolerância progressista. Embora as democracias ocidentais contem há muito tempo com um dispositivo jurídico para lutar contra os discursos de ódio, empreenderam, além disso, a elaboração, desde o fim dos anos 1990, de um dispositivo jurídico suplementar, feito para punir as críticas à sociedade multicultural[35]. A harmonia social pressuporia a compressão explícita das liberdades civis e, principalmente, entre elas, a liberdade de expressão, pois esta última, se usada de modo inconsiderado, forneceria a possibilidade de oposição ao regime diversitário. E desde o caso das caricaturas dinamarquesas, em 2005, o chamado ao

---

[34] Ibidem, p. 24-25.
[35] Soeren Kern, "Europe's War on Free Speech", *The Brussels Journal*, 2 de fevereiro de 2009. Disponível em: <http://www.brusselsjournal.com/node/3788>.

enquadramento da liberdade de expressão se radicaliza. A blasfêmia está de volta às sociedades ocidentais – mas deveria ser reconcebida, à luz da ideologia multiculturalista, na medida em que a sacralização de seus dogmas cria novas blasfêmias, atualmente situadas no cerne do sistema midiático e jurídico. O chamado à manutenção de uma herança até ontem considerada fundadora pode se traduzir na linguagem antidiscriminatória, e não será surpreendente constatar que cresce o número de democracias contemporâneas que completam seu arsenal já bastante robusto de proibições de palavras "de ódio", coibindo a partir de agora os "chamados à discriminação"[36], o que equivale a criminalizar potencialmente a crítica aos valores dominantes de nosso tempo, contanto que tomemos consciência daquilo que o regime diversitário designa como discriminação. Isso porque, ao nos posicionarmos em defesa de uma concepção tradicional da nação ou da família, estaríamos nos posicionando em favor de uma estrutura discriminatória que mantém as minorias numa relação de subordinação. A proibição dos chamados à discriminação, na prática, conduz à criminalização da defesa das formas de vida tradicional. Os portadores das más notícias são apontados à vendeta pública. Isso porque bastaria acreditar nelas para que o novo regime, baseado em seu dogma diversitário, fosse fragilizado. É claro, nem tudo será formalmente censurado, mas haverá uma recusa em pensar politicamente e ligar acontecimentos que, quando associados, permitiriam acreditar numa multiplicação de implosões sociais. Paradoxalmente, o discurso oficial do Estado diversitário radicaliza a crise do multiculturalismo, na medida em que favorece seu uso oportunista por agremiações políticas que atualizam a antiga função demagógica. Por mais que o comum dos mortais receba explicações regulares de que o que ele sente não tem fundamento algum na realidade, ele sente necessidade

---

[36] Era, em particular, uma proposta contida no relatório da Comissão Bouchard-Taylor. Gérard Bouchard, Charles Taylor, *Fonder l'Avenir: le Temps de la Conciliation*. Governo do Quebec, 2008, p. 270.

de protestar politicamente contra a degradação do mundo em que vive. A direita populista emerge ainda mais facilmente pelo fato de o novo regime exercer uma forma de censura em relação às crises que ele suscita. Ou, se preferirmos, ela se alimenta da negação do real e do descrédito militante em relação àquilo que Laurent Bouvet corretamente designou "insegurança cultural"[37].

OS LIMITES DO CONSENSUALISMO DEMOCRÁTICO E O RETORNO DA POLÍTICA DEMAGÓGICA

A democracia contemporânea deve acolher o mínimo possível quaisquer debates sobre as questões que animam as paixões populares e políticas[38]. Interessa aos partidos de governo definir a realidade da mesma maneira, ainda que proponham seus respectivos matizes para manter a vida eleitoral e suas querelas necessárias; sob vários aspectos, a comunicação política serve até para exacerbar as tensões midiáticas em torno dessas diferenças menores, a fim de dissimular, conscientemente ou não, a adesão comum ao regime diversitário. Da mesma maneira, serão desqualificados os temas políticos suscetíveis de implicar uma polarização nova, e salientadas exclusivamente as questões socioeconômicas ou jurídicas; as outras questões serviriam como cortina de fumaça, dividindo artificialmente a população em torno de desavenças que seriam sem consistência ou que, ao menos, deveriam permanecer no âmbito privado. E o neoliberalismo, que representa a oposição oficial à esquerda progressista, por seu materialismo

---

[37] Laurent Bouvet, *L'Insécurité Culturelle*. Paris, Fayard, 2015.

[38] Isso já foi cinicamente reconhecido pelo deputado francês Bernard Bosson, um pouco antes do referendo sobre Maastricht, quando ele sustentou que "precisa haver pró-europeus e antieuropeus em cada campo. Se puséssemos os inteligentes juntos, um dia, com a alternância, os imbecis chegariam ao poder. E isso seria catastrófico para a Europa". Citado em: Éric Zemmour, *Le Livre Noir de la Droite*. Paris, Grasset, 1998, p. 260.

obstinado e sua reivindicada indiferença às paixões humanas e às preocupações de ordem histórica, cria as condições de uma diluição da dimensão política ou, mais exatamente, propõe definir a política como simples ordenamento gerencial da sociedade de direitos. Foi o que David Brooks denominou uma política da superação.

> É fato que na época *Bobo*[39] as brigas no interior dos partidos são muito mais vivas e numerosas do que as que ocorrem entre os partidos. [...] Dentro do partido republicano, os moderados e os conservadores modernos brigam com os conservadores, que querem entrar novamente em guerra contra os malefícios dos anos 1960. No campo democrata, os Novos Democratas lutam contra os que não souberam parar de rejeitar as reformas da era Thatcher-Reagan[40].

Quanto às questões fundamentais, assistiremos à configuração de um consenso cada vez mais firme do espaço político, consenso este articulado à teoria do fim das ideologias com que Daniel Bell anunciou uma sociedade que marginaliza as paixões políticas, as quais teriam perdido seu lugar diante da tecnicidade crescente dos problemas coletivos.

O espaço político não é estático. O território desertado por uns é oportunistamente aproveitado por outros; quando certas aspirações populares são sufocadas por demasiado tempo, rebrotam na vida

---

[39] O termo *bobo* é uma contração da expressão "bourgeois bohème" [burguês boêmio]. A palavra se popularizou em parte graças ao livro de David Brooks, *Bobos in Paradise: The New Upper Class and How They Got There*, em que o *bobo* é uma espécie de sucessor dos *yuppies*, diferenciando-se destes últimos por terem sido influenciados pelos valores da contracultura. Antes disso, porém, o filósofo francês Michel Clouscard, numa obra de 1973, *Néo-Fascisme et l'Idéologie du Désir* [Neofascismo e a Ideologia do Desejo], referiu-se ao *lili-bobo*, o burguês liberal libertário, um indivíduo de classe social favorecida, mas ideologicamente afeito aos valores da esquerda. Há também quem atribua a expressão original, "burguês boêmio", a Édouard Drumont, jornalista francês do final do séc. XIX. (N. T.)

[40] David Brooks, *Les Bobos, "Les Bourgeois Bohèmes"*. Paris, Florent Massot, 2000, p. 289.

pública num partido ou num movimento que encontrará as palavras e a postura para reverberá-las. A vida política é também passional: a neutralização exagerada das paixões comporta o risco de provocar uma apatia cívica. Se o populismo ganha penetração nas sociedades ocidentais é também porque corresponde a um desejo de polarização política num sistema político a tal ponto consensual que acaba por sufocar a vitalidade democrática. Se o conflito numa comunidade política não é instituído entre duas facções na elite e entre correntes políticas que se reconhecem como legítimas, ele necessariamente tomará forma, por assim dizer, entre as elites e o povo – ou, ao menos, entre as elites dominantes e uma oposição que denuncia todos os partidos do sistema, pondo-os no mesmo saco. Desde 1998, Marc Crapez assinalava que "a direita liberal deve parar de combater o nacional populismo com os métodos de uma esquerda que, por sua vez, é influenciada pela extrema-esquerda. Deve combatê-lo em função de sua própria filosofia liberal, sem fazer concessões a uma contrapropaganda simplista, sem interiorizar um antifascismo iliberal". Crapez notava, aliás, que, paradoxalmente, o alinhamento da direita liberal ao consenso progressista favorecia "a extrema-direita", na medida em que a designava como única alternativa política. "De fato, como [a direita liberal] poderia convencer que seu posicionamento de direita liberal é a melhor orientação eleitoral, a partir do momento em que a extrema-direita é, por si só, o inimigo único"[41]? Crapez formula uma boa questão: se a extrema-direita ou, ao menos, a corrente política que designamos como tal, é o único adversário verdadeiro da democracia contemporânea, como o afirmam todos os que militam pelo tensionamento de um cordão sanitário destinado a mantê-la longe dos assuntos públicos e das funções governamentais, se o populismo é a única dinâmica realmente capaz de provocar certa polarização política, é preciso que cada um reconheça, então, a própria pretensão

---

[41] Marc Crapez, *Naissance de la Gauche*. Paris, Michalon, 1998, p. 203.

a ser a única alternativa política num sistema ideológico dominante em que as grandes agremiações políticas são intercambiáveis.

A eficácia paradoxal do populismo contemporâneo reside em constituir politicamente as classes populares e, ao mesmo tempo, excluí-las do debate público[42]. Dá ao povo uma voz, mas essa voz não será ouvida, ou será deformada. Será apresentada como uma voz berrante, bestial, preocupante, que anuncia na melhor das hipóteses um ser angustiado e, na pior, um monstro apavorante. Quanto mais o povo falar, menos quererão ouvi-lo: sua escolha política confirmaria sua deficiência psicológica. O populismo reconstitui o conservadorismo politicamente, ao mesmo tempo em que o instala numa função demagógica, que não o habitua ao exercício do poder, mas ao protesto vão, impotente, a ponto de seus militantes sonharem com o dia da grande revirada, refugiando-se numa fantasia política, como se fosse possível apagar as últimas décadas por meio de uma grande decisão política. Na realidade, a direita populista acentua o sentimento de alienação das classes populares, mantendo-as por uma política demagógica numa postura opositora que as situa na dissidência do conjunto do sistema político, o que paradoxalmente favorece a influência do sistema ideológico dominante e das elites, que já não buscam integrar em seu cálculo eleitoral e democrático as preocupações dessas classes – elas seriam menos prejudiciais se ficassem nas margens da comunidade política, numa dissidência duradoura e impotente. No entanto, para além das classes sociais conservadoras, é toda uma relação com o mundo que é proscrita: a relação que o apresenta como habitável e duradouro. Na realidade, é a função protetora da política que é negada – mas para querer que a dimensão política proteja um mundo, é preciso acreditar que exista um mundo a ser protegido, e não apenas reformado ou transformado. Ou, mais exatamente, um mundo a ser conservado. É justamente essa possibilidade que é negada pelo novo regime.

---

[42] Vincent Coussedière, *Éloge du Populisme*. Grenoble, Elya, 2012.

A nova tentação totalitária

Quaisquer que sejam os agrupamentos e a civilização, quaisquer que sejam as gerações e as circunstâncias, a perda do sentimento de identidade coletiva é geradora e amplificadora de aflição e angústia. Anuncia uma vida indigente e empobrecida e, com o tempo, uma desvitalização; por fim, a morte de um povo ou de uma civilização. No entanto, felizmente, a identidade coletiva por vezes também se refugia num sono mais ou menos longo, com um despertar brutal se, durante esse tempo, tiver sido demasiadamente subjugada.
Julien Freund, Politique et Impolitique

Os impérios totalitários desapareceram com seus processos sangrentos, mas o espírito do processo permaneceu como herança, e é ele que acerta as contas.
Milan Kundera, Les Testaments Trahis

No outono de 2015, um estranho debate se apoderou do sistema midiático francês: estaríamos assistindo a uma inversão da hegemonia ideológica? Estaria a esquerda, bem instalada há várias décadas no mundo intelectual e midiático, vendo suas posições verdadeiramente fragilizadas? Será que os *novos reacionários*, cujo aparecimento e cujo reaparecimento são deplorados num ritmo quase sazonal, estariam conquistando uma posição dominante? Será que bastaria que um punhado de jornalistas, ensaístas e intelectuais contestassem a vulgata progressista para que esta se decompusesse diante dos nossos olhos? Seria ela tão frágil que bastaria atacá-la para que seus guardiães se apavorassem? Evidentemente, esses novos reacionários não se reconheciam como tais, e relembravam com certa razão que havia entre eles várias diferenças relevantes. No entanto, do ponto de vista da esquerda, isso importava pouco. Como Denis Tillinac já observou com certa exasperação, "o que há de comum entre um liberal discípulo de Hayek, um monarquista, um conservador anticlerical, um integrista católico, um fascista? Nada. É o olhar da esquerda que os lança no mesmo saco. Ela distingue os direitistas respeitáveis e os outros, que não o seriam. É a esquerda que define as direitas e as intima a se posicionarem em sua escala de valores". Da mesma maneira, serão lançados num mesmo saco os patriotas laicistas e os gaullistas conservadores, os progressistas decepcionados e os tradicionalistas de sempre, os herdeiros do humanismo pedagógico e os que passam pela terrível experiência da escola das periferias.

Todos os que, de certa maneira, têm o sentimento persistente de um declínio ocidental correm o risco de sofrer, cedo ou tarde, uma forma de desqualificação moral ou ideológica. Eles serão, como se diz, despedidos para a direita, para o universo do não pensamento, entre aqueles com quem não se debate, pois a filosofia deles seria fundamentalmente viciada. Já não serão considerados adversários respeitáveis, merecedores de seu lugar num debate democrático, esclarecido por um autêntico pluralismo político e intelectual. É por isso, talvez, que eles costumam ter o cuidado de dizer que nem por isso eles *passaram para a direita* e que não são *reacionários* em nada. A *reação*, tal como retratada midiaticamente, não representa outro ponto de vista legítimo sobre a comunidade política, mas um momento anterior na história da humanidade. Seus porta-vozes seriam retardatários históricos. A história seguiria seu curso e eles penariam para acompanhar sua cadência. A vanguarda marcaria o passo, os outros deveriam seguir cada qual em seu ritmo: se tardam demais, diz-se simplesmente que estão ultrapassados. Por menos que resistam diante da mudança de época, tornam-se reacionários. A reação não se define por si mesma, mas deixa-se definir por aqueles que, em certo momento da história, definem o que a esquerda é e não é. Quem quer que chegue a acreditar num mundo comum ameaçado de uma maneira ou de outra acabará, malgrado seu, entre os apontados como reacionários. Esse é o destino daqueles que não farão tudo o que estiver a seu alcance para permanecer sempre à esquerda. Eis por que a maioria das direitas são antigas esquerdas. A centro-esquerda de ontem é, com frequência, a centro-direita de hoje, que será a direita de amanhã e a extrema-direita de depois de amanhã.

Todo regime político se acompanha de uma teoria do espaço público em que os atores políticos são categorizados segundo sua adesão mais ou menos entusiasta aos princípios que o sustentam. Um novo regime que se instaura redesenha os contornos do espaço público: distingue os adversários legítimos dos que não o são. Os primeiros se adaptam fundamentalmente à visão de mundo em que ele repousa. São os oponentes moderados e respeitáveis, que fazem questão de se distinguir dos que não o são e buscam adaptar-se aos critérios mutantes e, por vezes, imprevisíveis da respeitabilidade política. Dão garantias à ideologia dominante, relembram-na de que a respeitam e só a questionam em seus excessos, em suas derivas. Denis Tillinac o assinalou: a esquerda jamais critica suas derivas senão a partir de seus próprios recursos ideológicos. Para retomar suas palavras, "na França, é sempre da esquerda que surge a contestação de um dogma de esquerda, quando sua obsolescência se torna incômoda"[1]. Em outras palavras, é preciso assegurar-se de que o espaço público se desdobra a partir do progressismo e só tolera o pluralismo ideológico na medida em que este consente no respeito aos grandes dogmas aí instituídos. Por exemplo, foi somente com a retomada, por parte dos novos filósofos, da crítica ao totalitarismo que esse termo foi separado de seu caráter pejorativo – pronunciado "à direita" e até então desqualificado por essa razão. O mesmo vale para os direitos humanos, que só ganharam legitimidade depois de serem destacados pela esquerda

---

[1] Denis Tillinac, *Le Venin de la Mélancolie*. Paris, La Table Ronde, 2004, p. 153.

de Bernard-Henri Lévy no final dos anos 1970. Da mesma maneira, na democracia contemporânea, o multiculturalismo só é assim criticável a partir da esquerda. No entanto, criticar o multiculturalismo acusando-o de desconstruir o substrato cultural e identitário de uma nação não parece ser algo tolerado num espaço político reformatado a partir da esquerda ideológica[2].

O que faz a força da esquerda ideológica nas sociedades ocidentais é seu domínio dos códigos de respeitabilidade midiática e política. Ou seja, para voltar às nossas primeiras palavras, o fato de ela definir os termos da legitimidade política. A esquerda ideológica delimita as fronteiras do pensável e do impensável, do dizível e do indizível: decreta os critérios, aliás moventes e mutantes, que permitem saber se determinadas palavras representam uma contribuição positiva ao debate público ou uma derrapagem que transforma o adversário em indivíduo preocupante, talvez sulfuroso. Será preciso então rotulá-lo ideologicamente, para advertir o comum dos mortais contra ele. Este já não será admitido na conversa cívica, exceto se for previamente apresentado como suspeito: o rótulo serve de filtro para codificar suas palavras, para dar a instrução de interpretação correta ao comum dos mortais que lhe prestasse ouvidos. Talvez ele

---

[2] Assim, foi preciso esperar, nos meios universitários estadunidenses, a crítica conjunta de Arthur Schlesinger e de Richard Rorty para que se levasse o multiculturalismo a julgamento – sendo ele acusado de praticamente descambar para o conservadorismo! Arthur Schlesinger Jr., *La Désunion de l'Amérique*. Paris, Liana Levi, 1993. O mesmo ocorrerá no Canadá. Enquanto o multiculturalismo foi criticado pelo movimento conservador vindo do Ocidente, e enquanto ele se encarnou no Partido Reformista, a crítica foi desqualificada antes mesmo de ser formulada. No entanto, quando a crítica ao multiculturalismo foi retomada nos termos do feminismo liberal, a *intelligentsia* canadense consentiu em pôr o multiculturalismo em debate, para convocar, se necessário, à civilização dele por um novo tratamento pelo liberalismo. Janice Gross Stein et al., *Uneasy Partners. Multiculturalism and Rights in Canada*. Waterloo, Wilfrid Laurier University Press, 2007. Daniel Weinstock, "La Crise des Accommodements au Québec: Hypothèses Explicatives", *Éthique Publique*, IX, n. 1, p. 20-26.

seja apresentado como um polemista, isto é, como um indivíduo que busca a controvérsia pela controvérsia e multiplica as provocações simplesmente para desfrutar da luz midiática. O polemista não é um ensaísta ou um intelectual válido: é um encrenqueiro midiático, que só se faz presente para divertir as multidões, desprovido de profundidade ou verdadeiro valor. Participaria da sociedade do espetáculo à maneira do palhaço sem graça. Ou ainda será apresentado como um ideólogo reacionário: a partir daí, o mau agouro é lançado e o ostracismo cívico, decretado. Quem quer que se veja com essa etiqueta nas costas passará a ser considerado inimigo público, e a pergunta feita regularmente será então em que medida é legítimo ou pertinente conceder-lhe a palavra.

Outras formulações, aparentemente mais matizadas, têm a mesma função: desqualificar aqueles em quem são coladas. Por exemplo, dir-se-á a respeito de determinado filósofo ou escritor que ele "faz o jogo da extrema-direita". É uma forma de culpa por associação e de cumplicidade objetiva no crime de regressão histórica. Quem desempenha esse papel desprezível se torna companheiro de viagem, pela negativa, de uma corrente política que ameaça a democracia. Sem se dar conta, talvez, ele legitimaria paixões e preocupações que alimentariam o avanço do populismo conservador. Contribuiria para fazer cederem os diques graças aos quais a tentação reacionária havia sido historicamente afastada. A qualquer momento, esse reacionário pode, independentemente de sua vontade, oscilar para o campo dos não dignos de frequentação. Como observou Alain Finkielkraut, assim como na época da URSS se devia silenciar sobre seus crimes para não fazer o jogo da direita e do anticomunismo, hoje se deve praticar a autocensura diante dos desregramentos cada vez mais graves do regime diversitário, para não dar crédito à crítica populista[3]. Algumas temá-

---

[3] Alain Finkielkraut, "C'est Reparti comme en 50", *Le Monde*, 22 de setembro de 2015.

ticas estariam proscritas da vida pública: quem, no entanto, quiser se ocupar com elas e refletir sobre sua significação poderá pagar o preço.

É todo um léxico demonológico que é mobilizado. Contra oponentes demasiado perigosos, será usado o argumento olfativo: eles têm ideias nauseabundas, ou ainda, são simplesmente sulfurosos, o que consiste em associá-los ao odor do diabo. O adversário é farejado, é acusado de feder – é o fedor reconhecível da fera. Contra ele serão mobilizadas técnicas de afastamento do maligno. O adversário do novo regime diversitário rapidamente se torna um inimigo do gênero humano, cujo eventual acesso ao poder será anunciado num registro apocalíptico. A evocação das horas mais sombrias da história entra nessa categoria: do fundo da civilização ocidental viria uma tentação mórbida, que sempre ameaçaria recapturar os povos, caso estes não a evitassem. Uma das formas mais assombrosas dessa demonização da crítica ao multiculturalismo será sua equiparação ao islamismo, como se ambos representassem duas facetas de um mesmo problema, o do retraimento identitário. De certa forma, é próprio de uma religião política readaptar ao teatro da história a querela do bem e do mal, identificando claramente as forças que sustentam o primeiro e o segundo. É preciso, acima de tudo, erradicar o mal, que se confunde com as forças oriundas do passado a perseguir o presente e impedir o futuro. E quanto mais fortes forem as forças do passado, mais se deverá lutar contra elas com todos os meios necessários. As energias políticas e religiosas do século XX foram reinvestidas num novo projeto político, que deu um novo fôlego ao progressismo.

Talvez devamos nos habituar, contudo, a esse retorno de uma política existencial em que concepções contraditórias da comunidade política e do ser humano se afrontam ardentemente. A demonização do adversário é praticamente inevitável, se nos mantivermos longe das parlendas infantis sobre uma deliberação democrática exemplar, em que cada um seria relativista o bastante para tolerar de modo fundamental os que o negam politicamente. O ideal do respeito mútuo entre dois adversários irredutíveis caracteriza da melhor maneira possível a filosofia democrática: o fato, porém, é que ele está em contradição direta com a natureza passional e conflituosa da dimensão política, que não se poderia definir apenas como uma atividade gerencial e consensual entre homens e mulheres de boa vontade. Ao menos, não se poderia, como alguns otimistas acreditaram ser possível, encerrar a tentação totalitária no século XX, como se ela já não tivesse nada a ver conosco. A racionalidade gerencial que pretende esvaziar a política de sua carga passional não corresponde a uma época que resgata o trágico, e a esperança liberal de expulsar para a intimidade a questão do sentido é negada pela realidade. A política continua a ser uma atividade fundamentalmente passional. Aliás, ela não pode ser outra coisa. O utopismo, no entanto, vem conferir um caráter absoluto a conflitos que por si só são passionais, negando a própria possibilidade de um acordo de concessões mútuas entre interesses legítimos – pois isso pressuporia que os diferentes interesses que se confrontam na comunidade política são de fato legítimos.

No entanto, a pequena discórdia francesa do outono de 2015 disse muito a respeito do imaginário da esquerda diversitária. Esta última foi tão dominante durante tanto tempo que hoje lhe basta saber-se contestada para crer-se sitiada. Tão logo seus adversários param de jogar o jogo esperado, o do conservadorismo vencido e penitente ou exacerbado e desesperado, isso suscita um pânico ideológico real e obriga os que se aconchegavam no conforto do dogma a enfrentar adversários que eles já não podem satisfazer-se em caricaturar. Quando a direita para de ceder à exigência da modernidade a qualquer custo e, principalmente, quando para de se espelhar na imagem da esquerda para saber de que modo ser tão progressista quanto ela, reencontra sua carga existencial específica. É quando a direita aceita sua parte conservadora, sem por isso se deixar confinar numa função demagógica, que ela encontra seu vigor político e filosófico. E é nesse momento, sobretudo, que ela é capaz de se desprender teoricamente da armadilha que o novo regime lhe havia armado, obrigando-a sempre a cindir-se entre sua parte moralmente respeitável mais neutralizada e sua parte contestatária e histriônica. A questão do conservadorismo então se torna fundamental: é por meio dela que volta a ser possível formular a pergunta sobre os fundamentos da comunidade política.

As grandes conquistas ideológicas que alguns tentavam tornar naturais, justificando-as em nome do sentido da história, foram politicamente reabertas. Muitos acreditavam, com Fukuyama, que a grande busca para encontrar o melhor regime se havia concluído com a democracia diversitária e globalizada: constata-se que não é o caso. A questão do regime foi reaberta. E, por meio dela, é a da relação com a civilização ocidental que é suscitada. Compreende-se o alcance das questões societais, que dizem respeito à própria definição do ser humano, em torno das quais se reconstitui a polarização política. Estas geralmente são concebidas como reformas de civilização, das quais se espera que nos façam passar de um mundo a outro, da obscuridade à luz, da opressão à liberdade, da homogeneidade esmagadora à diversidade reluzente. Paradoxalmente, seus promotores não raro as apresentam como ajustes jurídicos e técnicos menores, ou como avanços inevitáveis. No entanto, uma vez consagrados pelo direito, já não seria possível voltar atrás em relação a esses "ajustes" – a humanidade teria feito uma conquista, algo a ser apenas celebrado.

RETORNO À QUESTÃO ANTROPOLÓGICA

A questão do regime suscita a questão antropológica. Raymond Aron dizia, sobre o comunismo, que ele "representava, para a França, um problema político, não espiritual"[4]. Houve aí, talvez,

---

[4] Raymond Aron, *L'Opium des Intellectuels*. Paris, Calmann-Lévy, 1955, p. 255.

a maior carência ideológica do anticomunismo de Aron, que, embora criticasse uma "religião política", não extraiu disso todas as consequências, diferentemente, em muitos aspectos, dos que saíram do comunismo à maneira de uma conversão e que haviam visto essa filosofia a partir de dentro. O anticomunismo aroniano se continha, não raro, dentro dos limites da razão liberal, ainda que não se restringisse a isso: no entanto, é quando esses limites são ultrapassados que se pode compreender melhor a natureza do perigo totalitário. Da mesma maneira, o multiculturalismo suscita não apenas um problema político, mas um problema antropológico e mesmo espiritual para as sociedades ocidentais.

O progressismo incuba uma tentação de fanatismo e abre a porta para que se designe o "reacionário" como inimigo público, um inimigo genérico cuja hostilidade ao progresso revelaria uma aversão pela emancipação humana. Autoriza uma intolerância de pretensão virtuosa. Num mundo assim, quem sabe o que é a sociedade perfeita não discute politicamente: multiplica os exercícios pedagógicos e, quando necessário, pode usar legitimamente a violência ou a censura, em especial para impedir a expressão de opiniões políticas que se choquem contra a utopia tal como representada ou contra o sentido da história tal como imaginado. Por que quem está objetivamente errado teria direito a uma tribuna na sociedade, representando assim o risco de fazê-la regredir? É preciso dizê-lo uma vez mais: os que conhecem o sentido da emancipação humana têm esse poder imenso de distinguir entre as opiniões aceitáveis e as que não o são. É próprio das religiões políticas conduzir ao totalitarismo. A religião política não assume apenas a parte irredutivelmente sagrada, ou "religiosa", da dimensão política: ela baseia a política e a religião numa mesma empreitada de regeneração do homem pela transformação radical da ordem social. A religião secular propõe uma política da salvação que transpõe para a terra a ideia de uma ruptura fundamental na história humana, entre o mundo da queda e o mundo da redenção.

O utopismo dá a entender que o mal não habita no coração do homem, e que se pode extraí-lo da sociedade, na medida em que ele seria o efeito de más estruturas sociais. Um homem novo nasceria após uma ruptura radical no processo histórico, sendo a política chamada a regenerar o homem absorvendo a totalidade de suas aspirações existenciais. Trata-se de uma revolução antropológica. A aspiração à tábula rasa em que o imaginário progressista se baseia – o que é a revolução, além de uma pretensão de recomeçar a história do zero? – se acompanha de uma pretensão à reconstrução racional da dimensão social a partir de princípios dos quais já não será permitido desviar. Elimina-se a incerteza existencial da dimensão política, cuja função é arbitrar entre concepções distintas do bem comum, para fundar a comunidade política numa forma de racionalismo integral. O utopismo erige um ideal absolutamente incandescente, dando a entender que a história humana até o presente se desenrolou nas trevas e que é preciso reconstruir integralmente a ordem social a partir de um plano perfeito, que não poderá ser infringido. Numa tacada, a sociedade é radicalmente absorvida pelo futuro e sua experiência histórica é desqualificada. A política já não deve navegar entre a herança e a projeção no futuro, mas abolir a primeira a serviço da segunda. Adivinha-se, então, que as instituições, bem como as tradições, recebam o selo da invalidade: seu valor é meramente prático e é perfeitamente possível jogá-las no lixo da história, sem prudência nem reserva. A sociedade é uma construção puramente artificial e suas diferentes instituições não têm nenhum alicerce antropológico significativo. É que a ordem humana passa a ser uma pura projeção mental, e deve livrar-se da ideia de natureza, que poderia limitar intrinsecamente a tentação de onipotência por parte dos novos demiurgos.

Na realidade, resgatamos aqui a pergunta primordial da filosofia política: em que ideia do homem a comunidade política repousa? Evidentemente, não se trata de reduzir o progressismo de hoje ao de ontem, de fazer dele um simples decalque das ideologias que atravessaram o século XX, mas de ver que existe no próprio utopismo uma concepção demiúrgica da ação humana. Uma coisa é remanejar a comunidade política, transformá-la, reformar suas instituições; outra coisa é pretender criar o mundo, ou desconstruir um mundo para então recriá-lo. Georges Pompidou, em sua crítica de Maio de 1968, dizia que a juventude de esquerda já não tinha algo apenas contra o governo ou contra a nação, mas "contra a própria civilização"[5]. Ele havia sentido bem, na realidade, o movimento de fundo que se iniciava, com aquela vontade de libertar o homem da história e de desatá-lo de toda herança. O mundo até então teria sido mau: só poderíamos manter de positivo as diferentes lutas de libertação em que o homem se teria engajado, a partir da lembrança de uma liberdade longínqua, anterior às instituições, anterior à civilização. O furor niilista que anima a paixão da desconstrução é impelido para uma busca religiosa do homem original, do homem de antes da queda, de antes da divisão do mundo em sexos, em religiões, em civilizações, em povos e em Estados. O homem anterior à dominação, de certa forma, o homem que comunga plenamente com a humanidade. O homem anterior à política, igualmente, na medida em que esta, levando a sério a possibilidade do mal e do conflito entre os homens, constitui-se para criar entre eles distinções civilizatórias. Essa antropologia negativa, que retrata um homem mais livre porque mais absolutamente desencarnado, representa o embasamento filosófico do regime diversitário. No entanto, o homem liberto da cultura e da história não está livre: está nu – lançado, solitário, num mundo que lhe é estranho, e condenado a uma triste errância.

Uma ordem social representada como absolutamente transparente, perfeitamente dirigível, tem de ser acompanhada de um poder onipotente que pretenderá controlar cada uma de suas facetas e dimensões, para torná-la conforme à maquete utópica a partir da qual

---

[5] Georges Pompidou, *Le Nœud Gordien*. Paris, Plon, 1974, p. 25.

se quer remodelá-la. Desse ponto de vista, a teoria do gênero, sobre a qual muito se tem falado há alguns anos, não é tanto uma loucura passageira adotada por ideólogos exaltados, mas o remate mais natural de uma filosofia demiúrgica, que pretende criar o homem a partir do nada, de um retorno ao indeterminado, ao informe, ao mundo de antes do mundo, a partir da fantasia de onipotência que é, também, uma fantasia de autoengendramento. A fúria da desconstrução é uma fúria destruidora, de homens que se deixam apanhar por uma fantasia de onipotência demiúrgica e que querem fazer o mundo recomeçar do zero. Somos aqui as vítimas da utopia de 1968, que deverá um dia ser considerada pelo que realmente foi: uma terrível fantasia regressiva, que busca devolver à humanidade sua pureza virginal, a pureza de uma infância ainda não corrompida pela lógica do mundo adulto e das instituições. O homem deveria se livrar da cultura, e mesmo da natureza, para renascer à maneira de uma pura virtualidade.

A questão antropológica reintroduz na vida política a parte da herança, da memória, da cultura. Seria possível falar, mais amplamente, da questão identitária. Essa é a grande controvérsia da pluralidade humana, que data das origens filosóficas da modernidade. Existem grandes polarizações antropológicas fundamentais, que poderíamos reduzir, em algumas palavras, ao grande partido do contrato social, ao qual se oporia o grande partido da herança e do enraizamento. Isso não se discute, na política real, visto que essas duas exigências se entrecruzam, se fecundam, se alimentam. O contrato sem herança é desrealizante. A herança sem contrato é sufocante. Num campo, o vínculo político busca universalizar-se; no outro, atenta primeiramente para sua historicização. Ainda assim, pode-se ver nessa polarização uma clivagem política inerente à modernidade. No entanto, essa tensão, tão difícil quanto criativa – e que correspondia, cultural e politicamente, às facetas contraditórias da natureza humana –, foi progressivamente liquidada. A partir de agora, o homem já não deve ser considerado um herdeiro. A pluralidade humana deve ser abolida, para que o homem seja em toda parte o mesmo, e visto que a civilização ocidental é a que está na origem dessa divisão funesta do mundo e das categorias sociais e culturais que encerram o homem em determinado destino que o impede de se autoengendrar, é ela que, antes de tudo, deve ser dissolvida.

Existe no cerne do progressismo uma pretensão de controle absoluto da vida e, mais particularmente, da vida social, como se fosse possível abolir seu mistério, como se uma sociedade absolutamente transparente fosse possível e desejável. Assiste-se a uma "tecnicização" desmedida da vida política. Pretende-se ressocializar completamente o homem, submetê-lo a um condicionamento ideológico por todos os lados. Um homem novo deveria sair daí. No entanto, ao transformar o homem em pura criatura da sociedade, esmagam-se filosoficamente as próprias condições de sua liberdade, de seu desenvolvimento. O homem novo já não é determinado pelo passado, mas pelo futuro, pela utopia social que os engenheiros sociais – que dizem ter um conhecimento científico do bem – pretendem implantar. Compreende-se por que o homem de esquerda, sensato, desiludido por seu próprio campo, de súbito se torna conservador pela questão da escola. É por meio dela que ele descobre até onde vai a tentação da tábula rasa que inevitavelmente alcança o progressismo, desejoso de acabar com um mundo velho demais.

O HOMEM COMO HERDEIRO

Por mais que o homem seja mutilado em suas profundezas, ele tende a resgatar certas necessidades existenciais que acabará por projetar na política. O homem precisa de enraizamentos e, se essa aspiração fundamental lhe for contestada, ele se voltará inevitavelmente para a filosofia política que demonstre uma sensibilidade particular a essa busca. Embora o conservadorismo se reinvente a cada época, segundo a herança que pretende defender, encontramos ainda assim em seu cerne uma intuição esplêndida: o homem, ao fim da desconstrução cultural e antropológica por meio da qual querem libertá-lo, já não será mais nada. Louis Pauwels escreveu: "não sou um reacionário; sou um refratário. Não me alio ao passado; vinculo-me a uma concepção insuperável da cidadania". Ninguém se volta para o conservadorismo para morar num museu, mas para reencontrar a melhor parte da herança, que nos preserva da tentação demiúrgica que falsifica a aspiração ao progresso ao fazer o homem esquecer sua finitude. Será que o conservadorismo não seria, no fim das contas, uma explicitação do dado antropológico de toda sociedade? Para retomar as palavras de Alain Finkielkraut, "nem tudo que não é racionalmente explicável pertence necessariamente ao âmbito da tolice ou do obscurantismo. O conservador, em outras palavras, percebe como ameaça a abordagem tecnicista do mundo simbólico"[6].

Não faltam meios ao regime diversitário, porém, para levar a cabo seu projeto de reeducação. O Estado multicultural conserva, independentemente do que se diga a seu respeito, uma inacreditável capacidade de reconstrução social: condiciona as relações sociais, molda-as por meio da história que ele comemora, da sociologia que ele situa na origem de suas políticas e da educação que ele privilegia. No entanto, o povo não se compõe de robôs programáveis ao infinito. Ainda existem homens não reformados, ou que resistem a essa reeducação. É que o homem jamais é inteiramente reformável, há nele uma parte que resiste, que se esquiva disso. É nessa parte, que é simultaneamente a memória da origem e a aspiração à transcendência, que se encontra a possibilidade de resistir à tirania e ao totalitarismo. O homem não é absolutamente plástico e maleável. Quanto mais ferido em suas disposições mais naturais, maior o risco de ele se revoltar ou, ao menos, entrar em dissidência, discreta ou barulhenta. Uma parte do homem, mesmo diminuta, resiste às tiranias mais ambiciosas, que gostariam

---

[6] Alain Finkielkraut, *Nous autres, Modernes*. Paris, Ellipses, 2005, p. 270.

de transformá-lo em pura criatura da sociedade. É nessa parte que se refugiam suas aspirações mais íntimas quando ele entra em estado de sonolência, quando já não encontra saídas na comunidade política para vê-las reconhecidas.

Voltamos à questão nacional. A história de uma comunidade nacional nunca é estritamente racional, assim como suas fronteiras não o são, e tampouco sua cultura. Existe aí muito de aleatório, que se esquiva, por definição, do utopismo e de sua pretensão de reconstituir a comunidade política segundo os planos de uma maquete ideológica. No entanto, essa parte aleatória havia sido tradicionalmente domesticada pelo homem, que nela enxergava a obra da história. E visto que a sociedade é obra humana, mas não é um puro artifício jurídico ou social, ela não é integralmente reformável segundo as prescrições de uma ideologia. O homem reconhecia, assim, que, neste mundo, ele não pode mudar tudo e que, a menos que quisesse fazer tábula rasa, tinha de aceitar nascer num mundo anterior a ele e que sobreviverá a ele – um mundo que, por outro lado, não é detestável pelo simples fato de já estar aí. A ingratidão falsifica a soberania, ao pretender conferir-lhe a missão de provocar o advento da sociedade ideal, absolutamente pacificada e sem contradição, pois o mundo, ao erradicar suas asperezas, viria destruir as contradições fecundas que atravessam a natureza humana e alimentam sua potência criadora.

O construtivismo tem limites. Não se poderia reduzir a humanidade ao seu sofrimento, como deseja a esquerda humanitária, nem à sua força de trabalho, como pretende a direita neoliberal, que gostaria de reduzir as populações a recursos humanos passíveis de serem deslocados segundo as exigências a um só tempo caprichosas e funcionais do capital. Não é possível desenraizar e transplantar povos à vontade, sem provocar imensas tensões. A negação das culturas é uma negação antropológica grave, que conduz, com o tempo, a uma ininteligibilidade do mundo semeadora de tensões e conflitos. A negação das culturas é uma negação do real. O imperativo de abertura ao outro, apresentado como fundação ética do regime diversitário, tropeça em duas perguntas: de quantos outros se trata e de quais outros se trata? É em parte paradoxal ver a ideologia multiculturalista cantar a diversidade, mas amalgamar todos os povos na figura do outro, como se houvesse, fundamentalmente, uma intercambialidade de todas as culturas. A partir daí, na medida em que nenhuma delas é ligada a um território, bastaria um pouco de pedagogia intercultural para que aprendessem a conviver. Veem-se os desastres a que tal filosofia desencarnada e estranha não só às paixões humanas como à história pode conduzir.

O utopismo cultiva uma psicologia política particular: quando a utopia é desmentida pelo real, ela acusa o real e entende que deve endurecer a aplicação de sua política. Quanto mais a sociedade desautoriza seus mandamentos, maior sua crença na necessidade de levar a experimentação política mais longe. A tentação totalitária do multiculturalismo lhe vem justamente dessa constatação de que o real o desautoriza. Desse ponto de vista, a questão da imigração é uma das mais importantes do nosso tempo, porque relembra à sua maneira a parte irredutível de cada cultura, o que não quer dizer, tampouco, que elas sejam impermeáveis entre si. A realidade desmente essa ficção ideológica maquiada por trás da referência à convivência. Por mais que se louve a multiplicação das identidades, que demonstrariam um florescimento das minorias numa sociedade aberta a cada um de seus membros, o que se constata, sobretudo, é uma desagregação do corpo político, uma fragmentação da comunidade política, que já não consegue assumir uma ideia historicamente enraizada do bem comum. E ninguém pode se contentar em decretar como louca a população que vive a experiência dessa crise, dizendo que ela vive numa fantasia desmentida pelas estatísticas oficiais. É forçoso constatá-lo, as ciências sociais podem tanto mascarar a realidade como revelá-la. Atualmente elas não raro cumprem a função de desrealizar, mascarando a crise do multiculturalismo.

Será que a filosofia moderna, tão dependente do mito do progresso, não repousa em última instância numa concepção falseada da natureza humana, ao pretender definir o homem fora de qualquer filiação? É essa relação com a história e a herança que está em jogo. Será que a herança deve ser considerada uma formatação que comprime o indivíduo e suas possibilidades existenciais, impedindo-o de expressar sua verdadeira autenticidade ao atribuir-lhe um papel social redutor? Ou será que se deve ver aí uma passagem fundamental, sem a qual o indivíduo é condenado à aridez cultural, a uma vida vazia de sentido, como se acreditasse ser o primeiro a chegar na terra e, também, o último a passar por ela, o que o dispensaria de ter de preservar o que lhe foi transmitido e de, por sua vez, transmiti-lo? A preocupação de um filósofo como Pierre Manent de cruzar a questão do corpo político com a da alma deve muito à filosofia política clássica – ela não apenas confere seus direitos ao desejo de participação cívica, como relembra que uma parte do homem ficará em estado de abandono caso não se envolva na comunidade política. Essa é, por mais estranho que possa parecer, a condição da liberdade política.

OS FUNDAMENTOS CONSERVADORES DA DEMOCRACIA

Existe um ponto cego na grande narrativa do último século: é que a democracia liberal não se defendeu sozinha contra os que queriam abatê-la. Quanto ao essencial, não foi o hedonista fruidor que resistiu contra a fascinante capacidade do totalitarismo de pulverizar a existência humana, de aviltar a alma dos homens habituando-os a consentir na servidão, na escravização. Embora o Ocidente tenha triunfado contra o comunismo, pode-se dizer que, no interior da civilização ocidental, foi o campo de 1968 que se impôs. O paradoxo é que os adeptos de 1968, se entregues a si mesmos, teriam sido incapazes de defender a sociedade de que desfrutavam: tiraram proveito de uma vitória que não foi deles e não hesitaram em demonizá-la. Estão a tal ponto convencidos dos vícios da civilização ocidental que tendem a dar razão aos que a atacam, apresentando-os como as pobres vítimas da exclusão ou da discriminação. O que se quer esquecer aqui é que a sociedade liberal não se mantém por si mesma, e que a democracia, embora seja um regime e marque inevitavelmente os costumes, não poderia definir, por si só, nossa civilização.

Quando são atacadas a soberania nacional, a identidade histórica dos povos, a transmissão cultural ou as raízes civilizacionais do mundo ocidental, sabota-se mais ou menos conscientemente aquilo que permitiu a sobrevivência da democracia, aquilo que a alimentou. Os homens não lutam contra o totalitarismo somente para defender seus direitos, mas também para defender seu país, sua cultura, sua civilização. Quis-se selecionar no combate democrático apenas a luta pelos direitos humanos, e uma concepção bem particular destes últimos. Um corpo político não é uma estrutura jurídica vazia e só pode ser descarnada por meio de um terrível empobrecimento. O radicalismo ético que desola Pierre Manent leva as nações a não saberem mais ler nem decodificar seus interesses – pior, quando elas os sentem, ainda assim, experimentam certo incômodo, porque dariam provas de egoísmo caso se lembrassem que os interesses de um povo jamais coincidem perfeitamente com os interesses atribuídos à humanidade. Uma consciência pesada como essa só pode provir de um esquecimento não só tolo, como cruel, da pluralidade humana, que deveria naturalmente levar cada povo a perpetuar sua identidade e a defender aquilo que acredita ser seu interesse vital. Um povo que só se define por valores universais, republicanos ou não, está em via de deixar de sê-lo e de passar a definir-se como uma sociedade intercambiável na grande paisagem da humanidade globalizada.

Uma comunidade política não poderia se definir exclusivamente pelos princípios que pretendem fundamentá-la ou por uma Carta de direitos, como se alega com frequência cada vez maior. O interesse dedicado, na democracia contemporânea, à laicidade e à igualdade entre homens e mulheres pode e deve ser compreendido sob essa luz. Por meio delas, é a questão dos costumes que reaparece: uma nação não é uma população intercambiável, passível de ser dissolvida por artificialismo na grande mistura demográfica planetária. Um povo é uma história, mas também, não obstante a fragmentação da sociedade contemporânea, certa maneira de viver. Integrar-se a um povo é habituar-se a sua cultura e apropriar-se de seus costumes.

Em *Un Candide à sa Fenêtre* [Um Cândido em sua Janela], Régis Debray salientou com razão que

> [as] sociedades têm surtos de febre. São organismos, não máquinas mais ou menos bem lubrificadas, que engenheiros podem reparar e pôr novamente em funcionamento a cada vez que o motor emperra. Nascem, crescem, perecem – e dificilmente renascem. No entanto, contrariamente às máquinas, que são programáveis, elas podem fazer milagres e loucuras – algumas das quais, monstruosas. Isso não se calcula. Todo ser vivo é uma aventura, não uma questão contábil[7].

A meditação sobre a resistência das pequenas nações da Europa oriental pode nos levar longe: foi ao ancorar a defesa de sua liberdade política na defesa de seu patrimônio espiritual e de sua identidade nacional e religiosa que elas combateram o totalitarismo. As pequenas nações demonstram certa relação de ruptura com o espírito da época: definem-se no sentimento de sua singularidade cultural, e jamais têm a ilusão de se acreditarem imediatamente universais. Conscientes, também, de sua precariedade existencial, dão a si mesmas o modesto objetivo – que não é destituído de grandeza – de conservar um mundo de sentido herdado, precioso, porém frágil. Ao nos separarmos dessas realidades profundas, ao querermos absolutamente considerar a sociedade como mero artifício jurídico e administrativo, sem espessura

---

[7] Régis Debray, *Un Candide à sa Fenêtre*. Paris, Gallimard, 2015, p. 56.

histórica e existencial, é a própria liberdade que cortamos de suas fontes. Uma democracia desenraizada, estranha ao patriotismo e à memória e feita apenas de indivíduos retraídos em seus direitos, será provavelmente incapaz de se defender no dia em que for realmente atacada. Isso é o que vemos atualmente diante do perigo islamista.

No entanto, é essa resistência não liberal – e não antiliberal – ao comunismo que parece atualmente esquecida ou desaparecida. Ou talvez devêssemos dizer que assim está há um bom tempo. Foi o que se viu, entre outras coisas, no destino reservado a Soljenítsin nas democracias ocidentais. Ele havia sido acolhido como herói, pois nele se viu um admirável sobrevivente dos campos soviéticos, o que de fato ele foi. No entanto, quando se descobriu que ele era não apenas um defensor dos direitos humanos, mas também um *reacionário* impenitente, convencido da necessidade de regeneração espiritual das sociedades ocidentais, que ele via refestelarem-se no consumismo e no hedonismo mais vulgar, inventaram para ele simpatias fascistas[8]. Aquele que vituperava contra o declínio da coragem acabou deixando de ser bem-vindo no Ocidente: afinal, não era um integrista? Não se conseguia imaginar, de certa forma, que alguém resistisse honradamente ao comunismo a partir de outra postura que não fosse a da esquerda liberal. Não se conseguia tolerar uma palavra que parecia ter algo de profético. Atualmente, já não se sabe muito bem o que fazer de sua memória, e uma coisa é certa: a referência a ela só será positiva se for enquadrada nas exigências memoriais do novo regime.

Mesmo o panteão ocidental dos heróis da liberdade política faz uma higienização daqueles a quem pretende consagrar. Estes são despojados de sua particularidade, cortados de suas convicções e, assim, heróis são fabricados como manda o figurino. Ainda que a memória deles seja traída. A memória dos grandes homens é asseptizada,

---

[8] Sobre essa questão, leia-se a obra notável de Daniel J. Mahoney, *Alexandre Sojenitsyne: en Finir avec l'Idéologie*. Paris, Fayard/Commentaire, 2008.

a fim de expurgar a memória coletiva. Sob esse aspecto, o destino reservado a Winston Churchill e ao general De Gaulle é espantoso. O primeiro foi um patriota admirável afeiçoado ao império britânico, e que se desolava com sua decomposição. No momento da Segunda Guerra Mundial, apresentou-se como defensor não apenas do indivíduo britânico, mas também da civilização ocidental. Não que ele não acreditasse no indivíduo: mas defendia a civilização que o fizera nascer e na qual este se inseria[9]. Seria difícil imaginar Churchill, unanimemente celebrado, exaltando os méritos de uma Grã-Bretanha penitente, multicultural, que execra a memória de seu império. O segundo foi um general afeiçoado à França histórica, e não apenas à França dos direitos humanos. Seu compromisso com a honra da França é absolutamente intraduzível e ininteligível numa época que enxergaria aí apenas um nacionalismo exacerbado. Esmaltaram a lembrança desses homens, transformando-os em liberais assepzizados que anunciam, da melhor maneira possível, a sociedade dos direitos humanos. A maioria dos que são celebrados como heróis democráticos seria atualmente classificada entre os conservadores populistas que ameaçam a democracia. Desfiles e manifestações seriam feitos contra eles, slogans se multiplicariam. Quem queira inspirar-se neles, e particularmente no segundo, terá de lembrar que foi ao contestar os próprios termos da legitimidade política dominante que ele logrou liderar uma política de refundação nacional.

É preciso reaprender a pensar a singularidade de cada cultura, sua profundidade histórica e, talvez até, o que cada uma tem de irredutível. A memória político-histórica é a transcendência ao alcance dos modernos: é a própria condição da perenidade de uma comunidade política, que um dia se descobre guardiã de algo muito precioso: uma relação com o mundo. Relembra a importância do dado, da

---

[9] Daniel Mahoney, *The Conservative Foundations of Liberal Order*. Wilmington, Intercollegiate Studies Institute, 2010.

dívida, da gratidão. Sem ela, a modernidade se descontrola e secciona os elos entre o homem e a comunidade política. O utopismo e o desejo de desenraizar o homem para fazê-lo renascer num paraíso enfim advindo sobre a terra são o fio condutor do totalitarismo. Essa é a parte maldita da modernidade – sua parte louca, se assim se preferir. O homem pode decerto melhorar o mundo, organizá-lo, transformá-lo, emendá-lo. Jamais deve deixar-se confinar num mundo fixado para sempre. No entanto, não poderia criar o mundo, nem criar a si mesmo. A consciência de sua finitude não é um obstáculo a ser abatido, mas a própria condição de sua humanidade. Sua ancoragem numa identidade sexuada e histórica não é uma negação de seu gênio criativo, mas a própria condição de sua inserção no mundo.

O multiculturalismo como religião política escreve uma nova página na história da sujeição do homem e na tentativa de descarná-lo para libertá-lo.

O antitotalitarismo é uma tradição de pensamento a ser resgatada.

Você poderá interessar-se também por:

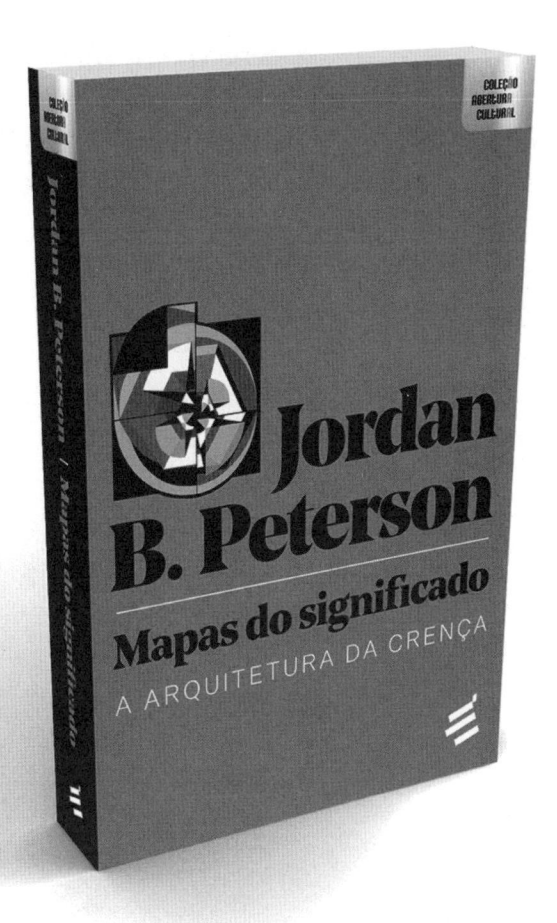

Os milhões de espectadores das entrevistas de Jordan Peterson no *YouTube* são unânimes em reconhecer a sua serenidade e a sua perspicácia. A pergunta que, diante disso, os mais inteligentes dos seus admiradores se fazem é qual visão de mundo, quais posições teóricas, quais influências intelectuais proveem suporte a tal postura e a tais opiniões. E a resposta está em uma teoria original sobre as próprias visões de mundo: *Mapas do Significado*, a obra-prima do psicólogo canadense, é um tratado multidisciplinar sobre como surgem as crenças humanas e sobre como elas influenciam nosso comportamento diário.

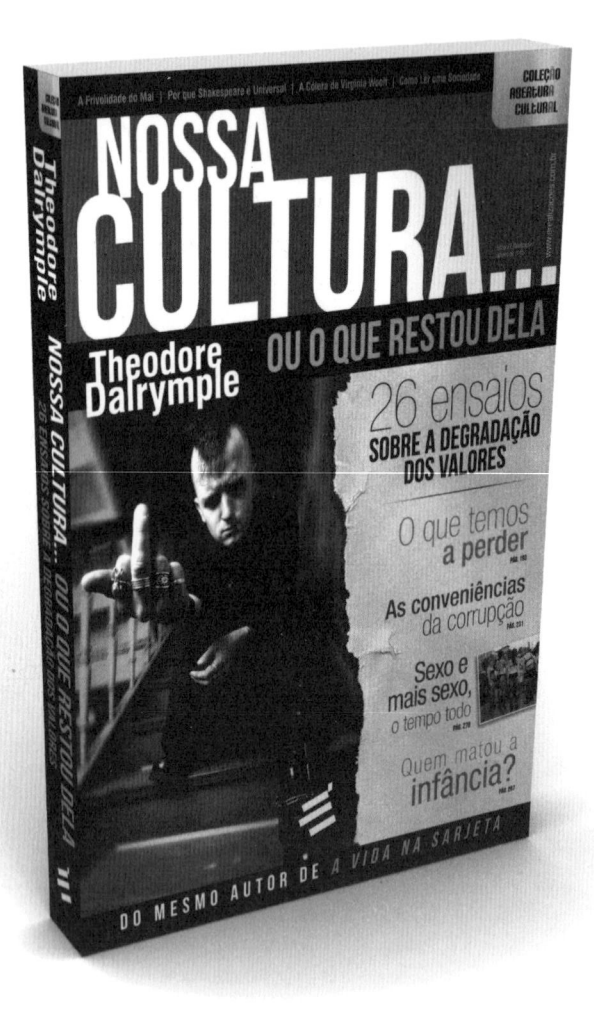

Quem são os formadores de opinião de hoje? Qual a relação entre a cultura pop e o estilo de vida dos jovens da periferia? Como a academia, o cinema, o jornalismo e a televisão têm influenciado os rumos de nossa sociedade? Theodore Dalrymple, com a lucidez que marca sua escrita, mostra como os "formadores de opinião" nem sempre estão certos do destino a que conduzem as massas.

facebook.com/erealizacoeseditora   twitter.com/erealizacoes   instagram.com/erealizacoes   youtube.com/editorae

issuu.com/editora_e   erealizacoes.com.br   atendimento@erealizacoes.com.br